20 dissertations

d'Analyse économique et historique des sociétés contemporaines

W0313027

Sous la coordination de

Marc MONTOUSSÉ
Agrégé de sciences économiques et sociales

Par

Luc SIMULA
Professeur en Classes Préparatoires aux Écoles de Commerce et à l'IUFM

Laurent SIMULA
Ancien élève de l'École Normale Supérieure et de l'Institut d'Études Politiques
Doctorant en économie

Les auteurs remercient Émilia ROBIN HIVERT (agrégée d'histoire, ancienne élève de l'École Normale Supérieure) pour la précieuse aide qu'elle a apportée à la préparation de cet ouvrage.

Dépôt légal juillet 2004
ISBN 2 7495 0319 1

20 dissertations d'Analyse économique et historique

La dissertation est un exercice difficile qui combine connaissances et savoir-faire. Ce livre offre aux candidats une **méthode pour se préparer et réussir** les dissertations d'Analyse économique et historique des concours d'entrée dans les Grandes Écoles de Commerce et de Gestion. D'une manière plus générale, il s'adresse à tous les candidats qui se préparent à une épreuve de dissertation d'économie ou de sciences sociales.

La **méthodologie** présente les règles du jeu de la dissertation et les illustre par des exemples précis. Les **vingt dissertations entièrement rédigées** couvrent ensuite l'essentiel du programme des concours. Ces dissertations ne sont pas des corrigés type à apprendre, mais le support d'un travail personnel efficace.

Pour chaque dissertation l'**analyse du sujet** vous aide à le décrypter, à saisir les enjeux, à dégager une problématique. Les **commentaires** vous incitent à une lecture critique. Cherchez tout d'abord à comprendre la démarche des auteurs. Prenez ensuite du recul pour dégager les atouts et les limites de la dissertation rédigée : quels arguments, quels exemples allez-vous retenir ? Comment les utiliseriez-vous pour traiter des sujets proches mais différents ? La **bibliographie** vous permettra de prolonger et d'enrichir votre réflexion. Grâce à l'**index** vous retrouverez rapidement les sujets abordant les notions que vous désirez travailler.

Une dissertation réussie traite le sujet en mettant en valeur vos connaissances et votre raisonnement : cet ouvrage vous permettra d'**organiser votre travail** pour atteindre cet objectif.

Sommaire

Avant-propos 3

Méthodologie 7

Dissertations analysées et commentées

Croissance, crises, cycles et fluctuations

Sujet 1
« L'accumulation du capital est-elle la source principale de la croissance économique ? » 23

Sujet 2
« Les crises économiques participent-elles de la régulation des économies de marché ? » 32

Sujet 3
« La croissance peut-elle être durable ? » 42

Monnaie et financement de l'économie

Sujet 4
« L'épargne et le crédit dans le financement de la croissance des pays développés à économie de marché. » 53

Sujet 5
« Taux d'intérêt et croissance économique dans les pays développés depuis 1945. » 63

Sujet 6
« Les monnaies fortes sont-elles des atouts, les monnaies faibles des handicaps ? » 72

Sujet 7
« Depuis 1944, comment les régimes (ou systèmes) de change ont-ils influencé la croissance mondiale ? » 82

La transformation des structures économiques et sociales

Sujet 8
« Progrès technique et emploi. » 93

Sujet 9
« Évolutions de l'entreprise et du capitalisme, depuis la fin du XIXe siècle. » 105

Sujet 10
« Les transformations de l'appareil productif ont-elles favorisé la mobilité sociale, dans les pays capitalistes développés, et plus particulièrement en France, depuis la seconde guerre mondiale ? » 115

Les relations économiques et monétaires internationales

Sujet 11
« Les relations commerciales internationales obéissent-elles aux lois du marché ? » 124

Sujet 12
« Les pays émergents ont-ils intérêt à accentuer leur ouverture aux échanges internationaux ? » 134

Sujet 13
« L'intégration économique puis monétaire des pays européens a-t-elle favorisé la croissance des pays membres de l'Union ? » 145

Sujet 14
« La mondialisation est-elle un jeu à somme positive ? » 156

Déséquilibres et politiques économiques et sociales

Sujet 15
« La stabilité des prix constitue-t-elle un objectif réaliste des politiques économiques ? » 169

Sujet 16
« Peut-on considérer que le chômage contemporain, dans les pays développés à économie de marché, résulte des déséquilibres du marché du travail ? » 178

Sujet 17
« Politique budgétaire et croissance économique des PDEM, depuis la fin du XIXe siècle. » 190

Le changement social dans les PDEM

Sujet 18
« Vous analyserez les relations entre évolutions démographiques et croissance économique dans les pays européens, depuis la fin du XVIIIe siècle. » 204

Sujet 19
« Depuis 1945, l'État-providence a-t-il réduit les inégalités économiques et sociales dans les principaux pays développés à économie de marché (PDEM) ? » 215

Sujet 20
« Peut-on parler à juste titre d'un « modèle social européen » ? » 226

Index des notions 236

Méthodologie de la dissertation

La dissertation est un exercice caractéristique des concours et examens français ; elle permet d'évaluer simultanément la maîtrise des connaissances et les capacités de rédaction. En ce sens, la dissertation est révélatrice des qualités du candidat : esprit d'analyse et de synthèse, capacité à problématiser et à argumenter, aptitude à gérer son temps et à exprimer ses idées.

La dissertation d'analyse économique et historique des sociétés contemporaines caractérise la voie économique des concours d'entrée dans les Écoles de Commerce et de Gestion. Elle exige de combiner les approches économiques, sociologiques et historiques. Cependant, elle ne se différencie pas significativement des dissertations d'économie et de sciences sociales proposées dans d'autres concours.

Réussir une dissertation exige tout d'abord d'en connaître les « **règles** » et ensuite d'acquérir les « **savoir-faire** » que donne un entraînement systématique. Car **disserter s'apprend**. L'idée selon laquelle certains seraient « bons en dissertation » est trompeuse ; ils sont bons parce qu'ils en maîtrisent les règles, qu'ils les ont intériorisées. La confrontation systématique de cette méthodologie avec les vingt dissertations rédigées vous permettra de comprendre ces règles et de les assimiler. Ceci exige un effort véritable : il ne suffit pas de lire les dissertations, il faut les « travailler » pour en tirer des enseignements transposables sur d'autres sujets. Vous apprendrez ainsi à « produire » des dissertations, valorisant vos connaissances et vos aptitudes, quel que soit le sujet posé.

1 Première étape : l'analyse du sujet

Il semble évident qu'un candidat doit traiter le sujet posé ; pourtant ce n'est pas toujours le cas, pour plusieurs raisons. Le sujet lui-même peut poser problème, être, volontairement ou non, peu clair. C'est le cas notamment avec les intitulés longs qui semblent ouvrir plusieurs pistes de réflexion, comme dans l'exemple suivant : *Dans quelle mesure la hausse progressive du taux de chômage observée après 1970 résulte-t-elle d'une hausse du taux de chômage d'équilibre ou de la lenteur et de la complexité des dynamiques d'ajustement enclenchées par une succession de chocs négatifs ?* (ESSEC 2000). Le candidat peut également avoir quelques lacunes et chercher à les cacher en ne traitant que les points qu'il connaît.

Mais le plus souvent, si le sujet n'est pas traité, c'est tout simplement parce que le candidat n'a pas compris le sujet. Le travail de dissertation commence donc par la lecture et l'analyse du sujet.

L'analyse, c'est-à-dire le décryptage du sujet, est une étape incontournable que trop de candidats négligent. Un travail systématique d'une quinzaine de minutes vous permettra de « traiter tout le sujet, rien que le sujet ». On peut distinguer quatre moments de travail.

☛ Repérer et définir le champ d'étude

Les concepts clés du sujet doivent être définis au brouillon, définitions qui seront ensuite utilisées dans l'introduction de la dissertation. La qualité des définitions détermine la suite du travail : une bonne définition met en évidence le contenu mais aussi les limites de l'objet étudié. Ceci permet de clarifier le « thème » du sujet et d'identifier le champ de connaissances auquel il se rattache ; vous pouvez alors faire un inventaire rapide des notions clés et des références analytiques ou historiques essentielles sur ce thème.

☛ Comprendre le sujet

Le sujet peut poser une question explicite : *La croissance peut-elle être durable ?* (sujet 4). Mais le sujet peut rester implicite, ne pas proposer une problématique ; c'est alors au candidat de l'expliciter en dégageant la ou les questions clés ; c'est le cas par exemple pour le sujet *Évolutions de l'entreprise et du capitalisme, depuis la fin du XIX*e *siècle* (sujet 9). Dans tous les cas, il faut être attentif aux mots et expressions qui délimitent le travail à effectuer et respecter les consignes : *Vous analyserez les relations entre...* (sujet 18), *Peut-on à juste titre parler d'un...* (sujet 20).

☛ Délimiter le champ du sujet

Le sujet peut être général et porter sur l'ensemble de la période et des pays concernés par le programme ; il faudra alors veiller à couvrir l'ensemble du champ, notamment en variant les exemples dans le temps et dans l'espace. Les rapports de jury soulignent régulièrement la faiblesse des connaissances sur la période de l'entre-deux-guerres. Au contraire, les champs géographique et temporel peuvent-être explicitement délimités, comme dans le sujet 10 : *Les transformations de l'appareil productif dans les pays capitalistes développés, et plus particulièrement en France, ont-elles favorisé la mobilité sociale depuis la seconde guerre mondiale ?*

☛ Reformuler la question

Le travail d'analyse du sujet se termine avec la (re)formulation de la question. Au brouillon, il peut être très utile de schématiser la question. Le sujet 1 (*L'accumulation du capital est-elle la source principale de la croissance économique ?*) interroge sur une relation de causalité univoque que traduit le schéma suivant :

Accumulation du capital	⇒	source principale ?	⇒	Croissance économique

Il se différencie du sujet (non traité) *Accumulation du capital et croissance*, demandant d'étudier les interactions :

Accumulation du capital	⇒ ? ⇐	Croissance économique

Cette schématisation prépare l'explicitation et la présentation du sujet dans l'introduction. La reformulation est absolument nécessaire pour les sujets implicites. Ainsi, pour le sujet 9 (*Évolutions de l'entreprise et du capitalisme, depuis la fin du XIXe siècle*), on pourra décomposer le sujet comme suit :

1. Les transformations structurelles du capitalisme impliquent des évolutions de l'entreprise ;
2. Réciproquement, les évolutions de l'entreprise expriment les transformations profondes du capitalisme.

En découle une (re)formulation de la question : Comment les évolutions du capitalisme et de l'entreprise s'articulent-elles, depuis la fin du XIXe siècle ?

2 Deuxième étape : mobiliser les connaissances

Il n'y a pas de dissertation sans connaissances. À la sortie des épreuves, les candidats discutent : « Tu as parlé de... ? Fallait-il aussi traiter de... ? ». Il n'est pas rare qu'un candidat oublie de développer un point qu'il connaissait parfaitement. Le travail sur les vingt dissertations rédigées doit apprendre à **mettre en relation un sujet et des connaissances**. Le travail de mobilisation des connaissances s'inscrit dans le prolongement immédiat de l'analyse du sujet. Les bonnes idées s'envolent vite ! Il faut donc noter au brouillon les éléments qui vont soutenir votre raisonnement jusqu'à la fin de la dissertation.

☛ Mobiliser les connaissances pertinentes...

L'analyse du sujet a permis de repérer les notions clés et d'inventorier rapidement les analyses et exemples essentiels. Il faut maintenant au brouillon explorer rapidement le champ conceptuel et historique en restant dans la perspective du sujet. Par exemple, pour le sujet 3 (*La croissance peut-elle être durable ?*), on peut immédiatement noter que les crises interrompent régulièrement la croissance, qu'elles peuvent s'inscrire dans des cycles longs et courts. Ceci conduit à envisager les analyses de la croissance et du cycle, classique, néo-classique, schumpeterienne, endogène : pour chacune d'entre elles, quels sont les processus qui pourraient interrompre la croissance : loi des rendements décroissants, épuisement du progrès technique. Les grandes ruptures historiques du trend de croissance de long terme doivent être repérées : grande dépression de la fin du XIXe siècle, Grande Crise des années 1930, crise plurielle des années 1970 ; il faudra également pouvoir présenter des petites crises conjoncturelles. Le concept de croissance durable pose le problème des contraintes démographiques, environnementales et sociales.

Dans cette phase, le travail est encore décousu ; chaque connaissance en appelle d'autres, qu'il faut noter rapidement si et seulement si elles s'inscrivent dans le cadre du sujet.

☛ ... puis les classer

Il est ensuite nécessaire de classer et de hiérarchiser les connaissances : les notions les plus proches du sujet devront être définies de façon détaillée et illustrées par des exemples approfondis ; ces explications exigent à leur tour d'utiliser d'autres notions qui ne seront que brièvement explicitées.

Ainsi, dans le sujet *La croissance peut-elle être durable ?* il sera nécessaire de définir le cycle Juglar ; par contre, il ne faut pas approfondir les politiques de régulation qui cherchent à lisser ce cycle pour rendre la croissance durable (cf. tableau 1, p. 11). Celles-ci sont cependant bien dans le sujet, et cette réflexion conduit à enrichir la problématique : si la croissance n'est pas spontanément durable, les politiques (conjoncturelles, structurelles) peuvent chercher à la rendre durable.

TAB. 1 – Exploration du champ conceptuel

Sujet : *La croissance peut-elle être durable ?*		
Concepts centraux	*Analyses économiques, sociologiques et historiques principales*	*Concepts et analyses complémentaires*
Croissance « équilibrée »	Théorie classique et néo-classique de la croissance (Solow) et sa discussion ; confrontation avec les données historiques : cycle Juglar et fluctuations conjoncturelles.	Progrès technique exogène, loi des rendements décroissants, rente foncière, état stationnaire, politiques économiques de régulation, etc.
Croissance « déséquilibrée »	Théorie schumpeterienne de la croissance ; succession des révolutions industrielles.	Cycle Kondratiev, rôle des innovations et du progrès technique, système technique, etc.
Croissance « endogène »	Interactions entre accumulation du capital et croissance ; creusement des écarts entre PDEM et PED.	Capital physique, humain, technologique, rôle des politiques structurelles, rôle de l'État, rôle des externalités positives, etc.
Croissance « durable »	Prise en compte de l'environnement (rapport Brundtland) ; protocole de Kyoto ; analyses malthusiennes.	Rôle de la démographie, risque d'épuisement des ressources naturelles (club de Rome), rôle des externalités négatives, etc.

3 Troisième étape : de la problématique au plan

À la différence d'une question de cours qui demande de « réciter » des connaissances, une dissertation exige de dégager une problématique à laquelle il faudra répondre : la pertinence des questions posées est la première condition de la réussite de la dissertation. Il faut donc apprendre à problématiser. **La problématique est l'ensemble des questions auxquelles il faudra répondre pour traiter le sujet posé**. La problématique centrale se dégage de la (re)formulation du sujet et se décline en questions plus précises auxquelles répondront les parties et sous-parties de la dissertation. Une problématique centrale est bonne si elle permet de couvrir tout le champ du sujet et révèle son intérêt. Ainsi, le sujet *Progrès technique et emploi* (sujet 8) doit être mis en perspective : le progrès technique est accusé de façon récurrente de détruire les emplois et d'engendrer le chômage; pourtant la corrélation entre progrès technique et emploi se révèle positive à long terme. Ce paradoxe justifie le sujet et fournira un fil conducteur à la dissertation. On peut alors formuler trois questions :

- Le progrès technique influence-t-il le volume de l'emploi ?
- Le progrès technique influence-t-il la structure de l'emploi ?
- L'emploi, en retour, influence-t-il l'intensité et la nature du progrès technique ?

Si la problématique se déduit du sujet, le plan se déduit de la problématique. Le plan structure la dissertation en dégageant les principales étapes de la réponse apportée au sujet. Construire un plan ne signifie pas seulement trouver les titres des deux ou trois grandes parties : le plan doit être décomposé en sous-parties; pour chacune d'entre elles il faut noter l'idée directrice, les principaux arguments et exemples utilisés. Il permettra ainsi de rédiger directement sans ratures importantes. On peut distinguer trois axes de travail.

☛ Du plan provisoire au plan définitif

Le premier jet constitue un plan provisoire qu'il faut examiner de façon critique et corriger. Le plan résulte d'un véritable dialogue entre le sujet et vos connaissances. Chaque partie ou sous-partie s'inscrit-elle dans la problématique centrale du sujet ? Les différentes parties s'enchaînent-elles logiquement pour construire une réponse au sujet posé ? Y a-t-il des répétitions ? Les parties et sous-parties sont-elles suffisamment équilibrées ?

TAB. 2 – Typologie des plans

Plans	Exemples types		Remarques
Analytique	1. Le fait 2. Les causes 3. Les conséquences	1. Les causes conjoncturelles 2. Les causes structurelles	Il est adapté aux sujets demandant d'étudier un seul phénomène.
Dialectique	1. Thèse 2. Antithèse 3. Synthèse	1. Oui (ou Non) 2. Mais, sous certaines conditions, dans un certain contexte...	Il est adapté aux sujets qui demandent de discuter une proposition.
Interactif	1. Les effets de A sur B 2. Les effets de B sur A	1. A influence B quantitativement 2. A influence B qualitativement 3. B influence également A	Ce type de plan correspond aux sujets demandant d'étudier la relation entre deux phénomènes (emploi de la conjonction « et »). Le plan dialectique peut constituer une alternative.
Comparatif	1. Points communs 2. Différences	1. Les effets internes 2. Les effets externes	On ne peut pas comparer deux phénomènes en les étudiant séparément dans des parties distinctes.
Chronologique	Les politiques budgétaires : 1.La crise des années 1930 2. Les Trente Glorieuses 3. Depuis le début des années 1980	Les politiques de change : 1. Dans un contexte de change fixe, de 1944 à 1976 2. Dans un contexte de change flottant, depuis 1976	Pour adopter ce type de plan, il faut pouvoir distinguer deux ou trois périodes relativement équilibrées et homogènes.

Après corrections, votre plan devient définitif. Un bon plan traite le sujet, est progressif et équilibré. Évaluez la qualité du plan retenu pour le sujet 3, *La croissance peut-elle être durable ?* (p. 43), et soumettez-le aux questions précédentes ; auriez-vous suivi le même plan ?

☛ Plan formel et plan véritable

Le plan ne doit pas être formel, il doit exprimer la réflexion cohérente du candidat. Les rapports de jury signalent régulièrement ce défaut, dont l'archétype est le plan oui/non ! Par exemple, il n'est pas rare qu'un candidat présente dans une partie un argument : « l'équilibre budgétaire n'est pas un objectif pertinent de la politique économique car... » ; puis, dans une autre partie, l'argument inverse : « l'équilibre budgétaire est un objectif pertinent de la politique économique puisque... ». Il y a bien un plan formel mais il n'y a pas de plan raisonné : la dissertation ne peut être réussie. Un bon plan met au contraire en évidence la cohérence de votre réponse au sujet. S'il y a des contradictions, elles doivent être explicitées : « Au début des années 1980, la transformation du contexte monétaire et financier modifie profondément les objectifs et les modalités de la politique budgétaire » (se reporter au sujet 17, *Politique budgétaire et croissance économique*, p. 190).

Pour organiser un plan, il est souvent utile de distinguer deux (ou trois) niveaux de raisonnement : court, (moyen), long terme ; dans le contexte 1, dans le contexte 2 (et éventuellement 3) ; sur la période 1, sur la période 2 (et éventuellement 3) ; les dimensions structurelles et conjoncturelles ; effets ou causes directs et indirects ; effets quantitatifs et qualitatifs ; optique microéconomique et macroéconomique ; effets (ou causes) internes ou endogènes et externes ou exogènes ; effets positifs et négatifs ; du côté de l'offre et de la demande. Ces subdivisions simples sont particulièrement efficaces pour structurer les sous-parties de la dissertation.

☛ Les différents types de plan

Le plan peut comprendre deux ou trois parties, elles-mêmes subdivisées en deux ou trois sous-parties. Il n'y a pas de plan type mais des plans adaptés au sujet posé et à vos connaissances : rien ne sert de trouver un plan original si vous ne pouvez développer précisément les arguments annoncés ! Les plans les plus usuels sont présentés dans le tableau « Typologie des plans » (p. 13). Cette grille vous aidera à démarrer le plan provisoire ; cependant, si le sujet ou vos connaissances le justifient, le plan définitif peut s'écarter de ces plans types. Vous trouverez deux exemples de plans proches des plans types dans les dissertations rédigées 2 et 15 ; au contraire, des plans plus originaux sont suivis dans les dissertations 16 et 18.

4 Quatrième étape : l'introduction

Après avoir analysé le sujet et construit un plan adapté, vous pouvez rédiger l'introduction. Son objectif est d'engager le lecteur-correcteur dans une démarche (la vôtre) cohérente et pertinente de traitement du sujet. L'introduction ne doit pas empiéter sur le développement : **elle justifie le sujet et avance une problématique, elle pose le problème mais n'y répond pas.**

C'est un moment fort de la dissertation qui fournira au correcteur les premières impressions souvent déterminantes. L'introduction doit donc être rédigée au brouillon. Elle doit être précise, ce qui interdit les généralités et les banalités ; elle doit être proportionnée au devoir, représenter moins d'un huitième de la dissertation (moins d'une page sur huit). Traditionnellement, on distingue trois temps dans une introduction, mais une fois ces règles intériorisées il est possible de les dépasser si cela améliore l'introduction ou semble nécessaire par rapport au sujet.

☛ **L'accroche**

Il faut, dès la première phrase, placer le lecteur dans la perspective du sujet. L'accroche porte logiquement sur ce qui est immédiatement en amont du thème central du sujet. Évitez les accroches journalistiques : une référence théorique (sujet 18) ou historique (sujet 14) est plus valorisante et justifie mieux le sujet. On peut ensuite, selon les sujets, définir les notions clés ou préciser le contexte dans lequel il faut le replacer.

☛ **L'énoncé du sujet et la problématique**

La définition des notions clés du sujet ou l'évocation d'un fait historique majeur révèlent l'intérêt du thème ; il faut alors énoncer le sujet. On peut ensuite présenter la problématique et préciser les champs historiques et géographiques. C'est là un moment clé montrant la bonne compréhension du sujet, dans ses diverses dimensions. Inutile d'écrire « ce sujet est intéressant » ; c'est l'enchaînement cohérent de vos propositions qui établira cet intérêt.

☛ **L'annonce du plan**

Vous pouvez reprendre les éléments essentiels de la problématique pour présenter le plan. L'introduction générale ne présente que le plan d'ensemble, les idées directrices des deux ou trois grandes parties ; le plan de détail sera précisé dans les introductions de parties. L'expression doit être simple et claire ; il est conseillé de réutiliser les termes majeurs du sujet. Bannissez les phrases confuses, elles sont le signe d'un plan peu rigoureux. Pour retrouver de façon concrète ces trois étapes reportez-vous aux introductions des dissertations 14 (p. 158) et 18 (p. 158).

5 Cinquième étape : l'argumentation

Une dissertation n'est ni la récitation d'un cours ni l'affirmation d'opinions. Une dissertation construit progressivement la réponse au sujet présenté dans l'introduction ; elle doit convaincre le lecteur-correcteur de la pertinence de votre réponse en utilisant des notions définies, des analyses explicitées et des exemples précis situés dans le temps et l'espace. *Argumenter, c'est mobiliser et organiser les connaissances pertinentes pour construire une réponse raisonnée aux questions soulevées par la problématique.* Les connaissances sont inextricablement liées à la dissertation : dans un premier temps, elles permettent de comprendre le sujet et de dégager une problématique ; dans un second temps elles nourrissent l'argumentation.

L'argumentation doit être précise et rigoureuse pour convaincre, mais elle ne doit pas être trop étoffée pour s'inscrire dans une dissertation en quatre heures. Le travail sur les vingt dissertations rédigées doit vous permettre de saisir le niveau d'approfondissement adapté.

☛ Construire une argumentation personnelle

C'est vous qui argumentez, qui raisonnez. Il est donc maladroit de décliner les différentes analyses portant sur un thème, comme si vous ouvriez les uns après les autres les tiroirs de votre mémoire : « pour les néo-classiques », « pour les keynésiens », « pour les... ». Ce type de développement ressemble plus à un exposé de connaissances ou à une « compilation » qu'à une dissertation. Ceci ne veut pas dire que ces analyses ne doivent pas être exposées ; mais elles doivent s'inscrire dans votre raisonnement. De même, certains candidats multiplient les citations et références aux auteurs en pensant ainsi influencer favorablement le correcteur ; attention, une citation accompagne une explication mais ne s'y substitue pas. Une phrase du type « Keynes a montré que... » n'a aucun intérêt si la démonstration n'est pas clairement faite !

On peut illustrer la différence entre une question de cours et une dissertation en comparant la façon dont une même connaissance est utilisée dans plusieurs dissertations. L'index des notions vous permet de vous reporter aux dissertations utilisant les mêmes concepts, exemples ou analyses. Ainsi, tout candidat doit connaître les différentes fonctions du fonds monétaire international (FMI) ; mais, selon les sujets et l'argumentation, il faut en privilégier certaines, comme le montre l'exemple suivant :

Sujet 7 : *Depuis 1944, comment les régimes de change ont-ils influencé la croissance mondiale ?*	Sujet 12 : *Les pays émergents ont-ils intérêt à accentuer leur ouverture aux échanges internationaux ?*
Les accords de Bretton Woods, en reprenant les propositions du plan White, conduisent à la mise en place d'un système de change fixe mais ajustable. Les autorités monétaires doivent défendre la parité officielle de la monnaie en intervenant par des achats ou des ventes sur le marché des changes, éventuellement grâce au soutien conditionnel du fonds monétaire international (FMI).	En cas de crise, la fuite des capitaux engendre une crise de liquidité (...). Un prêteur en dernier ressort international doit pouvoir refinancer le système en injectant des liquidités nouvelles, ce que firent la banque centrale américaine et le FMI lors de la crise mexicaine, le FMI principalement, mais tardivement, lors de la crise asiatique. Ces interventions évitent la propagation de la crise.

☛ Construire une argumentation structurée

Le plan a permis de dégager les étapes de l'argumentation. Chaque sous-partie du développement doit présenter une argumentation conduisant à une conclusion partielle. Il n'y a pas de modèle type d'argumentation, mais il est possible d'en identifier les éléments constitutifs à partir de l'analyse d'un exemple. Dans le sujet 8, *Progrès technique et emploi*, la première sous-partie doit mettre en évidence le processus de destruction créatrice d'emplois induit par le progrès technique (p. 95–96).

Tout d'abord, le premier temps de l'argumentation va formuler une proposition : « Le progrès technique détruit des emplois à l'échelle microéconomique de l'entreprise et au niveau mésoéconomique de la branche et du secteur ». Deux exemples factuels illustrent ensuite la thèse d'un progrès technique destructeur. Un premier enseignement est alors dégagé : « Le progrès technique pourrait donc bien alimenter une « armée industrielle de réserve » ; au XIXe siècle, il aurait accentué la paupérisation de la classe ouvrière et contribuerait à la fin du XXe siècle à la montée des inégalités. » Dans un second temps, ce raisonnement est confronté à d'autres données historiques, qui montrent au contraire que « à long terme et à l'échelle macroéconomique, le nombre d'emplois ne cesse de croître ». Pour résoudre cette contradiction apparente est introduite une nouvelle hypothèse : les emplois détruits peuvent être quantitativement compensés par des créations d'emplois. Le mécanisme de compensation est alors analysé précisément, puisqu'il est central par rapport au sujet. L'argumentation se conclut par une illustration de la compensation en France. On peut, sans que cela constitue un modèle, représenter schématiquement les éléments d'une argumentation :

Hypothèse formulée sous forme d'une proposition	⇒	Exemple(s) soutenant l'hypothèse	⇒	Confrontation avec d'autres exemples	⇒	Proposition finale établie constituant un élément de réponse au sujet
		⇕		⇕		
	⇒	Argument(s) théorique(s) soutenant l'hypothèse	⇒	Discussion théorique	⇒	

☛ Construire une argumentation cohérente

Il faut veiller à la cohérence interne du raisonnement. Ainsi, les faits historiques doivent être replacés dans leur contexte. Par exemple, la pauvreté ne recouvre pas les mêmes situations au milieu du XIXe siècle, lors de la crise des années 1930, dans les années 1950 ou actuellement. De même, les concepts théoriques doivent être replacés dans leur cadre analytique : le « chômage volontaire » résulte d'un arbitrage microéconomique entre travail et loisir qui est au centre de l'analyse néo-classique du marché du travail ; le « chômage involontaire » est au contraire le produit d'un décalage macroéconomique entre offre et demande de biens qui s'inscrit dans une logique keynésienne d'équilibre de sous-emploi. N'utilisez pas un concept ou une relation en dehors du cadre dans lequel il est scientifiquement valide. Il faut également veiller à la cohérence externe du raisonnement : il doit s'inscrire en permanence dans la problématique du sujet. Un raisonnement peut être rigoureux, précis, et hors sujet ! C'est au moment où vous formulez l'idée directrice et lorsque vous rédigez la phrase de conclusion de l'argumentation qu'il faut vérifier que vous restez bien dans l'esprit du sujet.

☛ Gérer le temps et la longueur

Disserter, c'est choisir les arguments que vous présenterez dans une épreuve de quatre heures. Vous n'êtes pas noté au poids ! Dans les conditions du concours une copie de huit pages environ, dix au maximum (quatre pages pour la dissertation en deux heures de la banque ESC) suffira largement pour présenter une bonne argumentation. Les sujets HEC l'indiquent d'ailleurs explicitement : « Tout verbiage doit être évité et il est expressément recommandé de ne pas dépasser huit pages, sauf justification par la qualité du résultat. » Or vos connaissances sont souvent plus développées, au moins sur certains points du sujet : il faut donc maîtriser votre raisonnement.

De même qu'un coureur règle sa vitesse sur la distance qu'il doit courir, il faut régler le niveau d'approfondissement de votre argumentation sur les huit pages environ dont vous disposez. Il n'est pas rare de voir des argumentations très détaillées en début de dissertation et beaucoup plus rapides vers la fin. Gérer son temps c'est anticiper, cadrer la dimension des arguments dès le départ, pour avoir le temps de traiter correctement les arguments de la fin du devoir, et de rédiger une bonne conclusion.

6 Sixième étape : rédiger

Traiter le sujet, argumenter, ces deux premiers éléments de la dissertation relèvent du fond. Mais la forme est également importante. Il existe des règles générales de forme communes avec les dissertations de philosophie ou de culture générale et des règles spécifiques aux épreuves d'analyse économique et historique, ou d'économie, des concours. La dissertation doit être entièrement rédigée. En principe, elle n'inclut donc pas de schéma ou de graphique, ni d'abréviations.

En ce qui concerne les sigles (par exemple PDEM, FMI), ils peuvent être utilisés après avoir été explicités lors de leur premier emploi (pays développés à économie de marché, PDEM). La dissertation d'économie n'est pas un exercice de style, **la forme doit être au service du fond**, elle doit servir l'argumentation : il faut prendre l'habitude de phrases courtes et simples. Il faut de plus veiller à l'orthographe et en particulier à celle des noms propres, donc prendre le temps de se relire attentivement avant de remettre sa copie.

Il est possible de progresser rapidement en respectant quelques consignes.

☛ Présenter clairement sa copie

La forme, c'est aussi la présentation de la copie. « L'œil [du correcteur !] doit pouvoir repérer facilement le développement de la pensée [du candidat !] dans un texte clair et aéré » (rapport de jury ECRICOME 2002). L'écriture elle-même, la calligraphie, doit être lisible. Il est tou-

TAB. 3 – Expressions utiles pour exprimer le raisonnement

Enchaînement logique	Tout d'abord, ensuite, enfin, par conséquent, dès lors...
Enchaînement chronologique	Aux expressions précédentes ajouter : dans un premier temps, dans un second temps, avant, pendant, après...
Relation de cause à effet	Ainsi, donc, d'où, en conséquence, en effet...
Nuance, doute	Cependant, toutefois, mais, certes, malgré, néanmoins, dans une certaine mesure...
Antagonisme, contradiction	Au contraire, par contre, à l'opposé, inversement, en revanche...
Une alternative	D'une part... d'autre part ; soit... soit ; ou... ou

jours étonnant de rencontrer des candidats qui utilisent des couleurs d'encre tellement claires (pastel par exemple) qu'elles exigent un effort d'attention du correcteur : inutile de l'indisposer ! De même, il faut éviter les rajouts en marge et les ratures.

☛ Mettre en évidence la structure de l'argumentation

Il est très important de mettre en évidence le plan, la structure du raisonnement. Cependant, il faut éviter d'utiliser des titres soulignés ; s'ils sont tolérables pour les grandes parties, il est recommandé de les remplacer par la première phrase de l'introduction de partie, qui se substitue à eux de façon plus élégante. Une introduction de partie présente brièvement (trois à cinq lignes) le titre, c'est-à-dire l'idée directrice de la partie et son plan ; elle doit se détacher du reste du texte. De même, puisque chaque partie ou sous-partie constitue une étape du raisonnement, elle doit se terminer par une conclusion qui indique clairement les éléments de réponse au sujet qui viennent d'être apportés.

Il faut aller à la ligne à la fin des sous-parties. Aller à la ligne est un signe adressé au lecteur-correcteur pour lui indiquer que l'on franchit une étape de raisonnement ; il ne faut donc pas aller à la ligne avant d'avoir terminé une argumentation. Celle-ci finit toujours par un retour au sujet, dégageant bien la réponse partielle qui vient d'être apportée à la question posée par le sujet. De même, il faut sauter une ou deux lignes entre l'introduction et le développement, entre chacune des grandes parties de la dissertation, entre le développement et la conclusion ; on peut aussi utiliser des étoiles (∗) pour matérialiser ces sauts de ligne.

☛ **Articuler les étapes successives du raisonnement**

La rédaction doit exprimer clairement une argumentation, c'est-à-dire un enchaînement logique et structuré de propositions étayées par des données historiques et des analyses théoriques. Il faut absolument éviter les phrases longues et confuses ; un raisonnement doit s'exprimer par une suite logique de phrases courtes, liées les unes aux autres. Des expressions traditionnellement utilisées permettent de décomposer le raisonnement et de faciliter la lecture (tableau 3 p. 20).

7 Septième étape : conclure

Comme l'introduction, la conclusion doit être particulièrement soignée ; c'est en quelque sorte la **signature du devoir**, le moment où vous allez conforter la bonne impression faite au lecteur-correcteur. La conclusion ne doit pas être longue : une dizaine de lignes suffisent amplement puisqu'elle n'apporte pas d'arguments nouveaux. Il faut être particulièrement attentif à l'expression claire et synthétique. Pour ne pas bâcler cette conclusion faute de temps, il est recommandé d'en noter au brouillon les phrases clés immédiatement après avoir construit son plan détaillé. La conclusion comprend généralement deux paragraphes.

☛ **La réponse au sujet**

Le premier paragraphe de la conclusion répond à la question dégagée en introduction. Cette réponse ne doit bien sûr pas être en contradiction avec l'argumentation développée dans la dissertation. Dans le développement vous avez présenté tous les arguments ; inutile, ce serait maladroit et lourd, de les résumer. Dans la conclusion, vous devez donner une réponse à la fois synthétique et personnelle, telle qu'elle peut être formulée dans une dissertation de concours : vous n'êtes pas entre amis au café, ni éditorialiste d'un journal d'opinion. Il ne faut en aucun cas utiliser la conclusion pour traiter rapidement ce qui aurait été oublié dans le développement, c'est trop tard !

☛ **L'ouverture**

Le second paragraphe, l'ouverture, propose d'élargir ou de prolonger la discussion en indiquant le thème de réflexion qu'il est logique d'aborder après avoir traité le sujet. Cette ouverture permet également de relativiser votre développement : vous avez résolu un problème, mais il en est d'autres qui appellent peut-être des réponses complémentaires. Il n'est pas très habile de finir sur un point d'interrogation : vous pouvez suggérer une nouvelle piste de réflexion sans poser pour autant une question. Reportez-vous à la conclusion de la dissertation 18 (p. 213) ; elle constitue un exemple type de conclusion.

8 Huitième étape : pour aller plus loin

Les vingt dissertations rédigées constituent une base de travail à prolonger par des activités personnelles. Il faut vous préparer aux concours futurs en enrichissant vos connaissances et en vous appropriant la méthodologie de la dissertation. Un travail systématique et répété sur vingt sujets vous permettra de progresser rapidement.

☛ **Entraînez-vous à disserter**

Des sujets connexes, proches par leur thème mais différents dans leurs problématiques, sont rapidement présentés après chaque dissertation. Vous pouvez vous entraîner en construisant un plan détaillé, en rédigeant l'introduction et la conclusion ; lors de ces opérations exploitez le corrigé, mais adaptez-vous au nouveau sujet. Il faut vous entraîner à profiter de l'expérience acquise sur un sujet pour traiter des sujets proches.

☛ **Approfondissez vos connaissances**

La dissertation rédigée vous permet de réviser ou de découvrir des notions et analyses en rapport avec le thème du sujet. Il est nécessaire de vérifier dans un dictionnaire ou dans un manuel que vous maîtrisez ces connaissances. Pour les approfondir vous pouvez également vous reporter aux indications bibliographiques. Les vingt dissertations couvrant un large champ de réflexion, un travail systématique consolidera vos connaissances sur l'ensemble du programme.

Dissertation 1

L'accumulation du capital est-elle la source principale de la croissance économique ?

I Analyse du sujet

1 Les mots clés

La question posée par le sujet est claire. Elle met en relation deux phénomènes qu'il faut définir. Si pour Marx le capital est d'abord une relation sociale, il se définit généralement par sa dimension technique : le capital est l'ensemble des biens de production durables. Il est alors un facteur de production, pris en compte dans les fonctions de production ($Q = f(K, L)$). Il est donc un stock, accumulé grâce aux investissements. Mais il ne faut pas se limiter à cette première définition restrictive du capital. Le capital peut être immatériel et les capitaux publics, humains, technologiques, sont également l'objet d'accumulation. L'accumulation du capital est donc l'augmentation du stock de biens et services de production durables par l'investissement net. Le concept de croissance doit être envisagé ici à court et à long terme, dans ses dimensions quantitatives (l'augmentation d'un indicateur de dimension tel que le produit intérieur net) mais aussi structurelles.

2 Connaissances à mobiliser

Pour étudier la contribution de l'accumulation du capital à la croissance, il faut connaître les théories de la croissance. Théories classiques, néo-classique et de la croissance endogène offrent des analyses complémentaires. Mais il faut confronter les apports de ces analyses aux données factuelles, comme le font par exemple Carré, Dubois et Malinvaud (*La croissance française*, 1972). Sur le long terme il faudra distinguer la croissance extensive du XIXe siècle de la croissance intensive. Enfin, on ne peut répondre à la question posée sans clarifier les relations entre accumulation du capital, progrès technique donc innovation, et croissance. Par exemple, la montée des investissements immatériels, liée au développement des nouvelles technologies de l'information et de la télécommunication, affecte bien la structure du capital et donc l'accumulation.

3 Enjeux et problématique

Les fonctions de production expriment une relation causale entre l'augmentation du stock de capital et la croissance. La relation peut être quantitative, l'accumulation affectant le niveau (le taux) de croissance. Elle peut être qualitative, l'accumulation influençant les caractéristiques de la croissance qui peut être équilibrée, cyclique, intensive, etc. Il faut donc apprécier l'importance de cette source, au regard de ces différentes dimensions : est-elle « principale », donc la plus importante ? Répondre à cette question est d'autant plus difficile que la croissance est un processus complexe, une dynamique qui combine plusieurs sources. De plus, la croissance peut s'auto-entretenir : l'accumulation est alors autant un produit de la croissance qu'une de ses sources.

II Plan détaillé

I L'accumulation du capital est une source importante de croissance

1. L'accumulation du capital influence le niveau...
2. ... Et les caractéristiques de la croissance

II Mais la dynamique d'ensemble du capitalisme dans laquelle s'inscrit l'accumulation du capital conditionne son influence

1. Le cercle vertueux de l'accumulation et de la croissance...
2. ... Et ses limites

III Dissertation rédigée

L'AUGMENTATION du taux d'investissement est pour Rostow une des conditions du démarrage, puis de la croissance, des sociétés industrielles (*Les étapes de la croissance*, 1960). La croissance économique est d'abord un phénomène quantitatif, « l'augmentation soutenue pendant une ou plusieurs périodes longues d'un indicateur de dimension : pour une nation le produit global net en termes réels » (F. Perroux). Mais ce qui croît change en croissant : la croissance exige donc, à long terme, des changements structurels ou qualitatifs, notamment ceux qui affectent l'investissement et le capital.

Si pour Marx le capital est d'abord une relation sociale, il se définit généralement par sa dimension technique : le capital est l'ensemble des biens de production durables. Il est alors un facteur de production, pris en compte dans les fonctions de production néo-classiques, un stock accumulé par l'investissement net. Depuis les années 1980 le rôle accru des capitaux humain et technologique a augmenté la part des éléments immatériels dans le stock total de capital. En tant que facteur de production, le capital est une source de croissance économique. Mais en est-il la source principale ? Il faudrait pour cela qu'il détermine le niveau de la croissance, mais aussi ses caractéristiques qualitatives, degré de stabilité et d'intensité notamment. Or la croissance est un processus complexe au sein duquel interagissent de nombreux éléments, en particulier le progrès technique et les institutions (marché, État, entreprises). Mesurer la contribution du capital à la croissance demande dès lors d'apprécier le rôle et la place du capital au sein de ces interactions.

Les analyses économiques et les travaux empiriques mettent en évidence la contribution de l'accumulation du capital à la croissance économique (I). Mais cette accumulation du capital s'inscrit dans la dynamique d'ensemble du capitalisme qui, en la conditionnant, relativise son influence (II).

L'ACCUMULATION du capital exerce à la fois des effets quantitatifs et qualitatifs sur la dynamique économique de croissance. En effet l'accumulation du capital, en déterminant les capacités de production, agit sur le rythme de la croissance (A), mais également sur la nature de celle-ci (B).

L'investissement agit sur le niveau de croissance, par l'intermédiaire de l'offre et de la demande. Le capital est tout d'abord nécessaire à l'offre. Les fonctions de production expriment cette relation. Dans les fonctions de type Cobb-Douglas, homogènes de degré 1, le produit (Q) est obtenu à partir des facteurs capital (K) et travail (L) : $Q = AK^{a}L^{1-a}$. L'exposant affecté au facteur capital mesure l'élasticité de la croissance aux variations du capital. Les travaux de Denison (*Why growth rates differ ?*, 1967) et de Carré, Dubois, Malinvaud (*La croissance française. Essai d'analyse causale*, 1972) ont cherché à mesurer la contribution du capital à la croissance, en appréhendant le capital comme un facteur de production primaire composé exclusivement de biens de production durables. Aux États-Unis et en France, la contribution du capital expliquerait environ le quart de la croissance économique. Ces travaux établissent ainsi une première relation quantitative entre capital et croissance. Toutefois, plus de la moitié de la croissance reste inexpliquée : c'est le « résidu », attribué au progrès technique. Celui-ci est d'origine exogène, mais peut être incorporé aux facteurs, notamment au capital. Le capital n'est en effet pas homogène. Il est constitué de différents actifs se distinguant par leur ancienneté, leur durée d'utilisation, ou les secteurs dans lesquels ils sont investis, ce qui influence leur productivité. Ainsi le rajeunissement du capital, induit par le fort taux d'investissement des Trente Glorieuses, expliquerait $0,3$ point de croissance entre 1951 et 1973 (sur une croissance globale de $5,4\%$).

Cependant, l'accumulation ne doit pas être réduite au seul investissement productif. Les théories de la croissance endogène valorisent l'investissement en capital humain, en infrastructure et en technologie. Le Japon, en s'appuyant sur un ministère chargé à la fois à l'industrie et du commerce extérieur (MITI), et les États-Unis, en finançant la recherche spatiale dans les années 1960, ont soutenu la croissance à travers l'accumulation de capital technologique et la diffusion de savoir-faire. Ce sont finalement le volume et la structure du capital qui influencent la croissance. La combinaison de ces deux dimensions explique les difficultés des pays en développement : ils conjuguent en effet insuffisance et inadéquation du capital. Si l'accumulation du capital n'explique qu'une partie de la croissance, elle en constitue néanmoins une condition *sine qua non*. L'investissement accumulé sous forme de capital influence l'offre et finalement la croissance.

Mais l'investissement intervient également du côté de la demande dont il est une composante. L'impact de l'investissement sur la croissance est alors analysé par le modèle du multiplicateur, une variation de l'investissement entraînant une variation plus que proportionnelle de la production. La volatilité de l'investissement résulte des anticipations qui le déterminent et explique l'instabilité de la croissance. Dans cette perspective, le soutien de l'investissement par les politiques de taux d'intérêt faibles des Trente Glorieuses expliquerait la croissance forte qui prévalait alors ; inversement la « croissance molle » des années 1990 en Europe résulterait de l'atonie de l'investissement, entravé par les politiques de rigueur. Cependant un excès d'accumulation peut également nuire à la croissance et engendrer la crise. Ainsi les taux d'intérêt artificiellement bas des années 1960 ont-ils incité les entreprises à substituer du capital au travail et donc à allonger le processus de production. Dans un premier temps, cette substitution a stimulé la croissance, avant que ne se révèlent des surcapacités de production. La crise des années 1970 peut dès lors apparaître comme une crise de suraccumulation, qui correspond à la destruction du capital excédentaire (Hayek). Rythmes de croissance et d'accumulation du capital sont donc étroitement liés, mais une approche quantitative ne parvient pas à rendre compte de la complexité des mécanismes qui sont à l'œuvre.

L'accumulation du capital influence également les caractéristiques qualitatives de la croissance et notamment son intensité et sa cyclicité. La croissance extensive du XIXe siècle repose sur l'accumulation de capital productif par l'investissement de capacité. L'extension du réseau ferré est ainsi étroitement lié à la phase de forte croissance de 1851 à 1873. Mais à partir de 1896, la croissance devient plus intensive : la combinaison des investissements et du capital humain permet une élévation forte de la productivité. Marchand et Thélot ont souligné que l'amélioration de la qualité de la main d'œuvre résultant de l'accumulation de capital humain expliquerait à elle seule le quart de la croissance française au XXe siècle (*Le travail en France, 1800–2000*). En conséquence, les croissances des pays développés et des pays en développement se distinguent par la structure des capitaux engagés. Selon la Banque mondiale (1995), le capital naturel (stock de ressources naturelles) représenterait plus de la moitié des ressources productives d'Afrique (hors pays du Maghreb) et moins de 20% de celles des pays développés ; *a contrario* les ressources humaines constitueraient 66% des ressources des pays à haut revenu, 75% de celles des pays d'Asie et moins de 25% des ressources africaines.

L'accumulation du capital permet d'expliquer l'intensité de la croissance, mais également son caractère plus ou moins cyclique. À court terme, dans le cycle Juglar, l'accumulation est encouragée au début de la reprise, tant que le taux courant du marché reste inférieur au taux naturel d'équilibre de long terme (Wicksell). Mais la croissance, en entretenant l'investissement, finit par provoquer une montée des taux d'intérêt qui ralentit l'accumulation et plonge l'économie dans la récession. L'irrégularité de l'accumulation est donc vectrice d'instabilité conjoncturelle. Les États-Unis ont ainsi connu une forte croissance, soutenue par les investissements dans les nouvelles technologies de 1992 à 2000. Mais la révision à la baisse des anticipations de profit des secteurs producteurs et utilisateurs de nouvelles technologies a entraîné un effondrement des marchés financiers, de l'investissement et finalement la crise en 2001. À long terme, l'accumulation joue sur le rythme de croissance par l'intermédiaire de l'innovation et du progrès technique. Si l'investissement immatériel, en recherche et développement notamment, est en amont de l'innovation et du progrès technique, la mise en œuvre de l'innovation et du progrès technique exige ensuite des investissements de capacité et de productivité. Les grandes phases de croissance schumpetérienne sont donc également des phases d'accumulation qui favorisent la diffusion du capital technologique.

L'accumulation du capital, qu'il soit physique, humain ou technologique, est non seulement une source de croissance mais également un déterminant de son rythme et de ses caractéristiques. En retour, l'insuffisance de l'accumulation constitue un blocage rencontré par les pays en développement.

FAIRE du capital la source principale de la croissance exigerait d'isoler sa contribution pour montrer qu'elle est supérieure à celle des autres sources. Dans la mesure où la contribution du capital est conditionnée par la dynamique d'ensemble du capitalisme à laquelle elle participe, il convient de relativiser son influence (A). En définitive, l'accumulation du capital constitue une source de croissance soumise à certaines conditions (B).

La relation empirique entre accumulation du capital et croissance est certes forte, mais elle doit être replacée dans la dynamique du capitalisme. Si le profit anticipé détermine l'investissement et constitue *in fine* le but de l'accumulation, les profits antérieurs sont la condition de son financement. Il y a donc interaction entre accumulation et croissance, ce que met en évidence le phénomène d'externalités. Les externalités sont les effets, bénéfiques ou non, que produisent les décisions d'un agent sur la situation des autres agents, sans que ceux-ci soient intégrés dans son calcul. Ainsi dans le modèle de croissance endogène de Romer, l'accumulation du capital permet un apprentissage (*learning by doing*) qui est transférable. Dans ce cas, le rendement de l'investissement peut être décroissant à l'échelle d'un individu et croissant pour la collectivité. Il appartient alors à l'État de rapprocher optimum individuel et collectif, en finançant partiellement les activités à forte externalités positives : investissement immatériel en recherche et développement, en capital humain, en infrastructures, etc. Cette analyse explique que les économies ne convergent pas. Les pays peu développés bénéficient d'effets externes de l'investissement faibles ; au contraire la croissance économique s'auto-entretient : plus le stock de capital est élevé, plus les effets externes des nouveaux investissements sont positifs. Par exemple, l'investissement en capital humain d'un agent est d'autant plus efficace que les autres agents ont eux aussi investis. Les interactions entre accumulation et croissance peuvent suivre des voies différentes. Dans le régime d'accumulation concurrentiel, les profits sont obtenus en réduisant les salaires au minimum de subsistance ; la croissance peut alors buter à long terme sur l'insuffisance des débouchés, ce qu'illustre la crise de 1929. Le capitalisme monopoliste dégage au contraire des profits, grâce à la forte productivité des grandes organisations rationnelles. Les firmes peuvent ainsi verser des salaires suffisants pour écouler une production de masse de biens standardisés. Mais la croissance peut alors buter sur la saturation des marchés. Si l'accumulation est source de croissance, c'est par l'intermédiaire de relations complexes qui s'inscrivent dans la dynamique du capitalisme.

Bien que nécessaire, l'accumulation du capital ne suffit pas à entraîner la croissance économique, car celle-ci dépend également de variables institutionnelles. C'est ainsi que l'analyse marxiste met en évidence les conditions sociales de l'accumulation. Le capital n'est plus considéré comme un ensemble de biens de production, mais comme un rapport social qui conditionne la « reproduction élargie » dans une forme déterminée de société. Seul le capital variable, consacré à l'achat de la « marchandise » que constitue la force de travail, génère du surplus (la plus-value) ; le capital constant, constitué par les biens de production, c'est-à-dire par du travail mort, se reproduit à l'identique. Malgré les contre-tendances, l'accumulation se heurte alors aux contradictions internes du système qui épuisent les sources de plus-value, ce qui réduit le taux de profit, l'investissement et la croissance. Si l'accumulation induit la croissance à court terme, elle exige à long terme la transformation des structures économiques et sociales. La régulation fordiste aurait ainsi amplifié la relation dynamique entre accumulation du capital et croissance, grâce à une répartition efficiente des gains de productivité entre les investisseurs, les salariés, les consommateurs et l'État.

Le cadre institutionnel doit également orienter l'accumulation du capital vers les secteurs où il est le plus productif. L'expérience soviétique révèle les limites de l'accumulation extensive planifiée, qui a certes permis une augmentation du volume des investissements, mais n'est pas parvenue à assurer leur utilisation efficiente. De ce point de vue, le marché l'emporte sur le plan. Ainsi aux États-Unis au XIXe siècle, le libre jeu des prix et de la concurrence aurait davantage conditionné la croissance que les investissements eux-mêmes (North et Fogel). Cependant, dans le Japon de l'ère Meiji (1868–1912), l'État s'est substitué au marché et a pallié les insuffisances de l'initiative privée. La première accumulation fut donc publique, avec la création de chantiers navals et d'industries textiles ensuite privatisées ; l'État japonais développait simultanément l'enseignement et soutenait la demande par les dépenses militaires. Cette intervention permit le décollage de l'économie et peut être rapprochée du volontarisme du développement de l'Allemagne au XIXe siècle. D'une manière générale, l'intervention étatique, lorsqu'elle se combine avec le marché, peut accélérer le processus d'accumulation des pays en retard (Gerschenkron). Les nouveaux pays industrialisés (NPI) de la fin du XXe siècle associent intervention étatique et attractivité du territoire. L'accumulation est en effet favorisée par l'accueil des investissements directs à l'étranger (IDE) ; ils permettent d'accroître l'offre et, à travers les externalités, d'accumuler du capital technologique et du capital humain. Les pays les plus pauvres, en raison du manque d'infrastructures, de capital humain et de stabilité politique, sont les moins attractifs et se heurtent au cercle vicieux du sous-développement. Au contraire, l'accumulation rapide, combinant capitaux publics, capitaux privés nationaux et capitaux étrangers, explique la forte croissance des NPI et notamment de la Chine.

L'accumulation du capital est donc une condition nécessaire mais non suffisante de la croissance ; elle doit se combiner avec les transformations idéologiques et institutionnelles qu'elle demande.

L'ACCUMULATION du capital est une source essentielle de croissance si l'on retient une définition large incluant, au-delà des biens de production durables, le capital public, humain et technologique. Mais ce n'est pas la source principale de la croissance dans la mesure où elle doit être combinée avec d'autres éléments, en particuliers institutionnels, qui semblent tout autant déterminants. Qui plus est, l'accumulation est elle-même un résultat de la croissance antérieure.

Le rattrapage des pays les plus pauvres exige donc un effort d'accumulation, financé par un transfert de capitaux, publics et privés, en provenance des pays riches. Le consensus de Washington considérait que la libéralisation de l'économie suffirait à attirer ces capitaux et assurer leur allocation optimale. L'expérience des pays de la seconde vague, comme celle des NPI asiatiques, montre pourtant que l'action de l'État et les caractéristiques socioculturelles sont également déterminantes.

IV Commentaires

1 Critique de la dissertation

L'ambiguïté du sujet résulte des contours flous du concept de capital. La dissertation proposée retient une définition large qui inclut les investissements immatériels, le capital public, humain ou technologique. Dans ce cas, l'accumulation du capital devient évidemment une source clé de la croissance, ce qui appauvrit l'argumentation. Les apports des théories de la croissance endogène obligent cependant à retenir une telle définition. Les deux temps de la réponse sont un peu artificiels, mais ont l'avantage de permettre d'exposer les différentes analyses, en suivant une progression cohérente valorisant les connaissances. La conclusion peut alors proposer une réponse claire.

2 Sujet connexe

Un sujet proche a été posé en 1988 au concours Ecricome : *Les facteurs primaires suffisent-ils pour comprendre le phénomène de la croissance ?* Mais dans cette formulation les facteurs primaires sont le travail et le capital technique. La réponse est donc tout à fait différente, puisque, définis restrictivement, ces deux facteurs n'expliquent qu'une partie de la croissance. De nombreux sujets portent sur les rapports de la croissance avec le progrès technique ou les innovations. On pourra alors retenir de la dissertation traitée la partie II-1 et l'importance de l'accumulation du capital technologique.

3 Bibliographie

GUELLEC, Dominique et RALLE, Pierre, *Les nouvelles théories de la croissance*, Paris, La Découverte, coll. « Repères », 2000. Voir notamment « Les sources de la croissance », p. 49–56, et le chapitre 5, « Croissance et politique économique », p. 94–109.

MONTOUSSÉ, Marc et alii, *100 fiches pour comprendre l'histoire économique contemporaine*, Paris, Bréal. Se reporter aux fiches des parties 1, 2 et 5.

Dissertation 2

Les crises économiques participent-elles de la régulation des économies de marché ?

I Analyse du sujet

1 Les mots clés

Le sujet met en regard deux expressions, « crises économiques » et « régulation des économies de marché », qu'il convient de définir. L'usage du pluriel rappelle que les crises constituent une réalité multiforme. Parfois définie comme le point de retournement entre une phase d'expansion et une phase de dépression, on considère souvent que la crise économique désigne l'ensemble de la période de dépression. Elle est alors « une rupture d'équilibre, un craquement, suivis d'une chute de l'activité productive, des échanges, des profits, des salaires » (J. Bouvier). Les crises s'inscrivent dès lors dans le cycle économique. Différents types de crises peuvent être distingués : la crise de sous-production ou d'ancien régime s'oppose à la crise de surproduction moderne ; les crises conjoncturelles aux crises structurelles ; les crises de cycles courts (cycle des affaires de Juglar), aux crises de cycles longs Kondratiev.

Le terme « régulation » désigne l'ensemble des mécanismes qui permettent d'ajuster les différentes grandeurs et relations macroéconomiques. La régulation peut être spontanée, si elle résulte des mécanismes autorégulateurs du marché, ou volontaire, dans le cadre de politiques économiques actives.

Ce sujet général et théorique est délimité par l'expression « économies de marché » ; il concerne donc, dans le cadre du programme, les pays européens, les États-unis et le Japon, depuis leurs révolutions industrielles.

2 Connaissances à mobiliser

Ce sujet exige que l'argumentation repose sur l'étude de quelques crises significatives, illustrant les difficultés de régulation rencontrées par les économies de marché depuis le XIXe siècle. Il faudra présenter précisément les grandes crises : grande dépression de la fin du XIXe siècle, crise de 1929, crise des années 1970. Les crises de moindre ampleur sont également indispensables à l'argumentation : par exemple crise de type Juglar en 1866, crise de reconversion en 1920–1921, crises conjoncturelles des Trente Glorieuses contre lesquelles furent menées des politiques de *stop and go*, crise de sous-emploi aux États-Unis au début des années 1960, crises financières et monétaires des années 1990, etc.

3 Enjeux et problématique

Bien qu'explicite, la question posée peut *a priori* sembler paradoxale. La crise s'accompagne d'évolutions négatives lourdes de conséquences économiques et sociales. Dans ces conditions, comment la crise pourrait-elle être considérée comme une solution ? Il faut pour cela introduire la durée, donc le cycle dans lequel s'inscrit la crise. Toute crise combine deux dimensions, rétrospective et prospective. Elle s'enracine en effet dans les évolutions passées et peut réduire des déséquilibres ou des contradictions apparus dans la phase antérieure de croissance. Elle exerce alors une fonction d'assainissement. Mais elle prépare également les évolutions futures en restaurant des conditions favorables à la croissance.

Le sujet peut donc se reformuler ainsi : la crise permet-elle de résoudre les difficultés nées de la croissance antérieure et de construire les bases de la croissance future ? Une réponse positive ferait de la crise un élément de la régulation des économies de marché. Mais une réponse négative justifie l'intervention de l'État, qui peut agir par des politiques structurelles et conjoncturelles. La distinction entre crises conjoncturelle et structurelle permettra donc d'organiser la discussion en distinguant régulation de court et de long terme.

II Plan détaillé

I Les crises conjoncturelles peuvent participer de la régulation du système à court terme

1. Les crises conjoncturelles expriment les déséquilibres et les dysfonctionnements macroéconomiques de la croissance antérieure

2. Mais elles peuvent également favoriser le retour sur le sentier d'une croissance équilibrée

II Les crises structurelles participent de la régulation de la croissance à long terme

1. Les crises peuvent préparer l'émergence d'un nouveau système productif...
2. ... Ou favoriser l'émergence de nouvelles modalités de régulation

III Cependant la répétition des crises révèle les limites de la régulation marchande

1. Certaines crises ne participent pas à la régulation du système
2. Il appartient à l'État régulateur de limiter l'ampleur et les coûts des crises en menant des politiques conjoncturelles...
3. ... Ou structurelles

III Dissertation rédigée

EN ÉCONOMIE comme en médecine, la crise désigne le « moment, à la fois périlleux et décisif, que le patient est condamné à traverser, et dont il peut résulter ou le pire ou le mieux » (H. Guitton). Au miroir de leurs conséquences sociales douloureuses, famine des crises d'ancien régime, chômage et exclusion des crises industrielles, les crises semblent témoigner de l'échec de la régulation. Elles constitueraient dès lors une défaillance de l'ensemble des mécanismes qui permettent d'ajuster les différentes grandeurs et relations macroéconomiques.

Toutefois, replacées dans le mouvement cyclique de l'économie, les crises apparaissent également comme une transition vers la reprise et l'expansion. Ainsi, les phases critiques alternent avec les phases de reprise dans le cycle Juglar, et aux périodes de déclin succèdent des périodes de croissance schumpeterienne dans le cycle Kondratiev. Cette répétition des crises au sein des économies de marché depuis le XIXe siècle suggère que les crises, loin d'être des accidents, participent de la régulation des économies de marché. Elles permettraient de résoudre des difficultés nées de la croissance antérieure et de construire les bases de la croissance future.

L'étude de quelques-unes unes des crises caractéristiques de l'économie de marché permettra d'apprécier leur rôle et leur place dans le processus de régulation. Les crises conjoncturelles peuvent simultanément exprimer des déséquilibres et contribuer à leur résolution (I). Les crises structurelles peuvent favoriser l'émergence de nouveaux modes de régulation et restaurer ainsi la dynamique de la croissance (II). Cependant, les crises apparaissent comme une forme économiquement et socialement coûteuse de régulation, ce qui incite à rechercher les modalités d'une croissance équilibrée durable et peut justifier l'intervention de l'État (III).

LES CRISES conjoncturelles expriment les déséquilibres et dysfonctionnements macroéconomiques de la croissance antérieure (A). Mais elles peuvent également favoriser le retour sur le sentier d'une croissance équilibrée (B).

Les crises conjoncturelles résultent de chocs principalement exogènes qui viennent interrompre l'expansion. Le choc peut être d'origine financière : en 1882 par exemple la crise naît du krach de l'Union générale, en 2001 de l'implosion de la bulle spéculative liée à la nouvelle économie. Le choc peut être social (1936, 1968) ou politique (guerre de Corée en 1950, guerre du Golfe en 1990). Ainsi la réunification de l'Allemagne engendre un choc de demande dans ce pays. La conversion des marks de l'Est en marks au taux de un pour un dégage en effet un fort pouvoir d'achat dans les Länder de l'Est, alors que l'offre y est inadaptée. L'économie allemande est donc menacée de surchauffe, ce qui justifie l'augmentation par la Bundesbank des taux d'intérêt. Le choc va alors se propager en France. Pour préserver la désinflation et l'ancrage du franc sur le mark, la Banque de France est obligée de relever ses taux d'intérêt directeurs, alors qu'il n'y a aucune menace inflationniste. L'investissement s'effondre ($-3,3\%$ entre 1990 et 1993), ce qui entraîne une contraction cumulative de l'emploi et donc la montée du chômage (de 9% en 1990 à 12% en 1994).

Les erreurs ou les contraintes de politiques économiques peuvent accentuer la crise. Certes, le maintien de l'ancrage du franc sur le mark a permis d'établir la crédibilité de la politique du franc fort, mais en exigeant une politique monétaire restrictive il a contribué à la « croissance molle » des années 1990 (J.-P. Fitoussi, *Le débat interdit*). De même, Lionel Robbins et Milton Friedman soulignent comment les erreurs de politique économique commises dans les années 1920 et 1930, sur le plan monétaire notamment, ont contribué à aggraver la crise de 1929. De 1925 à 1929, les taux d'intérêt ont en effet été abaissés artificiellement aux États-Unis afin de soutenir la croissance, puis relevés en 1929, au moment où les agents exprimaient un besoin de liquidités. La politique monétaire a donc d'abord soutenu la spéculation avant de transformer une crise de liquidité en crise systémique. Les crises sont donc la manifestation de chocs mais peuvent être aggravées par les erreurs et défaillances de régulation.

Les crises mettent à l'épreuve les mécanismes régulateurs des économies de marché concurrentielles qui doivent favoriser le retour sur le sentier de croissance équilibrée. Ainsi la guerre de 1914–1918 est suivie d'une crise de reconversion en 1920–1921 ; une fois assainis par la crise, les pays retrouveront une certaine croissance durant les « années folles ». La même logique a prévalu à la suite des chocs pétroliers de 1973 et 1979. L'augmentation brutale du prix de l'énergie a d'abord déstabilisé l'économie, rendant la crise inévitable. Face aux nouveaux prix les agents, producteurs et consommateurs, ont modifié leurs arbitrages. De nouveaux sites d'extraction deviennent rentables, ce qui accroît l'offre, tandis que des innovations proposent des substituts ou favorisent les économies d'énergie, ce qui réduit la demande. Le marché retrouve finalement son équilibre au milieu des années 1980 (contre-choc). Les variations de prix des biens et des facteurs de production sont donc le produit de la crise à court terme, mais elles induisent des modifications de comportement des agents qui ramènent vers l'équilibre. Les variations de prix relatif du travail et du capital sont ainsi pour Solow la condition de la croissance équilibrée de plein emploi. Si le chômage entraîne une baisse du prix réel du travail, les entreprises seront incitées à substituer du travail au capital, ce qui ramène au plein emploi. Dans cette perspective optimiste qui repose sur la confiance dans la régulation marchande, la crise est donc tout à la fois le point de retournement conjoncturel sanctionnant les déséquilibres nés de la croissance antérieure et la période d'ajustement nécessaire à la résolution de ces mêmes déséquilibres.

La crise peut ainsi résulter de chocs qui éprouvent les mécanismes autorégulateurs de l'économie de marché. Manifestation des défauts de la régulation antérieure, la crise concourt à la restauration de l'équilibre par des ajustements du système de prix.

LA CRISE structurelle revêt une toute autre nature. Son caractère endogène rappelle que la croissance constitue un processus souvent déséquilibré et que, dès lors, il n'y a pas de croissance sans crise (A). La crise structurelle, partie intégrante de la régulation, prépare et conditionne la croissance future (B).

Si la croissance s'inscrit dans le cycle, il n'y a pas de croissance sans crise. Crise et régulation peuvent être reliées par l'innovation. Dans l'analyse schumpetérienne, la crise exprime l'essoufflement d'un système technologique et le laminage des profits dans le « circuit routinier ». Elle réduit simultanément le taux d'intérêt, le coût du travail et le besoin d'investissements productifs; les entreprises ont donc la capacité de financer des investissements immatériels, notamment en recherche et développement. La crise est ainsi le temps des innovations, innovations qui vont dynamiser la croissance. Les innovations de produits ou de procédés dégagent en effet des profits immédiatement réinvestis pour exploiter les nouveaux marchés. Au cours d'un cycle Kondratiev d'une cinquantaine d'années, la concurrence des entreprises imitatrices réduit progressivement le sur-profit de l'innovateur. L'épuisement du système technologique qui en résulte ramène la crise. La dépression de la fin du XIXe siècle entre dans ce schéma : l'électricité, le moteur à explosion, mais aussi les innovations de procédé, à l'image de la mécanisation ou du taylorisme, naissent de la crise et impulseront la croissance de la Belle Époque. La crise constitue une étape majeure de la régulation en préparant la mise en place d'un nouveau système productif.

Mais la crise peut également favoriser l'émergence d'un nouveau mode de régulation. L'occurrence de crises endogènes a déjà été soulignée par les économistes classiques. La loi des rendements décroissants devait inéluctablement conduire à la crise que constitue l'état stationnaire. Dans l'analyse marxiste de la reproduction élargie, le capitalisme butte sur les lois tendancielles, et notamment sur la loi de baisse tendancielle du taux de profit. La crise constitue alors une solution temporaire. En générant le chômage, elle favorise la réduction des salaires et détruit le capital sur-accumulé. De nouvelles opportunités de profit apparaissent par conséquent, ce qui restaure transitoirement la croissance. Néanmoins, à long terme, les crises révèlent toujours davantage les contradictions de l'économie marchande. La répétition des crises et l'instabilité de l'investissement au XIXe siècle illustrent, en partie, la thèse marxiste. La crise des années 1970 a modifié la répartition de la valeur ajoutée entre les agents : les salariés reçoivent une part plus faible de la valeur ajoutée, tandis que la part de l'excédent brut d'exploitation s'élève. La crise a donc concouru à la restauration du taux de profit et à la reprise de l'investissement. Engendrée par le capitalisme, la crise en résout provisoirement les contradictions. À long terme, le capitalisme, s'il n'a pas disparu sous l'impact destructeur des crises, s'est transformé. Pour l'école de la régulation (Boyer, Aglietta), les grandes crises expriment des déséquilibres structurels à la résolution desquels elles contribuent. La crise de 1873–1896 favorisa l'émergence d'un nouveau mode d'accumulation : la croissance intensive, appuyée sur de forts gains de productivité, succède à la croissance extensive. La crise de 1929 est liée au décalage entre une accumulation intensive et une régulation concurrentielle : en maintenant les salaires réels à un niveau faible, elle n'ouvre pas de débouchés suffisants à la production. La croissance fordiste des Trente Glorieuses résulte de la résolution de cette contradiction par le partage des gains de productivité et le développement de l'État-providence. La crise des années 1970 apparaît à la fois comme une crise d'accumulation et de régulation, qui tarde à se résoudre. Les crises seraient donc une composante de la dynamique capitaliste, exprimant le caractère irrégulier et conflictuel de ses transformations structurelles.

Les crises structurelles apparaissent finalement comme une instance de régulation qui conditionne à la fois le rythme et les modalités de la croissance future. Crises et croissance sont indissociables.

QUOIQU'ELLES participent de la régulation de l'économie de marché, les crises représentent une modalité d'ajustement socialement coûteuse. *In fine*, la répétition des crises constituerait une limite de la régulation marchande, d'autant plus que certaines crises ne semblent pas remplir de fonction régulatrice (A). Il appartient alors à l'État régulateur de limiter l'ampleur et les coûts des crises en menant des politiques conjoncturelles (B) ou structurelles (C).

Certaines crises semblent dénuées de toute fonction régulatrice. C'est le cas notamment des crises financières, qui peuvent s'auto-entretenir. Dans un premier temps, la hausse des titres appelle la hausse, ce qui encourage l'achat à la marge, financé éventuellement par le crédit. La demande ainsi soutenue conduit les titres à des niveaux supérieurs à ceux qui correspondent à l'économie réelle. Il en résulte une « bulle spéculative ». Tôt ou tard, une crise sanctionnera ce décalage, sans pour autant ramener automatiquement à l'équilibre. En effet, les agents endettés ou engagés à la marge sont obligés de se procurer des liquidités en vendant malgré la baisse des cours. Une baisse cumulative s'instaure. Ce phénomène de vente en masse à la baisse a été constaté lors du krach de 1929. En conséquence, la chute des cours peut se poursuivre au-delà du nécessaire et entraîner la faillite d'agents dont la situation réelle était saine. La crise n'est plus une solution en cas de risque systémique, c'est-à-dire lorsque le comportement rationnel des agents les conduit à des décisions (vente à perte) qui aggravent les déséquilibres au lieu de les réduire. Ce dysfonctionnement s'explique par les spécificités des marchés financiers qui ne peuvent dégager de « vrais prix » d'équilibre. Ce dysfonctionnement résulte des asymétries d'informations entre épargnants-prêteurs et emprunteurs-investisseurs et de l'aléa moral (ou risque moral) : l'emprunteur-investisseur est poussé à prendre des risques élevés pour compenser le coût de son financement. La crise systémique résulte donc de l'agrégation de comportements individuels rationnels qui au lieu de réduire les déséquilibres les entretient, comme ce fut le cas en 1929 ou lors de la crise asiatique de 1998.

Dans ces conditions « l'élargissement des fonctions de l'État (...) nous apparaît comme le seul moyen possible d'éviter une complète destruction des institutions économiques actuelles » (Keynes). L'État peut contribuer à résoudre les déséquilibres de court terme en menant des politiques conjoncturelles. L'État remplit en effet des fonctions d'allocation, de redistribution et de régulation (Musgrave). Il appartient alors à l'État de prévenir les crises pour maintenir en permanence l'économie sur le sentier d'une croissance équilibrée, en limitant le différentiel entre demande globale et production de plein emploi (gap d'Okun). La relance Kennedy-Johnson de 1962 vise à rapprocher la croissance réelle de la croissance potentielle afin de lisser le cycle et d'assurer ainsi le plein emploi du capital et du travail. Dans la logique keynésienne du circuit, l'État peut stabiliser la croissance en combinant les politiques monétaire et budgétaire (*policy mix*) : politiques de refroidissement en cas de surchauffe inflationniste, relance en cas d'insuffisance de la demande globale. La crise constitue donc la sanction de l'incapacité à mener les politiques de régulation efficace. La vigueur et la durée exceptionnelles de la croissance américaine de 1992 à 2001 serait ainsi liée à l'efficacité du *policy mix* divergent : la *Fed* a mené une politique monétaire de soutien de l'activité tandis que la croissance favorisait le retour à l'équilibre budgétaire. Une régulation conjoncturelle adaptée peut donc concourir à la stabilité conjoncturelle et éviter ou amortir la crise.

Face aux déséquilibres de long terme l'État peut conduire des politiques structurelles pour prévenir les crises ou les résorber. Il peut s'agir de politiques « environnementales » destinées à préserver les conditions du bon fonctionnement de la régulation marchande. Elles organisent le marché (politique de libre-échange, accords régionaux...) et font respecter ses règles (politique de concurrence). L'État peut aussi pallier les dysfonctionnements du marché à travers la production de biens collectifs et les externalités. En effet l'accumulation des capitaux technologiques et humains engendre de fortes externalités positives et l'État peut subventionner ou prendre en charge une partie du coût de ces investissements pour accélérer l'émergence d'un nouveau système productif. Enfin, au lendemain de la seconde guerre mondiale l'État s'est substitué à l'initiative privée en nationalisant les industries de base et le crédit en France et en Grande-Bretagne. La sortie de crise des années 1970 a exigé la redéfinition des politiques structurelles. Le passage d'une économie d'endettement à une économie de marchés financiers, la déréglementation des marchés, la libéralisation des prix notamment, sont apparus comme nécessaires au retour d'une croissance non inflationniste.

Respirations ou défaillances de l'économie, les crises ont toujours un coût social important qui justifie la mise en place d'une régulation afin de les prévenir, d'amoindrir leurs conséquences et d'accélérer la sortie de crise. Ce constat justifie l'action de l'État, sans pour autant trancher les débats sur le contenu des politiques à mener.

LES CRISES ont bien joué un rôle dans la régulation des économies de marché. Les crises cycliques du XIXe siècle rétablissaient les profits et, aujourd'hui encore, les crises conjoncturelles permettent d'absorber les chocs exogènes. Parallèlement, les crises structurelles accompagnent les transformations nécessaires à la dynamique du capitalisme. Les crises n'en restent pas moins de mauvaises solutions. Elles peuvent dans certains cas s'auto-entretenir, retardant ainsi le retour de la croissance ; d'une manière générale, leur coût économique et social est élevé. La crise apparaît en définitive comme une instance de régulation de second rang. Il faut dès lors rechercher des modalités de régulation plus efficaces.

Les années 1980 et 1990 sont marquées par un retour à la régulation marchande qui s'accompagne d'une résurgence du cycle conjoncturel. Il rappelle l'incapacité de l'économie de marché à maintenir durablement une croissance équilibrée. La difficulté est d'autant plus grande que la définition d'un mode de régulation relève certes de l'économique mais aussi du politique et du social. Finalement, les modalités et les formes de la régulation permettent de distinguer les différents capitalismes (M. Albert, *Capitalisme contre capitalisme*). Au sein d'un capitalisme global, la seule alternative à la régulation marchande repose sur la coordination des politiques entre États, avec l'aide des institutions internationales.

IV Commentaires

1 Critique de la dissertation

Sur ce sujet, il fallait éviter une approche trop abstraite et construire l'argumentation autour d'exemples historiques. Bien sûr, d'autres exemples pourraient être utilisés et les analyses des crises des années 1990 pourraient être plus développées. Il fallait également éviter une réponse de type oui/non ; dans la dissertation proposée, ce piège est surmonté en distinguant différents types de crises.

2 Sujets connexes

De nombreux sujets portent sur les crises, mais relèvent de problématiques différentes. Ainsi le sujet posé à HEC en 2002, *En quoi les crises économiques et financières majeures marquent-elles une étape dans le développement économique et social ?* est plus restreint ; seules les deuxième et troisième parties de la dissertation proposée restent dans l'esprit de ce sujet. Par contre, le sujet ISC-ESLSCA de 1996, *Les crises du capitalisme au* XXe *siècle* est plus large ; il demanderait que soit dressée une typologie des crises, comparable à celle présentée dans les parties I et II.

3 Bibliographie

MONTOUSSÉ, Marc, dir., *Économie et histoire des sociétés contemporaines*, Paris, Bréal, 2001. Se reporter en particulier au chapitre 4, « Fluctuations et crises » (Pierre-André CORPRON), p. 164–203.

ROSIER, Bernard, *Les théories des crises économiques*, Paris, La Découverte, coll. « Repères », 2000. Voir en particulier les chapitres 1 à 3, p. 15–61.

DELALANDE, Daniel, article « Crise », *Les cahiers français*, janvier 1997, n° 279, p. 33, in cédérom *L'actualité en revues*, Documentation Française et CRDP du Languedoc-Roussillon, 2002.

MARCEL, Bruno et TAÏEB, Jacques, *Crises d'hier, crise d'aujourd'hui*, Paris, Nathan, coll. « CIRCA », 1992. Voir en particulier le dernier chapitre, p. 225–248.

TEULON, Frédéric, *Croissance, crises et développement*, Paris, PUF, coll. « Major ». Se reporter aux chapitres 2 et 3, p. 33–82.

Dissertation 3
La croissance peut-elle être durable ?

I Analyse du sujet

1 Les mots clés

Ce sujet joue sur le sens des mots. Il n'y a pas d'ambiguïté sur la croissance : « une augmentation à long terme de la capacité d'offrir une diversité croissante de biens, cette capacité étant fondée sur le progrès de la technologie et les ajustements institutionnels et idéologiques qu'elle demande » (S. Kuznets, 1973). Mais « durable » peut prendre deux sens. Dans son sens courant, ce qui est durable s'inscrit dans le long terme, est stable ; la croissance durable s'oppose alors à la croissance cyclique et déséquilibrée. Dans un sens plus économique, le concept de développement durable a été proposé par G. H. Brundtland qui présidait la Conférence mondiale sur l'environnement et le développement de l'ONU (1987) ; le développement durable « permet la satisfaction des besoins présents, sans compromettre la capacité des générations futures à satisfaire les leurs ».

2 Connaissances à mobiliser

L'histoire économique révèle que la croissance est rarement durable : elle semble irrémédiablement buter sur des obstacles qui génèrent la crise. Il faut donc tout d'abord connaître les principales phases de croissance des pays au programme, depuis le début du XIXe siècle. Ces périodes de croissance, et leur interruption, devront être analysées à l'aide de données historiques et des théories de la croissance. Il faudra également discuter l'efficacité des politiques économiques, conjoncturelles, et surtout structurelles, permettant d'entretenir le processus de croissance. Mais l'histoire économique montre aussi que les prévisions pessimistes sur l'état stationnaire ou la « croissance zéro » ont toujours, jusqu'à présent, été démenties. Enfin, l'analyse des effets pervers de la croissance sur l'environnement devra être illustrée par les mesures récentes (protocole de Kyoto) et la discussion du concept de développement durable.

3 Enjeux et problématique

Le sujet pose une question explicite. Le processus de croissance peut-il se poursuivre à long terme ? Cette question en appelle une autre : existe-t-il des formes et des modalités de croissance qui évitent l'apparition des contraintes et des dysfonctionnements susceptibles de l'interrompre ? On peut alors distinguer les contraintes de court et de long terme, d'où le plan proposé.

II Plan détaillé

I Pour être durable le processus de croissance doit surmonter les obstacles conjoncturels, qui résultent à court terme...

1. ... Des contraintes d'offre
2. ... Des contraintes de demande
3. ... Des contraintes monétaires et financières

II Pour être durable le processus de croissance doit surmonter les obstacles structurels, qui naissent à long terme :

1. De l'essoufflement du système productif et du progrès technique
2. De la remise en cause du mode de régulation économique et social
3. De l'épuisement des ressources naturelles

III Dissertation rédigée

STANLEY JEVONS, observant les cycles économiques du XIXe siècle, en déduit que la croissance britannique butera sur l'épuisement des réserves de charbon (*The coal question*, 1865). Un siècle plus tard, le rapport Meadows (*Halte à la croissance*, 1972) proposait une « croissance zéro » pour préserver les ressources naturelles non renouvelables. Les prévisions pessimistes des Cassandre de l'économie se sont révélées inexactes jusqu'à présent, mais ont stimulé la réflexion. Ainsi la Conférence des Nations Unies pour l'Environnement et le Développement (CNUCED) de Rio de Janeiro (1992) a-t-elle retenu l'objectif du « développement durable ». Celui-ci permet la satisfaction des besoins actuels, sans nuire pour autant au bien-être des générations futures).

La croissance est un processus complexe d'interactions. Elle permet l'« augmentation à long terme de la capacité d'offrir une diversité croissante de biens, cette capacité étant fondée sur le progrès de la technologie et les ajustements institutionnels et idéologiques qu'elle demande » (S. Kuznets, 1973). La croissance concourt à l'élévation du niveau de vie et à la satisfaction des besoins; à ce titre il est souhaitable qu'elle se prolonge. Mais, simultanément, elle est destructrice : elle remet en cause les équilibres économiques, sociaux et environnementaux. Elle peut également se heurter à des chocs mettant en cause l'efficacité des procédures de régulation des déséquilibres. Dans ces conditions, la croissance peut-elle être durable, c'est-à-dire surmonter les contraintes qui menacent sa pérennité et sa stabilité?

Crise, récession et dépression peuvent interrompre le processus de croissance et engendrer les cycles de court et de long terme; mais des déséquilibres et dysfonctionnements peuvent également affecter le trend de très long terme. Ainsi, à court terme, la durabilité de la croissance exige que soient surmontés les obstacles conjoncturels (I). À plus long terme, la croissance peut buter sur des contraintes structurelles (II).

POUR ÊTRE DURABLE la croissance doit surmonter les déséquilibres macroéconomiques de court terme qui caractérisent le cycle des affaires (Juglar). Ceux-ci résultent des contraintes qui pèsent sur la croissance, à travers l'offre (A), la demande (B), et les variables monétaires et financières (C).

La croissance peut tout d'abord rencontrer des contraintes d'offre, résultant de goulets d'étranglement, de délais de réaction et du déficit de la balance des transactions courantes. Le tableau entrées/sorties (TES) de la comptabilité nationale analyse les relations entre les branches d'activité et montre leur interdépendance : chaque branche offre des biens nécessaires aux autres sous forme de consommations intermédiaires ou de biens de production durables, et réciproquement en demande. Il suffit alors qu'une branche ne puisse répondre à la demande pour que l'ensemble de l'appareil productif soit bloqué. Ainsi A. Sauvy considère-t-il que la relance par le pouvoir d'achat effectuée par le Front populaire en 1936 fut compromise par la réduction de la durée du travail (loi des 40 heures). Malgré le chômage, le manque de main d'œuvre qualifiée, notamment dans les industries mécaniques, engendre un goulet d'étranglement. L'offre ne pouvant répondre à la demande, les prix augmentent et réduisent le pouvoir d'achat, la récession succède à l'expansion. Les transports, l'énergie, les industries de biens de production sont les branches dans lesquelles les goulets d'étranglement sont susceptibles d'apparaître. Cependant, des mesures de politique économique peuvent réduire ce risque : le plan de J. Monnet (1947–1952) et les nationalisations de 1945 ont permis de réduire les goulets d'étranglement au cours de la reconstruction.

L'accélérateur montre comment une variation de la demande exige une augmentation plus que proportionnelle de l'investissement (Aftalion, Clark). Les investissements accroîtront les capacités d'offre lorsqu'ils seront opérationnels, mais ils stimulent la demande à court terme. Dans une économie décentralisée et concurrentielle, cette augmentation de demande justifie de nouveaux investissements. À court terme, les déséquilibres entre offre et demande s'accroissent, l'expansion se transforme en « surchauffe » et entraîne l'inflation. Des politiques de *stop* peuvent réduire ce risque, mais freinent la croissance. En France la période des Trente Glorieuses est ainsi rythmée par les plans de refroidissement de Pinay en 1952 et 1958, de Valéry Giscard d'Estaing en 1962, de Jacques Chirac en 1975. Enfin, l'insuffisance de l'offre nationale peut entraîner une augmentation des importations et induire un déficit des transactions courantes. La croissance peut alors buter sur la contrainte extérieure. Les pays en développement et certains PDEM, comme la France et le Royaume-Uni dans les années 1950–1960, sont contraints de ralentir leur croissance pour limiter leur déficit externe. Les contraintes d'offre participent donc à la formation du cycle conjoncturel, dans lequel la crise interrompt le processus de croissance.

La croissance peut également buter contre des contraintes de demande, ce qu'analyse Keynes (*Théorie générale de l'emploi, de l'intérêt et de la monnaie*, 1936). La croissance permet l'augmentation des revenus et de la consommation, mais les ménages peuvent connaître une saturation relative de leurs besoins : la propension marginale à consommer est inférieure à la propension moyenne. La croissance favorise ainsi la hausse de l'épargne aux dépens de la dépense de consommation. Or la demande anticipée détermine le niveau de l'investissement et de l'emploi ; un processus cumulatif peut donc s'enclencher : la croissance se heurte à l'insuffisance de la demande. Ce risque de blocage de la croissance justifie les politiques de relance. Kennedy puis Johnson (1962–1963) ont ainsi mené une politique de réduction d'impôts (*tax cut*) ; l'augmentation des déficits publics, en stimulant la demande, rapprocha la production réelle de la production potentielle. Le soutien actif de la demande par l'investissement public ou les revenus de transfert, tel qu'il fut largement pratiqué durant les Trente Glorieuses, apparaît comme une solution susceptible d'assurer la pérennité de la croissance.

Cependant une demande excessive peut également nuire à la croissance future en générant de l'inflation (Friedman) ou une sur-accumulation du capital (Hayek). La crise des années 1970 peut donc être analysée comme un effet pervers des politiques de stabilisation keynésiennes des années 1960. Ces politiques se révèleront d'ailleurs inefficaces devant la stagflation. Dans les années 1990, le *policy mix* divergent mis en œuvre aux États-Unis combine une politique monétaire de soutien de la croissance avec une politique budgétaire de réduction des déficits. Conjugué avec le développement de la « nouvelle économie », il permit d'assurer une forte croissance durant neuf années (1992–2000), avant d'être interrompu par le krach financier de 2001. Ainsi les politiques de stabilisation peuvent-elles être lisser le cycle conjoncturel, mais elles ne sont efficaces qu'à court terme.

Enfin, les variables monétaires et financières peuvent entraîner ou amplifier l'instabilité de la croissance. La croissance équilibrée exige un taux d'investissement stable. Or l'expansion engendre des besoins de financement qui entraînent l'augmentation du taux d'intérêt ; cette hausse ralentit l'investissement et engendre la crise et le cycle. Le cycle est donc lié aux fluctuations du taux d'intérêt courant pratiqué par les banques ; ce dernier varie autour du taux d'intérêt naturel, qui assurerait une croissance régulière (Wicksell). La politique monétaire structurelle peut limiter ce dysfonctionnement. La contrainte monétaire est en particulier très forte dans le système d'étalon-or, ce qui explique la récurrence des crises conjoncturelles au XIXe siècle. Au contraire, l'abondance de dollars et l'économie d'endettement ont permis de réduire le cycle durant les Trente Glorieuses, mais au prix d'une inflation rampante. Depuis le début des années 1980, l'économie globalisée de marché financier impose une contrainte financière aux pays qui doivent défendre un taux de change fixe ou qui mènent des politiques d'ancrage. La stabilité du change exige d'attirer les capitaux étrangers en leur versant un taux d'intérêt rémunérateur. Les capitaux étrangers stimulent dans un premier temps la croissance. Mais celle-ci engendre en retour des tensions inflationnistes et déséquilibre les paiements courants ; les anticipations d'une baisse du taux de change conduisent à une fuite des capitaux et à une crise de change, comme au Mexique en 1994 ou dans les pays asiatiques en 1998. La fuite des capitaux entraîne *in fine* la crise réelle, par effondrement de l'investissement, et la montée du chômage.

D'une manière générale, une économie de marché financier court un risque de crise systémique. Lorsque les agents (firmes, ménages) sont peu endettés, ils obtiennent les financements nécessaires à leurs opérations. Ceci favorise l'expansion et la hausse du prix des actifs financiers et immobiliers. La valorisation de ces actifs réduit le ratio d'endettement de ces agents, rapport entre leurs dettes et la valeur de leur patrimoine (y compris leurs actifs) : les risques sont alors sous-estimés par les prêteurs et emprunteurs (paradoxe de la tranquillité, Minsky). Ces agents trouvent donc de nouvelles sources de financement, auprès des banques ou sur les marchés financiers, ce qui stimule la croissance mais engendre la formation d'une bulle spéculative. Un choc exogène peut alors renverser les anticipations ; l'effondrement de la valeur des actifs accroît le ratio d'endettement des agents. Cette dégradation financière conduit les banques et les marchés à refuser tout nouveau financement, au moment même où les agents ont besoin de liquidités. Ils sont donc obligés de vendre leurs titres à la baisse, ce qui entretient le krach : le 24 octobre 1929, 13 millions de titres sont vendus à Wall Street, où les cours chutent de 30%. La réduction du risque systémique est cependant possible : lors du krach de 1987, la *Fed* remplit la fonction de prêteur en dernier ressort en offrant les liquidités nécessaires pour éviter que les agents ne soient obligés de vendre à la baisse. Les marchés financiers restent cependant des vecteurs et des amplificateurs d'instabilité.

Les conditions de l'offre, de la demande ainsi que les variables monétaires et financières sont à l'origine de contraintes qui interrompent le processus de croissance. Les crises conjoncturelles rythment la croissance cyclique de court terme. Les politiques de régulation peuvent limiter l'ampleur des fluctuations sans permettre toutefois de stabiliser durablement le taux de croissance.

À LONG TERME, la croissance se heurte à des contraintes structurelles. L'épuisement du progrès technique engendre des crises de type Kondratiev (A) ; les structures sociales et le mode de régulation peuvent entrer en contradiction avec le processus de croissance (B) ; enfin, les contraintes naturelles et environnementales peuvent remettre en cause les modèles de croissance productivistes (C).

Le renouvellement permanent du progrès technique apparaît à long terme comme une condition de la croissance. La croissance peut en effet se heurter à la loi des rendements décroissants. Ainsi dans le modèle de Solow (1956), l'investissement permet d'accroître le stock de capital par actif et engendre la croissance; mais l'augmentation du capital par tête devient de moins en moins productive et la croissance tend vers l'état stationnaire. Ainsi, les premières voies de chemin de fer furent implantées sur les axes clés et dessinaient un réseau en étoile autour de Paris (loi de 1842). Dès 1860, les coûts marginaux des nouvelles voies devinrent supérieurs aux coûts moyens (P. Caron) et les compagnies n'acceptèrent de les financer qu'avec l'aide ou les garanties de l'État. Le chemin de fer a donc soutenu la croissance jusque dans les années 1860, mais a ensuite contribué au ralentissement de l'activité et à la crise.

Les rendements décroissants fondent le pessimisme des classiques, convaincus que l'économie tend vers l'état stationnaire. Les chocs technologiques sont alors à l'origine des cycles Kondratiev. Les opportunités de profit engendrées par l'innovation stimulent la croissance (phase A) ; ainsi, l'électricité et la rationalisation du travail sont associées à la forte croissance de la Belle Époque. Mais l'imitation et la diffusion des nouvelles technologies réduisent progressivement les rentes d'innovation, l'investissement se ralentit et la dépression s'installe. Le renouvellement permanent du progrès technique apparaît comme absolument nécessaire à la croissance.

En rupture avec l'analyse de Solow, les théories de la croissance endogène vont montrer que les rendements factoriels peuvent être décroissants à l'échelle microéconomique et croissants à l'échelle macroéconomique, en raison des économies d'échelle et des externalités positives. Ainsi, l'extension du réseau ferré stimule la production sidérurgique, accroît significativement l'emploi, et surtout permet le développement d'un véritable marché national qui intensifie la concurrence entre les entreprises. De manière générale, plus un pays est riche, plus il peut financer d'investissements et plus ceux-ci bénéficient d'externalités positives et de rendements d'échelle croissants. Le progrès technique est donc largement endogène, la croissance est source de gains de productivité et favorise l'accumulation du capital. L'État, en fournissant les infrastructures et les biens collectifs, en soutenant l'accumulation de capital humain et technologique, peut entretenir le processus. Ceci explique que 80% des investissements directs à l'étranger (IDE) se dirigent actuellement vers les PDEM, qui restent plus attractifs que les pays en développement. Ainsi les pays pauvres ne peuvent, sauf exception, combler leur retard, tandis que la croissance des pays riches s'auto-entretient. Si la croissance épuise les opportunités du système technique en cours, elle prépare également le système à venir.

La durabilité de la croissance exige également des transformations du mode de régulation et du système social. Le capitalisme concurrentiel du XIXe siècle se caractérise par la flexibilité des prix, y compris le prix du travail, et la faible intervention de l'État-gendarme. La répartition des gains de productivité favorise les revenus du capital, donc l'investissement et la croissance. Mais ce système finit par se heurter à l'insuffisance des débouchés. La crise de 1929 serait ainsi liée à la contradiction entre un mode d'accumulation du capital qui permet une production de masse et un mode de régulation encore concurrentiel limitant le pouvoir d'achat des salariés (R. Boyer, M. Aglietta).

Le fordisme qui se développe durant les Trente Glorieuses résout ces contradictions et restaure une dynamique de croissance en partageant les gains de productivité entre les propriétaires du capital, les salariés, les consommateurs (baisse des prix) et l'État-providence. Les grandes crises structurelles sont les moments de résolution des contradictions ; elles interrompent provisoirement la croissance, avant que n'émerge une nouvelle combinaison efficiente entre les cinq institutions clés que sont la monnaie, l'État, le rapport salarial, la concurrence et les relations économiques internationales.

La pérennité de la croissance est également liée à l'évolution des structures sociales. Le développement du marché et la première révolution industrielle ont exigé la destruction des relations sociales traditionnelles. En particulier, les lois sur les enclosures et la suppression des lois sur les pauvres (*poor laws*) en Angleterre font de la terre et du travail des marchandises. Logiques sociales et économiques semblent inconciliables. Pour K. Polanyi (*La grande transformation*), cette destruction de la société serait à l'origine des régimes totalitaires des années 1930. La « Grande Transformation », c'est-à-dire le retour du social imposant au marché des limites et le respect de certaines valeurs, apparaît alors comme la condition d'une croissance durable. Après les premières mesures prises dès la fin du XIXe siècle en Allemagne avec Bismarck, l'État-providence ou État social se développe dans tous les PDEM. Les revenus de transfert en particulier permettent de stabiliser la consommation des ménages et assurent des débouchés aux entreprises. Cependant si l'État-providence est une solution, il peut également devenir un problème. Les prélèvements obligatoires nécessaires à son financement peuvent réduire la compétitivité prix des entreprises et les incitations au travail. Il est donc difficile de définir la combinaison de l'économique et du social qui assure la pérennité de la croissance.

Enfin, la pérennité de la croissance à très long terme exige que soient surmontées les contraintes naturelles et environnementales. Les pays occidentaux ont suivi, depuis le XIXe siècle, un modèle productiviste qui élève le bien-être par la consommation croissante de biens et services. Ce modèle est doublement destructeur de ressources environnementales : d'une part, il exige des prélèvements sur les ressources naturelles ; d'autre part, il engendre des rejets. La nécessité de préserver l'environnement et les ressources naturelles non renouvelables pourrait remettre en cause ce mode de croissance. La commission Brundtland a qualifié de « durable » un développement qui « permet la satisfaction des besoins présents, sans compromettre la capacité des générations futures à satisfaire les leurs ». (*Our common future*, 1987). La préservation de l'environnement pourrait donc justifier le ralentissement volontaire de la croissance, comme le prescrivait le rapport Meadows (*Halte à la croissance*, 1972). Le protocole de Kyoto (1997), montre cependant que la réglementation internationale peut permettre d'intégrer dans les prix de marché la destruction des ressources naturelles. Les agents, producteurs ou acheteurs, seraient alors incités à modifier leurs arbitrages pour préférer des solutions moins destructrices. Paradoxalement, la croissance peut fournir les ressources technologiques et financières nécessaires à la protection de l'environnement, par exemple en permettant l'exploitation de nouvelles sources d'énergie. Le mode de croissance actuel des PDEM ne peut donc être durable, mais la croissance peut se poursuivre et se généraliser dans d'autres conditions. Cependant, le refus des États-Unis de ratifier le protocole de Kyoto conduit à douter de la capacité des sociétés contemporaines à se doter de règles préservant la croissance des générations futures.

La pérennité de la croissance à très long terme exige que soient mises en œuvre des politiques publiques structurelles efficaces. Elles permettraient de favoriser les progrès techniques, de concilier dynamique du capitalisme et progrès social, enfin de préserver les ressources naturelles non renouvelables. En définitive, l'État apparaît plus que jamais comme « le maître des horloges » (Ph. Delmas).

LA CROISSANCE est un phénomène moderne. Selon Paul Bairoch, le taux de croissance annuel moyen de la production mondiale était inférieur à 0,3% avant 1800 ; il s'élève à 1,3% au XIXe siècle et dépasse 2% au XXe. Elle pourrait s'interrompre et constituer une parenthèse dans l'histoire de l'humanité. Cependant, si des crises ont interrompu la croissance, elles ont été surmontées et ont contribué aux transformations structurelles nécessaires à sa pérennité. La durabilité de la croissance dépend tout d'abord des facteurs de croissance : interactions dynamiques entre offre et demande, renouvellement permanent du progrès technique. Elle dépend ensuite de l'efficacité des procédures de régulation par le marché et par les politiques publiques.

Le concept de développement durable renouvelle la problématique de la croissance en introduisant une perspective éthique. Les agents économiques vivent en société, leur rationalité prend en compte les valeurs et normes sociales ; ils peuvent ainsi refuser le profit maximal qu'ils obtiendraient de la surexploitation des ressources naturelles aux dépens des générations futures. Parallèlement, les pays en développement cherchent à reproduire le processus qui a permis aux habitants du Nord d'améliorer leur niveau de vie. Il ne faut donc pas condamner la croissance mais l'organiser.

IV Commentaires

1 Critique de la dissertation

Le sujet est d'actualité et les mesures récentes prises pour protéger l'environnement pourraient être davantage précisées. Mais la dissertation doit s'inscrire dans le long terme et il faut donc montrer comment les obstacles à la croissance ont été surmontés depuis le XIXe siècle. Il faut également traiter toutes les dimensions du sujet. Un point a été négligé : à la suite des travaux de Sen, on considère que la démocratie participe du processus de croissance. Cet élément pourrait être introduit en II-B.

2 Sujet connexe

La question posée par le sujet est simple. L'ESCP a proposé en 1996 un sujet proche mais déstabilisant par la longueur de l'énoncé : *À la fin des années 1960, le Club de Rome préconisait l'objectif de croissance zéro pour les pays les plus développés. Dans le contexte actuel, les pouvoirs publics privilégient l'hypothèse d'un taux de croissance fort. Par référence aux objectifs et à la mise en œuvre de la politique économique, ce changement d'attitude vous paraît-il pertinent ?*

La problématique est différente, puisqu'il fallait se demander si une forte croissance constituait un objectif pertinent. Le plan suivant peut être envisagé : la croissance est nécessaire (I), mais doit prendre en compte les objectifs sociaux et environnementaux (II). Les connaissances à mobiliser et l'argumentation de la deuxième partie sont présentées dans la dissertation traitée (II, B et C).

3 Bibliographie

HUART, Jean-Marc, *Croissance et développement*, Paris, Bréal, coll. « Thèmes et débats Économie », 2003. On se référera en particulier au chapitre 5, « Croissance et développement : un couple indissociable ? », p. 81–94.

Cahier français. Découverte de l'économie, Paris, La Documentation française, n° 279, 1997 ; tome 1, *Concepts et mécanismes*. Se reporter à l'article de Daniel DELALANDE, « Croissance économique », p. 41–48.

Cahier français. Enjeux et politiques de l'environnement, Paris, La Documentation française, n° 306, 2002. Se référer notamment à l'article d'Olivier GODARD, « L'inscription économique du développement durable », p. 52–59.

Dissertation 4
L'épargne et le crédit dans le financement de la croissance des pays développés à économie de marché.

I Analyse du sujet

1 Les mots clés

Il est impossible de traiter ce sujet sans définir au préalable l'épargne et le crédit. L'épargne envisagée ici est l'épargne nationale qui cumule l'épargne des ménages, des administrations publiques et surtout des entreprises (capacité d'autofinancement). Pour un agent, il existe bien une alternative entre l'épargne, c'est-à-dire l'autofinancement, et le crédit, c'est-à-dire l'emprunt. Mais à l'échelle nationale épargne et crédit ne sont pas antagonistes : le rôle du système financier est justement de mettre en relation les agents à capacité et à besoin de financement. Le crédit ne s'oppose donc à l'épargne que lorsqu'il qu'il ne résulte pas d'une épargne préalable ; il est alors le résultat de la création monétaire.

2 Connaissances à mobiliser

Le système monétaire et financier constitue l'arrière-plan du sujet. Il faut donc bien différencier économie d'endettement et économie de marché financier (J. Hicks) pour replacer dans leurs contextes épargne et crédit. Il faut également différencier le financement interne par l'épargne de l'agent et le financement externe. Au sein du financement externe il faut absolument différencier le financement par les marchés financiers, qui exige une épargne préalable pour souscrire aux titres émis, et le financement par la création monétaire, dont l'expression « les crédits font les dépôts » résume la dynamique.

3 Enjeux et problématique

Ce sujet de type HEC est difficile car il ne propose pas de problématique explicite. Épargne et crédit sont deux modalités de réponse à la question du financement de l'économie. En quoi se différencient-elles ? L'une d'entre elles est-elle supérieure à l'autre ? Les réponses à ces deux questions dépendent du système monétaire et financier en vigueur. Le sujet peut donc être reformulé ainsi : comment l'épargne et le crédit répondent-ils à la question du financement de l'économie, dans le cadre des systèmes monétaires et financiers qui se sont succédés dans les PDEM depuis le XIXe siècle ? L'étalon-or a tout d'abord limité la création monétaire et fait de l'épargne une vertu, jusqu'à la grande crise de 1929. Durant les Trente Glorieuses l'économie d'endettement a au contraire permis le développement du crédit et entraîné « l'euthanasie des rentiers ». Enfin, le financement par les marchés et la désinflation depuis les années 1980 ont redonné un rôle clé à l'épargne.

II Plan détaillé

I Du XIXe siècle au début des années 1930, la croissance s'est d'abord déroulée dans un cadre financier orthodoxe, qui faisait de l'épargne une vertu

1. Le système monétaire et financier limite la création monétaire
2. L'épargne est donc une vertu
3. Les difficultés de financement contraignent la croissance et participent au cycle

II La crise des années 1930 et la pensée keynésienne inversent cette logique ; l'économie d'endettement repose alors sur le rôle clé du crédit dans le financement de la croissance

1. L'économie d'endettement fait de la création monétaire et du crédit un élément clé de l'action de l'État
2. De nouveaux circuits de financement se développent aux dépens de l'épargne et des marchés financiers
3. Cependant la croissance, longtemps forte et régulière, finit par buter sur l'inflation dans les années 1970

III Les déséquilibres, notamment inflationnistes, des années 1970 ont incité à revenir à un financement de la croissance par les marchés financiers, donc par l'épargne préalable

1. La priorité accordée à la désinflation, puis à la stabilité des prix, interdit le financement par création monétaire
2. L'économie de marché financier remplace l'économie d'endettement et restaure le rôle clé de l'épargne préalable
3. Cependant la croissance reste modérée et instable

III Dissertation rédigée

DANS le *Tableau économique* (1758), François Quesnay présente une première formulation de la relation entre l'épargne, représentée par les avances productives des propriétaires fonciers, et la croissance économique. Si la croissance économique est d'abord un phénomène réel, « augmentation soutenue pendant une ou plusieurs périodes longues d'un indicateur de dimension, pour une nation le produit global net en termes réels » (François Perroux), elle revêt nécessairement une dimension financière. En effet, toute croissance se heurte au problème du décalage entre le moment où il faut engager les dépenses nécessaires au financement des inputs et celui où les outputs procurent des ressources. Les systèmes financiers offrent alors deux solutions, l'épargne et le crédit.

La croissance peut être financée par l'épargne préalable, partie du revenu non consacrée à la consommation par les ménages, ou, en ce qui concerne les entreprises, partie de l'excédent brut d'exploitation disponible pour l'autofinancement. Elle peut également être financée par le crédit, opération qui consiste pour un agent à obtenir, moyennant rémunération, des liquidités contre un titre de créance. Au sein du système financier, ces deux modes de financement sont à la fois alternatifs et complémentaires : complémentaires si l'épargne des uns finance les crédits accordés aux autres, la mise en relation pouvant s'opérer sur les marchés financiers (finance directe) ou par l'intermédiaire des banques (finance indirecte) ; alternatifs si les crédits reposent largement sur la création monétaire, conduisant ainsi à une inflation rampante synonyme d'« euthanasie des rentiers ». Tout système financier combine ces deux solutions, mais l'économie d'endettement accorde une place spécifique au crédit financé par la création monétaire, tandis que l'économie de marchés financiers privilégie l'épargne préalable, y compris l'autofinancement.

La combinaison de l'épargne et du crédit dans le financement de la croissance économique permet ainsi de définir le système financier. Comment épargne et crédit ont-ils été combinés, au sein des systèmes financiers des pays développés à économie de marché, depuis le milieu du XIXe siècle ? Les configurations financières ont évolué avec la croissance économique. Du XIXe siècle au début des années 1930, la croissance s'est d'abord déroulée dans un cadre financier orthodoxe, qui faisait de l'épargne une vertu (I). La crise des années 1930 et la pensée keynésienne inversent alors cette logique ; l'économie d'endettement repose sur le rôle clé du crédit dans le financement de la croissance (II). Cependant les déséquilibres, notamment inflationnistes, des années 1970 ont incité à revenir à un financement de la croissance par les marchés financiers (III).

LE DÉBAT sur le système monétaire et financier est d'abord dominé au XIXe siècle par la controverse qui oppose les partisans du *currency principle* à ceux du *banking principle* (A). Avec la seconde révolution industrielle, la croissance intensive accroît les besoins de financement et rend nécessaire l'institutionnalisation des marchés financiers et l'organisation du système bancaire (B). Mais, dans ce cadre, la croissance reste modérée et instable (C).

La monnaie, étalon de valeur, doit à la fois faciliter les échanges et l'épargne. Or ses fonctions de transaction et de réserve sont largement antagonistes : la monnaie doit être abondante pour faciliter les échanges, mais rare pour conserver sa valeur. Cette contradiction est au cœur de la controverse entre David Ricardo et John Stuart Mill. Pour le premier, la quantité de billets en circulation doit être strictement limitée par le stock d'or détenu par la banque centrale (*currency principle*). L'épargne préalable est alors la seule source de financement. Pour le second, la monnaie, instrument du développement, doit répondre aux besoins de financement des agents (*banking school*). Le *Banking Act* de 1844, inspiré par le *currency principle*, sépare au sein de la Banque d'Angleterre le département de l'émission et le département du crédit. Dès lors, le modèle britannique alors dominant interdit tout financement monétaire de la croissance et assure la stabilité des prix et de la monnaie (livre sterling et franc jusqu'en 1914). L'épargne ainsi encouragée finance l'économie nationale, mais aussi l'industrialisation des pays de la seconde vague et des pays neufs à travers les prêts et les investissements, tout en assurant une rémunération correcte aux épargnants. Le financement des entreprises est principalement interne. Les entreprises industrielles ont recours en priorité à l'autofinancement qu'elles assurent en maintenant les salaires à un niveau proche du minimum de subsistance. De même dans l'agriculture, l'épargne est une vertu majeure et permet l'accumulation des terres par le sacrifice de la consommation.

Les banques ont contribué au premier essor industriel (Crédit Lyonnais, 1863 ; Crédit Mobilier, 1852) en levant les ressources considérables des petits épargnants pour financer les grandes entreprises. Mais cette opération de transformation est risquée puisque toute perte de confiance conduit au retrait de l'épargne à court terme et à la faillite de la banque.

Les crises du XIXe siècle sont d'ailleurs souvent liées aux faillites bancaires. C'est par exemple la faillite de l'Union Générale en 1882 qui marque le début de la Grande Dépression en France. Pour réduire ce risque, la banque universelle est abandonnée, sauf en Allemagne. Les banques de dépôt se spécialisent dans le crédit de court terme (escompte des effets de commerce), tandis que les banques d'affaires financent les grandes opérations industrielles par des ressources stables (emprunts obligataires). La bourse propose une alternative à l'intermédiation bancaire. La seconde révolution industrielle a en effet impulsé une accumulation plus intensive de capital et donc accru les besoins de financement de l'industrie. La société anonyme, dont la création est simplifiée en France à partir de 1867, va permettre de rapprocher épargnants et investisseurs par l'intermédiaire de la bourse : en 1914, 40% des investissements sont financés par émission boursière (actions ou obligations). Le choix d'un financement orthodoxe par l'épargne préalable a permis d'asseoir la confiance dans la monnaie.

Cependant, la pénurie relative de monnaie explique le caractère cyclique de la croissance du XIXe siècle, que ce soit à court terme ou à long terme. À court terme, en raison de l'expansion qui accroît le besoin de monnaie, les banques butent rapidement sur le plafond d'émission de monnaie. Le manque de liquidités entraîne alors une hausse du taux d'intérêt et la récession. Le cycle des affaires (Juglar) est donc lié au mode de financement de l'économie par l'épargne préalable. Schumpeter souligne les liens entre croissance et financement de l'innovation qui interviennent à long terme. En phase de récession, l'investissement est modéré et les entrepreneurs innovateurs obtiendront de leur banquier le financement qui leur est nécessaire. La mise en œuvre de l'innovation relance la croissance, mais induit également un besoin de financement pour des investissements de capacité, qui provoque progressivement une hausse du taux d'intérêt. L'innovation est freinée et le système productif évolue vers le circuit routinier. Les rythmes de l'innovation sont liés aux difficultés de son financement et génèrent le cycle de long terme (Schumpeter). La crise de 1929 peut ainsi être analysée comme une crise de liquidités (Friedman). Après le krach boursier, la banque centrale américaine a maintenu des taux d'intérêt relativement élevés, alors que les agents engagés sur les marchés financiers éprouvaient de grands besoins de liquidités. En raison de la politique monétaire, ils n'ont pu obtenir les crédits nécessaires pour faire face à leurs engagements, ce qui les a contraints à vendre à la baisse et a entretenu la crise.

Malgré les transformations du système bancaire et le développement des marchés financiers, le mode de financement du XIXe siècle a entretenu l'instabilité d'une croissance cyclique. La répétition des crises handicape la croissance.

LA CRISE de 1929 fait de la monnaie un instrument actif de politique économique. Le crédit devient un élément clé de l'action de l'État (A) et de nouveaux circuits de financement se développent aux dépens de l'épargne et des marchés financiers (B). Cependant la croissance, longtemps forte et régulière, finit par buter dans les années 1970 sur l'inflation (C).

Dès les années 1930, et plus particulièrement durant les Trente Glorieuses, le crédit devient un élément majeur de la politique économique. Ce sont désormais les crédits qui font les dépôts, la banque centrale refinançant systématiquement les banques ordinaires lorsqu'elles éprouvent un besoin de monnaie. La perspective dynamique du circuit introduite par Keynes fonde la relation entre investissement et épargne sur le multiplicateur d'investissement. Une augmentation de l'investissement entraîne une variation plus que proportionnelle du revenu, qui engendre à son tour une hausse de l'épargne, de sorte que l'égalité entre épargne et investissement soit réalisée ex post. En conséquence, l'État est responsable de la régulation conjoncturelle et doit intervenir si le niveau de l'investissement est insuffisant pour assurer le plein emploi. Il peut investir lui-même, en lançant des programmes de grands travaux financés par le déficit et la création monétaire, à l'exemple de l'aménagement de la vallée du Tennessee pendant le *New Deal.* A l'opposé, en cas de surchauffe, l'État peut réduire sa demande en engageant un plan de refroidissement (*stop and go* britannique des années 1950–1960). Ainsi, loin du dogme de l'équilibre budgétaire, le financement du déficit public par la création monétaire devient l'instrument privilégié des politiques de relance de la croissance. Pour sa part, l'épargne des ménages, qui constitue une fuite dans le circuit et réduit le multiplicateur, est considérée comme un facteur de sous-emploi.

Dès lors, de nouvelles logiques de financement se mettent en place. Celles-ci reposent tout d'abord sur l'idée que l'État peut agir sur les investissements des agents (entreprises, ménages) par le canal du taux d'intérêt, variable à la fois réelle et monétaire. Une politique monétaire d'abondance permet de maintenir le taux d'intérêt à un niveau bas, ce qui encourage le crédit et stimule l'investissement. C'est ainsi que les Trente

Glorieuses se caractérisent, en Europe continentale et au Japon, par des taux d'investissement supérieurs à 20% du PIB et des taux de croissance élevés. En France, cette politique a été accentuée par un interventionnisme étatique qui s'inscrit dans la tradition colbertiste : orientation des investissements par substitution à l'initiative privée (nationalisations), taux d'intérêt administrés, nombreuses exonérations fiscales. Le financement par le crédit et la création monétaire stimule d'autant plus la croissance que joue l'effet de levier de l'endettement. Tant que la rentabilité économique, rapport entre l'excédent brut d'exploitation et le capital investi, est supérieure au taux d'intérêt, tout investissement financé par emprunt génère un produit supérieur à son coût. L'inflation, due à la création monétaire, renforce ce cercle vertueux en allégeant les dettes des investisseurs et en incitant les ménages à consommer. Des taux d'intérêt faibles, voire négatifs, conduisent les agents à privilégier l'emprunt aux marchés financiers et contribuent à « l'euthanasie des rentiers » : en France, dans les années 1960, l'emprunt finance environ 30% des investissements des entreprises contre 10% pour les marchés financiers. Cependant l'épargne tient une place importante puisque l'autofinancement représente 60% des dépenses d'investissement.

L'économie d'endettement combine donc le financement par la création monétaire et par l'épargne (autofinancement). La croissance forte vient cependant à terme buter sur l'effet d'éviction et l'inflation. Dans les années 1970, les déficits publics se creusent en raison des chocs conjoncturels. Le besoin de financement de l'État exerce un double effet d'éviction sur l'investissement privé : un effet quantitatif, les ressources captées par la puissance publique n'étant pas disponibles pour les personnes privées ; mais un effet prix également : en absorbant une partie des ressources disponibles, l'État induit une hausse des taux d'intérêt. L'effet d'éviction renforce l'orientation haussière des taux, liée aux anticipations inflationnistes, aux primes de taux dues au flottement des monnaies à partir de 1973 et aux primes de risques exigées dès le début des années 1980 lorsque se manifestent les signes du surendettement. Par conséquent, le taux d'intérêt devient rapidement supérieur au taux de rentabilité économique. L'effet levier de l'endettement se transforme en effet massue : les agents ont avantage à réduire leur endettement pour restaurer leur rentabilité financière. La profitabilité (différence entre la rentabilité financière et le taux d'intérêt) étant négative, l'investissement net s'effondre et avec lui la croissance. Après avoir stimulé la croissance des Trente Glorieuses, l'économie d'endettement entretient la crise. Le moteur du crédit s'étant essoufflé, l'épargne aurait-elle retrouvé ses vertus ?

LES DÉSÉQUILIBRES, notamment inflationnistes, des années 1970 renversent les rapports entre épargne et crédit. La priorité accordée à la désinflation, puis à la stabilité des prix, interdit le financement par création monétaire (A). L'économie de marché financier remplace l'économie d'endettement (B). Cependant la croissance reste modérée et instable (C).

L'arrivée à la tête de la *Fed* de Paul Volcker en 1979 marque la fin de l'économie d'endettement et la priorité donnée à la lutte contre l'inflation. La masse monétaire est étroitement contrôlée. Au cours des années 1980, les taux d'intérêt réels s'élèvent d'autant plus que l'inflation régresse. Le canal des anticipations se substitue au canal de la monnaie : les déficits publics sont interprétés par les marchés comme annonciateurs d'une inflation future, immédiatement répercutée dans les taux. Aussi la politique monétaire se reconstruit-elle autour de l'exigence de crédibilité, les banques centrales deviennent indépendantes (nouvelle école classique). Le traité de Maastricht, par exemple, leur interdit de contribuer au financement public. Selon le théorème d'équivalence ricardienne, il n'y a pas de différence entre une augmentation des dépenses publiques financée par le crédit ou par l'impôt. Dans les deux cas, les contribuables, anticipant la hausse des prélèvements obligatoires, accroissent leur épargne et réduisent leur consommation : il n'y a plus d'effet multiplicateur. Face à la hausse du coût de l'endettement, l'État doit assainir ses finances publiques et les entreprises restaurer leurs capacités d'autofinancement. Un nouveau partage de la valeur ajoutée, plus favorable à l'épargne brute des entreprises, est obtenu par les restructurations des années 1980, les investissements de productivité, la pression sur les salaires liée à la montée du chômage, et la désindexation des salaires sur les prix. Au début des années 1990, la capacité d'autofinancement des entreprises dépasse 100%, les entreprises deviennent des agents à capacité de financement.

La finance directe et l'économie de marché financier remplacent l'économie d'endettement. Les innovations financières permettent de rapprocher les intérêts contradictoires des offreurs et de demandeurs de capitaux. Les innovations institutionnelles (second marché, MATIF) élargissent les possibilités de financement direct. Les innovations de produits (OPCVM tels que SICAV et FCP) rassurent et attirent l'épargne populaire. Cette dynamique permet aux marchés financiers de retrouver une place importante, notamment aux États-Unis, en Grande-Bretagne et en France, alors que le crédit assure à présent un rôle complémentaire. D'une part, ce dernier est la seule solution pour les agents qui ne peuvent se financer sur les marchés, à l'image des petites entreprises et des ménages ; d'autre part, les plus grosses opérations (Eurotunnel par exemple) combinent finance directe par le marché et finance intermédiée. Mais les crédits ne reposent plus sur la création monétaire, les banques se refinancent elles-mêmes sur les marchés, monétaire pour le refinancement de court terme, financier pour le long terme. Si au début des années 1990, Michel Albert s'interrogeait sur l'efficience de l'économie de marché financier dans *Capitalisme contre capitalisme*, le débat semble aujourd'hui tranché : la banque-industrie allemande est en régression et le Japon qui conservait une structure d'économie d'endettement a connu la plus grave crise financière de son histoire ; au contraire, le modèle américain a soutenu la forte croissance des années 1990.

Le financement par l'épargne dans le cadre de l'économie de marché financier n'est cependant pas dénué d'effets pervers. Les marchés sélectionneront en effet les investissements les plus rentables, dans la limite de l'épargne disponible. Ce rationnement réduit la demande globale et explique la « croissance molle » (J.-P. Fitoussi) et cyclique, source de chômage élevé en Europe. Autre effet pervers, l'épargne attirée par les rendements élevés des placements spéculatifs peut conduire au développement de bulles spéculatives. La crise asiatique montre comment crédit et épargne peuvent se combiner pour rendre l'économie instable. En phase d'expansion, les cours des titres financiers sont poussés à la hausse ; les détenteurs voient leur situation patrimoniale s'apprécier et leur ratio d'endettement (dette/valeur du capital) baisser. Ils obtiennent alors facilement des banques de nouveaux crédits, qui alimentent la spéculation à la hausse. Si, par exemple à la suite d'un choc exogène, les cours s'effondrent, les ratios d'endettement se dégradent brutalement. Paradoxalement, c'est au moment où les agents ont le plus besoin de liquidités pour faire face à leurs engagements que les banques vont, par peur du surendettement, les leur refuser. Cet enchaînement a déjà été analysé par Friedman à propos de la crise de 1929 ; c'est pour éviter ce processus destructeur que la *Fed* en 1987, et le FMI en 1998, ont ouvert de larges lignes de crédit aux banques. M. Aglietta souligne que les marchés sont porteurs d'un « risque systémique » : en cas de krach boursier, le comportement rationnel des agents les conduit à vendre à la baisse, ce qui entretient la dépression boursière.

LE CRÉDIT et l'épargne sont deux opérations économiques indispensables à la croissance, qui agissent non seulement sur son niveau, mais aussi sur sa nature et sa régularité. Le crédit financé par épargne préalable contraint la croissance, mais stimule l'épargne et les marchés financiers, tout en assurant la stabilité des prix. *A contrario*, réalisé par création monétaire, le crédit abondant stimule la croissance au prix de l'inflation et aux dépens de l'épargne. L'épargne et le crédit restent néanmoins complémentaires, et l'autofinancement demeure la source première de financement des entreprises.

En répondant aux besoins de financement le système financier contribue au développement. L'efficience du système apparaît alors comme une condition d'une croissance équilibrée et durable. Les pays en développement subissent ainsi le double handicap d'une épargne faible et d'un système financier qui ne peut mobiliser les crédits nécessaires au financement des investissements.

IV Commentaires

1 Sujets connexes

On peut envisager de nombreux sujets sur le thème général du financement. Le sujet traité est très large (sujet de type HEC), et fournit donc des arguments pour des sujets plus précis. C'est le cas du sujet ESC (1999), *Analysez le rôle des crédits bancaires dans le financement de l'économie depuis les années 1850.* Le sujet Ecricome 1998, *Peut-il exister une croissance sans épargne ?* est finalement très proche du sujet traité, mais n'exige pas un plan historique; les parties II et III permettraient largement de répondre à la question posée. Par contre le sujet Ecricome 2003, *Le financement des économies émergentes depuis le milieu du XIX*e *siècle* relève d'une autre problématique et exige des développements sur le financement extérieur par les États, les institutions internationales et les firmes (IDE des firmes multinationales notamment).

2 Bibliographie

AGLIETTA, Michel, *Macroéconomie financière*, Paris, La Découverte, coll. « Repères », tomes 1 et 2, 2001. Voir particulièrement les chapitres 3 et 4 du tome 1, consacrés au rôle des banques et à l'évolution des structures financières (p. 92–100).

MONTOUSSÉ, Marc, dir., *Économie et histoire des sociétés contemporaines*, Paris, Bréal, 2001. Voir en particulier le chapitre 5, « Monnaie et financement de l'économie » (Pierre-André CORPRON,) p. 214–251.

KHAN, Aubhik, « Croissance économique : le rôle du facteur financier », *Problèmes économiques*, 24 mai 2000, n° 2666, in cédérom *L'actualité en revues*, Doc. Française et Scéren CRDP du Languedoc-Roussillon, 2002.

Dissertation 5
Taux d'intérêt et croissance économique dans les pays développés depuis 1945.

I Analyse du sujet

1 Les mots clés

La notion de croissance est aisée à définir. Elle renvoie à l'augmentation durable d'un indicateur de dimension, mais aussi aux transformations structurelles qui l'accompagnent. En revanche, il convient de bien réfléchir au contenu de l'expression « taux d'intérêt ». Un taux est d'abord un rapport, entre au numérateur le gain (taux d'intérêt créditeur) ou le coût (taux d'intérêt débiteur), et au dénominateur le capital prêté ou emprunté. Empiriquement il existe plusieurs taux d'intérêt. En particulier il faudra distinguer les taux nominaux des taux réels qui sont nets d'inflation, les taux courts (moins d'un an) fortement liés au marché monétaire, des taux longs liés aux marchés financiers (marché des emprunts obligataires par exemple).

Du point de vue théorique, la signification du taux d'intérêt est controversée. Dans l'analyse néo-classique le taux d'intérêt équilibre la relation entre épargne et investissement : par exemple une hausse des taux accroît l'épargne, en même temps qu'elle réduit l'investissement. Par contre, dans l'analyse keynésienne, le taux d'intérêt influence le niveau de l'investissement, mais ne détermine pas directement l'épargne. Celle-ci est en effet fonction du revenu : l'épargne est la partie du revenu qui n'est pas consommée, ce dont rend compte la notion de propension à épargner.

2 Connaissances à mobiliser

Taux d'intérêt et croissance s'influencent réciproquement selon plusieurs canaux. Dans le canal traditionnel de la monnaie, les variations de taux d'intérêt agissent sur la croissance en incitant — ou en décourageant — les entreprises à investir et les ménages à consommer. Dans le canal de la finance, le taux d'intérêt joue un rôle de « signal » et agit sur les anticipations des agents. La crédibilité est alors une qualité des banques centrales qui leur permet d'influencer les marchés avec de très faibles variations de taux d'intérêt. Enfin, en changes flottants avec libre circulation des capitaux, les variations du taux d'intérêt se répercutent sur le taux de change et influencent la compétitivité prix de l'économie. Les structures monétaires et financières déterminent l'importance respective de ces différents canaux. Depuis 1945, on distingue traditionnellement, à la suite de J. Hicks, l'économie d'endettement et l'économie de marché financier. En économie d'endettement les taux d'intérêt sont maintenus volontairement à un niveau faible par la puissance publique, pour favoriser l'investissement, la consommation et la croissance. L'épargne n'est pas encouragée, mais le crédit répond aux besoins de financement des agents. Par contre, depuis le début des années 1980 s'est développée une économie de marché financier, dans laquelle le taux d'intérêt se fixe sur les marchés. L'épargne et l'autofinancement sont alors encouragés.

3 Problématique

La relation entre taux d'intérêt et croissance dépend fondamentalement du système monétaire et financier. Durant les Trente Glorieuses, cette relation s'inscrit dans le cadre de l'économie d'endettement ; les taux d'intérêt administrés de cette période ont-ils durablement favorisé la croissance ? Depuis 1979, les taux d'intérêt se fixent sur les marchés monétaires (taux courts) et financiers (taux longs) ; si ce système a favorisé la désinflation, permet-il une croissance équilibrée de plein emploi ?

II Plan détaillé

I Durant les Trente Glorieuses, les relations entre taux d'intérêt et croissance économique s'établissent dans le contexte des changes fixes et de l'économie d'endettement

1. Les taux d'intérêt maintenus volontairement bas vont d'abord stimuler la croissance
2. Mais la relation entre taux d'intérêt et croissance est perturbée par les tensions inflationnistes et les contraintes du système de change fixe
3. Finalement, la montée des déséquilibres remet en cause la dynamique de l'économie d'endettement, incapable de faire face à la stagflation des années 1970

II Depuis le début des années 1980, les relations entre taux d'intérêt et croissance sont liées aux changes flottants et à l'économie de marché financier

1. Le nouveau régime monétaire et financier engendre une hausse des taux d'intérêt qui contraint dans un premier temps l'investissement et la croissance
2. La crédibilité des banques centrales en matière de lutte contre l'inflation permet à long terme de réduire les taux d'intérêt sur les marchés monétaires et financiers, ce qui devrait favoriser la croissance
3. Cependant, les taux d'intérêt de marché s'accompagnent d'un retour à une croissance cyclique

III Dissertation rédigée

L'ÉCONOMIE de la synthèse, à la suite des travaux de Hicks, souligne le rôle central du taux d'intérêt : il relie les sphères réelles et monétaires dans le modèle IS-LM. Dans son acception la plus générale, le taux d'intérêt détermine la rémunération versée au prêteur par l'emprunteur d'un capital. « Loyer » de l'argent, il compense le renoncement à la consommation présente (analyse néo-classique), ou à la liquidité (analyse keynésienne). On peut alors distinguer différents taux, selon la durée du crédit (court, moyen, long terme), selon le circuit financier (taux du marché monétaire, du marché obligataire, des emprunts bancaires, etc), mais également taux nominal ou courant qui se distingue du taux réel prenant en compte l'inflation.

Le taux d'intérêt peut influencer le niveau et les caractéristiques de la croissance économique, augmentation durable du produit global réel. Cette relation s'opère par l'intermédiaire de variables et mécanismes réels, investissement notamment, ou monétaires et financiers. Inversement, la croissance agit à la fois sur les capacités et les besoins de financement, ainsi que sur les anticipations, ce qui se répercute sur les taux d'intérêt. De plus, en économie ouverte, taux d'intérêt et croissance sont également liés par le solde de la balance des transactions courantes, comme le souligne le modèle de Mundell et Fleming (IS-LM-BP). On peut donc se demander comment ont évolué les interactions entre taux d'intérêt et croissance économique, dans les pays développés à économie de marché (PDEM), depuis 1945.

Hicks distingue deux systèmes monétaires et financiers, l'économie d'endettement et l'économie de marché financier. De 1945 à 1979, les relations entre taux d'intérêt et croissance s'établissent dans le cadre de l'économie d'endettement et d'un système monétaire international de change fixe (I). La mutation du système monétaire et financier, au début des années 1980, transforme profondément ces relations (II).

APRÈS 1945 les leçons de l'entre-deux-guerres et les besoins de la reconstruction conduisent à mettre en place une nouvelle régulation monétaire : système de change fixe et d'étalon dollar au niveau international, économie d'endettement au niveau national. Dans ce contexte, des taux d'intérêt bas vont tout d'abord stimuler la croissance (A) ; la croissance en retour influence les taux d'intérêt (B). À la fin des années 1960 et dans les années 1970, des tensions apparaissent, qui remettent en cause cette dynamique (C).

En économie d'endettement, le système monétaire et financier est conçu pour répondre aux besoins de financement des agents. Lorsqu'ils ne peuvent financer leurs projets d'investissement par l'épargne ou l'autofinancement, les agents recourent à l'emprunt bancaire. Les banques ordinaires accordent les crédits et se refinancent à leur tour auprès de la banque centrale, qui fournit les liquidités nécessaires. Ainsi, le taux d'intérêt que la banque centrale exige pour refinancer les banques ordinaires devient une variable conjoncturelle déterminante (taux directeur), à travers son effet direct sur le volume et le prix des crédits accordés. Les taux d'intérêt de long terme sont également influencés par la politique financière : bonifications lorsque l'État prend en charge une partie du taux d'intérêt (investissements agricoles, en logements, etc), circuits spéciaux qui procurent des ressources à un prix inférieur au marché. D'une manière générale les taux d'intérêt sont administrés, c'est-à-dire fortement influencés par l'État. Un taux d'intérêt bas stimule tout d'abord l'investissement, dont le niveau résulte de la comparaison entre taux d'intérêt et efficacité marginale du capital (rendement anticipé de l'investissement). Un taux d'intérêt bas accroît également la demande de biens de consommation, en incitant les ménages à recourir au crédit pour les achats de biens durables. L'ensemble de ces relations positives entre taux d'intérêt et croissance forme le canal traditionnel de la monnaie. L'État de son côté peut financer un déficit budgétaire grâce à l'écart critique, différence entre le taux de croissance et le taux d'intérêt. Si le taux de croissance est supérieur au taux d'intérêt, la croissance induit mécaniquement des recettes fiscales et sociales qui augmentent plus vite que le taux d'intérêt, donc que la charge de la dette ; la dette est donc « soutenable ». Dans le contexte de l'économie d'endettement les taux d'intérêt maintenus bas, grâce à la politique monétaire et financière, stimulent la demande interne et favorisent la croissance.

La relation entre taux d'intérêt et croissance est cependant perturbée par les tensions inflationnistes et les contraintes du système de change fixe. En cas de « surchauffe » caractérisée par la sur-utilisation des capacités de production, des tensions apparaissent qui peuvent justifier le relèvement des taux d'intérêt, pour ralentir l'activité et ainsi limiter l'inflation et le déficit extérieur. Ainsi, le plan de stabilisation de 1963 (V. Giscard d'Estaing) combine restrictions de la dépense publique et hausse du taux d'intérêt pour ralentir la demande ; il permettra de réduire l'inflation, sans rompre la croissance stimulée par le retour des rapatriés et l'intégration dans la Communauté économique européenne. Durant les Trente Glorieuses, la France et la Grande-Bretagne mènent également des politiques de *stop* pour limiter le déficit de la balance des opérations courantes et préserver leur taux de change. Encadrement du crédit et relèvement du taux d'intérêt de la banque centrale se conjuguent alors avec la politique budgétaire pour réduire la demande. Le système de change fixe limite l'autonomie de la politique monétaire puisque celle-ci doit défendre le taux de change : c'est le triangle des incompatibilités.

Finalement, la montée des déséquilibres remet en cause la dynamique de l'économie d'endettement, incapable de faire face à la stagflation des années 1970. Selon Hayek, les taux d'intérêt administrés des Trente Glorieuses étaient des « faux prix », qui faussèrent le calcul des agents. Le faible prix du capital a incité les entreprises à adopter une combinaison productive plus capitalistique. L'inflation correspond alors à une « épargne forcée », qui vient équilibrer les investissements antérieurs, réalisés sans épargne grâce à la création monétaire. Cette analyse du cycle (*Prix et production*, 1931), aux antipodes de la problématique keynésienne, semble expliquer la stagflation des années 1970. De plus, durant les années 1970 se développe une économie internationale d'endettement (Bourguinat), qui étend au monde le mécanisme initialement limité aux PDEM. Le recyclage des pétrodollars, sur un marché où les capacités de financement tendent à excéder les besoins, conduit à accorder des prêts à des emprunteurs peu solvables. La croissance est ainsi soutenue, mais simultanément la montée de l'endettement la rend très fragile. À long terme, les effets pervers de la politique active et discrétionnaire de taux d'intérêt révèlent ses limites. Après avoir favorisé la croissance et la reconstruction, les taux d'intérêt administrés maintenus artificiellement bas, dans le contexte de l'économie d'endettement, ont largement participé à la montée des déséquilibres des années 1970.

POUR RÉDUIRE l'inflation, un nouveau régime monétaire est mis en place en 1979. Dans une perspective monétariste moderne, il convient de rendre la monnaie neutre par la transformation des structures monétaires : l'économie de marché financier succède à l'économie d'endettement. Ce nouveau régime engendre une hausse des taux d'intérêt qui contraint dans un premier temps l'investissement et la croissance (A). La crédibilité des banques centrales en matière de lutte contre l'inflation permettra à long terme de réduire les taux d'intérêt sur les marchés monétaires et financiers (B). Cependant, les taux d'intérêt de marché s'accompagnent d'un retour à la croissance cyclique (C).

La nomination, en 1979, de Paul Volcker à la présidence de la *Fed* (*Federal Reserve Board*) marque la redéfinition de la politique monétaire. Les taux d'intérêt se détermineront désormais sur le marché : marché monétaire pour les taux courts, marchés financiers pour les taux longs. Les banques centrales qui ne l'étaient pas encore sont progressivement rendues indépendantes et adoptent des politiques de règles. Dans un premier temps, au cours des années 1980, elles tentent de contrôler directement la liquidité de l'économie en surveillant la croissance des agrégats monétaires. Les innovations financières les conduisent cependant à préférer surveiller indirectement cette liquidité, en intervenant sur le marché monétaire par leurs taux directeurs. Ainsi la banque centrale européenne (BCE) poursuit un objectif de stabilité des prix (inflation inférieure en moyenne et en tendance à 2%), tandis que la *Fed* suit une « règle » de Taylor qui combine objectifs de stabilité des prix et de plein emploi. Dans ce nouveau contexte, si les projets d'investissement sont supérieurs aux projets d'épargne des agents, le taux d'intérêt de long terme s'élève et élimine les investissements les moins rentables. En raison de ses effets sur la sphère réelle, ce système peut donc être considéré comme récessif (M. Aglietta). La montée des taux d'intérêt au début des 1980, avec des taux courts qui dépassent 20% aux États-Unis par exemple, induit en effet une récession, d'abord américaine puis mondiale. Pour Paul Volcker, celle-ci était le prix à payer pour le retour à un mode de financement sain ; elle entraîne la crise de la dette dans les pays en développement et freine la croissance mondiale. D'une manière générale, depuis le début des années 1980, les taux d'intérêt de marché, supérieurs aux taux d'intérêt administrés de l'économie d'endettement, ralentissent la croissance des PDEM en limitant la demande par le canal traditionnel de la monnaie ou du crédit.

Cependant, en économie de marché financier, les interactions entre croissance et taux d'intérêt s'opèrent également par le « canal de la finance » ou des anticipations. Le taux d'intérêt est un vrai prix, déterminé sur le marché ; il est un produit des anticipations et en même temps exprime l'état de ces anticipations. Le taux d'intérêt peut en effet se définir à partir de la relation de Fisher : le taux d'intérêt nominal est égal au taux d'intérêt réel plus le taux d'inflation anticipé. Des anticipations inflationnistes conduisent les prêteurs à exiger des taux élevés, pour se protéger contre le risque de perte en capital consécutif à l'inflation. Par contre, la banque centrale indépendante, en annonçant un objectif crédible de stabilité des prix, peut de son côté réduire les anticipations inflationnistes des agents, ce qui se concrétisera par la baisse des taux nominaux. Ainsi, la désinflation apparaît comme la modalité de réduction des taux longs, par exemple des taux du marché obligataire. Une fois cette crédibilité reconnue par les marchés, la banque centrale peut mener une politique monétaire active, à l'image de celle de la *Fed* dans les années 1990. Le retour à l'équilibre des finances publiques est également nécessaire à la réduction de l'effet d'éviction ; à long terme, le pacte de stabilité et de croissance devrait ainsi favoriser la baisse des taux d'intérêt européens.

Dans le contexte d'une économie de marché financier, les taux d'intérêt de court et de long terme influencent également le rythme de croissance. Les taux longs seront d'autant plus bas que l'épargne sera développée, ce qui incite à la modernisation des marchés, aux innovations pour attirer l'épargne, à la modification des modalités de protection contre les risques sociaux (création de fonds de pension) et de la rémunération du travail (intéressement au capital, stock option, etc). Après « l'euthanasie des rentiers », qui caractérisait l'économie d'endettement, le nouveau système restaure l'épargne, redevenue vertueuse. Cependant, sur les marchés financiers, les taux d'intérêt peuvent rester durablement élevés en raison des imperfections du marché. L'asymétrie d'information, par exemple, conduit à l'antisélection : le taux du marché étant unique (principe d'unicité du prix sur un marché), les meilleurs emprunteurs sont pénalisés et peuvent renoncer à emprunter ; ils restreignent leurs investissements qu'ils autofinancent. Paradoxalement ne restent alors sur le marché que les mauvais emprunteurs, présentant les risques les plus élevés. Sous-optimalité et instabilité sont ainsi inhérentes au système et la croissance bute régulièrement sur la crise, selon un mécanisme déjà décrit par Fisher dans les années 1930. La crise initialement financière se propage à l'économie réelle par l'intermédiaire de la contraction de l'investissement et de la consommation. La régulation par les taux d'intérêt de marché apparaît ainsi comme structurellement instable : le cycle qui avait pratiquement disparu durant les Trente Glorieuses rythme à nouveau la croissance depuis le début des années 1980. Dans les économies ouvertes, en particulier en raison de la globalisation financière, le canal du taux de change devient un autre élément clé de la propagation des chocs. Lorsque les banques centrales non crédibles enregistrent une dépréciation du taux de change de leur monnaie, elles sont obligées de relever leur taux d'intérêt. Les chocs monétaires se propagent alors à l'économie réelle, expliquant par exemple la croissance molle des pays européens dans les années 1990 (Fitoussi, *Le débat interdit*). Les pays européens ont dû suivre à la hausse les taux d'intérêt allemands pour préserver leur taux de change, ce qui a handicapé leur croissance.

Le bilan des interactions entre taux d'intérêt et croissance en économie de marché financier est encore incertain. Après une période de forte croissance aux États-Unis, dans les années 1990, le krach financier de la nouvelle économie s'est généralisé. Ce constat conduit à s'interroger sur la capacité de ce système à engendrer une croissance durable de plein emploi.

TAUX D'INTÉRÊT et croissance sont étroitement liés, mais la relation qui les unit n'est pas stable. Au cours des Trente Glorieuses, des taux d'intérêt administrés bas ont pu favoriser la croissance, au prix d'une inflation rampante considérée comme une « solution ». Depuis 1979, dans le cadre d'une économie de marché financier, ce sont au contraire les pays non inflationnistes qui bénéficient des taux d'intérêt réels les plus avantageux, ce qui favorise leur croissance à long terme. Les anticipations jouent alors un rôle clé et contraignent la croissance des pays à monnaie faible et à banque centrale non crédible, obligés de verser des taux d'intérêt élevés.

L'unification monétaire de l'Europe a exigé une politique monétaire restrictive qui a handicapé la croissance des pays de la zone euro dans les années 1990. Depuis 1999, l'avènement de la monnaie unique redonne à la zone euro l'autonomie de sa politique monétaire. Pourtant, en 2002–2003, la BCE s'est montrée beaucoup plus prudente que la *Fed* dans la gestion des taux d'intérêt. Les taux d'intérêt européens relativement élevés pourraient donc à nouveau constituer un handicap, tandis que les taux faibles et la dépréciation du dollar américain accélèreraient la sortie de crise.

IV Commentaires

1 Autre plan possible

Le plan en deux parties clarifie l'exposé mais peut paraître simplificateur. On pourrait envisager une troisième partie qui montrerait que, quel que soit le système monétaire et financier, le taux d'intérêt influence la décision d'investissement et permet d'absorber les chocs. Pour éviter les répétitions, il faudrait alors retirer quelques arguments des deux premières parties pour les placer dans la troisième. Ce plan s'imposerait en particulier si le sujet ne se limitait pas au cas des PDEM ; la troisième partie permettrait alors de traiter des crises financières des années 1980 (crise de la dette) et 1990 (crise asiatique).

2 Sujet connexe

L'ESCP a posé en 1996 un sujet très proche : *L'importance que l'on peut accorder aux taux d'intérêt dans la détermination des grands équilibres économiques a-t-elle évoluée depuis le début du XXe siècle ?* La période proposée impose cependant de consacrer une première partie à la période antérieure à 1945. La distinction entre « grands équilibres » internes (stabilité des prix, plein emploi) et externes (balance des transactions courantes, taux de change) pourrait également structurer la dissertation.

3 Bibliographie

BENASSY-QUÉRÉ, Agnès, BOONE, Laurence, et COUDERT, Virginie, *Les taux d'intérêt*, Paris, La Découverte, Coll. « Repères », n° 251. Cet ouvrage fournit toutes les connaissances nécessaires pour traiter le sujet. Se reporter en particulier aux chapitres II et III, consacrés à la détermination des taux d'intérêt à court (p. 32–49) et long (p. 50–70) terme.

BOUILLAUD, Christophe, article « Taux d'intérêt », *Les cahiers français*, janvier 1997, n° 279, in cédérom *L'Actualité en revue*, Documentation Française et CRDP du Languedoc-Roussillon, 2002. Cet article propose une synthèse très claire en quelques pages.

MONTOUSSÉ, Marc, *Théories économiques*, Paris, Bréal, coll. « Amphi économie », 1999. Cet ouvrage permettra de comprendre la relation entre taux d'intérêt et croissance dans le modèle IS-LM-BP ; se reporter au chapitre III, « La macroéconomie keynésienne » (p. 216–236).

Dissertation 6

Les monnaies fortes sont-elles des atouts, les monnaies faibles des handicaps ?

I Analyse du sujet

1 Les mots clés

La monnaie remplit trois fonctions : unité de compte, elle mesure les valeurs ; instrument de réserve, elle conserve la valeur ; intermédiaire des échanges, elle facilite les transactions. La qualité d'une monnaie peut s'évaluer indirectement à travers son prix, le taux de change, valeur d'une monnaie en monnaies étrangères. Une monnaie forte offre donc à ses détenteurs un pouvoir d'achat élevé en produits étrangers et préserve leur épargne.

Deux définitions d'une monnaie forte doivent être distinguées. Dans une première acception, une monnaie forte se caractérise par un taux de change supérieur à la parité de pouvoir d'achat, qui égalise les prix nationaux et étrangers. Les produits nationaux sont alors moins compétitifs que les produits étrangers et le taux de change est surévalué. Dans un deuxième sens, une monnaie forte est simplement une monnaie qui tend durablement à s'apprécier. Il est rare qu'une monnaie soit forte dans les deux sens que nous venons de définir, car une monnaie surévaluée risque de se déprécier, à l'exemple de la livre sterling dans les années 1920, tandis qu'une monnaie sous-évaluée peut s'apprécier, tel le mark allemand dans les années 1960–1970.

2 Connaissances à mobiliser

La livre sterling, le dollar, le mark et le yen constituent des monnaies de référence dont il faudra analyser les évolutions à long terme. Cette analyse exige de connaître les déterminants du taux de change : situation de la balance des transactions courantes, niveau et évolution des prix, niveau et évolution des taux d'intérêt, prise en compte des anticipations et des variables financières. L'étude des crises de change montrera que les erreurs de politique de change sont récurrentes : crise de la livre surévaluée dans les années 1920–1930, crises à nouveau de la livre et du franc confrontés à la contrainte extérieure dans les années 1950–1960, crise du dollar dans les années 1970 ; pour les pays en développement, crise de la dette des années 1980 et nouvelles crises de change des années 1990 (crise asiatique, Argentine). Enfin, les effets du taux de change doivent être replacés dans le contexte du système monétaire et financier international : jouent en particulier le système de change, fixe ou flottant, et le degré de liberté de circulation des capitaux, ce qui exige de connaître le « triangle des incompatibilités » (Mundell).

3 Enjeux et problématique

Le taux de change agit sur la croissance à travers deux canaux. D'une part, il détermine la compétitivité prix de l'économie et son solde courant. D'autre part, il rend la monnaie plus ou moins attractive, ce qui influence les mouvements de capitaux. Les effets d'une monnaie forte ou faible doivent donc être examinés en considérant ces deux canaux. À travers les effets du taux de change sur les soldes courants et financiers de la balance des paiements, une monnaie forte constitue-t-elle un atout, une monnaie faible un handicap ? La réponse à cette double question doit tenir compte du contexte monétaire et financier international et notamment de l'importance croissante des facteurs monétaires et financiers depuis les années 1980.

II Plan détaillé

I Les effets directs du taux de change sur la balance des paiements permettent de distinguer les avantages et inconvénients des monnaies fortes et faibles

1. Dans certaines conditions, une monnaie faible peut favoriser la croissance économique en améliorant la compétitivité prix des produits nationaux...
2. ... Mais une monnaie forte offre des avantages monétaires et financiers

II Depuis le début des années 1980, la globalisation financière a indirectement accru les contraintes qui pèsent sur les monnaies

1. Les pays cherchent à échapper au cercle vicieux des monnaies faibles...
2. ... Mais courent le risque des crises de change

III Dissertation rédigée

WIM DUISENBERG, premier président de la Banque centrale européenne, considérait qu'« un euro fort est dans l'intérêt d'une Europe forte ». La corrélation entre puissance économique et puissance monétaire s'est incarnée dans la livre sterling jusqu'en 1914, puis dans le dollar américain à partir de 1944. Une monnaie forte n'est-elle que le signe de la puissance économique ou l'un de ses attributs essentiels ? Symétriquement, la faiblesse d'une monnaie contribue-t-elle à la faiblesse économique ou n'en est-elle qu'un témoignage ?

La force ou la faiblesse d'une monnaie se lit dans le niveau et l'évolution de son taux de change. À un moment donné, une monnaie est forte lorsque son taux de change est supérieur au taux de parité de pouvoir d'achat, c'est-à-dire au taux qui égaliserait le prix des biens nationaux et étrangers. Au contraire, une monnaie faible réduit le pouvoir d'achat en biens et services étrangers mais rend les produits domestiques plus compétitifs. En dynamique, par contre, une monnaie est forte lorsque son taux de change tend à s'apprécier durablement ; elle attire les capitaux, les agents anticipant un gain de change. Au contraire, une monnaie faible fait courir aux capitaux étrangers un risque de change, qui ne peut être compensé que par l'augmentation du taux d'intérêt. Fort ou faible, le taux de change de la monnaie influence les grands équilibres macroéconomiques à travers ses effets sur la balance des paiements.

Le niveau et l'évolution du taux de change influencent la croissance économique. Les effets directs du taux de change sur la balance des paiements permettent de distinguer les avantages et inconvénients des monnaies fortes et faibles (première partie). Cependant, depuis le début des années 1980 la globalisation, en transformant le contexte monétaire et financier, a modifié les conditions de cet arbitrage et augmenté les contraintes qui pèsent sur les monnaies (deuxième partie).

QUE le système de change soit fixe ou flottant, le taux de change est une variable macroéconomique déterminante des équilibres internes et externes. Il influence en particulier l'activité économique à travers ses effets sur les soldes commerciaux et financiers de la balance des paiements. Une monnaie faible, en améliorant la compétitivité prix des nations en retard de développement, peut constituer un avantage plutôt qu'un handicap (A). Mais une monnaie forte, en augmentant le pouvoir d'achat de l'épargne et en générant un gain de change, favorise les opérations financières et peut constituer un atout pour les puissances dominantes (B).

Un taux de change sous-évalué, ou une tendance à la dépréciation du change, en rendant les prix nationaux plus compétitifs, soutient l'activité économique. Cet avantage des monnaies faibles exige cependant que certaines conditions favorables soient réunies. Lorsque le taux de change est inférieur au taux de parité de pouvoir d'achat, les exportations sont encouragées et les importations contenues, ce qui stimule en particulier l'investissement et l'emploi. Ainsi, durant les Trente Glorieuses, la sous-évaluation du yen et du mark allemand génère un gain de compétitivité qui concourt à l'excédent structurel des balances commerciales allemandes et japonaises, accroît les débouchés de l'industrie et soutient la croissance. Certes, ces deux pays sont régulièrement contraints à des réévaluations de leurs monnaies, mais celles-ci compensent à peine les gains de productivité et ne suppriment donc pas les avantages de change. La dépréciation peut également contribuer à la relance en cas de choc conjoncturel récessif. Le Royaume-Uni, en n'adhérant pas à la monnaie unique, a laissé la livre se déprécier par rapport au mark et au franc, puis à l'euro. Cette politique, si elle n'a pas rétabli l'équilibre de la balance courante, a avantagé les producteurs britanniques, aux dépens des firmes de la zone euro, et explique en partie la faiblesse du taux de chômage.

Toutefois une monnaie sous-évaluée ou se dépréciant engendre des effets pervers. Les prix des importations s'accroissent, ce qui favorise l'inflation. Une monnaie faible n'est donc un atout que si certaines conditions sont réunies. Ces conditions ont été formalisées par Marshall et Lerner dans le cas d'une dévaluation : la somme des valeurs absolues des élasticités prix des importations et des exportations doit être supérieure à l'unité (théorème des élasticités critiques). Lorsque ces conditions sont réunies, les effets quantité l'emportent sur les effets prix. Un pays structurellement déficitaire peut alors, par la dépréciation en change flottant ou la dévaluation en change fixe, desserrer la contrainte commerciale extérieure en stimulant ses exportations et en diminuant ses importations (dumping monétaire). La Chine au début du XXIe siècle maintient ainsi volontairement la sous-évaluation de 20 à 40% du yuan en vendant sa monnaie contre des dollars. Une monnaie faible n'est donc pas toujours un handicap, et les pays en retards peuvent au contraire tirer avantage de la sous-évaluation de leur monnaie lorsque les biens qu'ils exportent présentent une forte élasticité prix.

Les puissances dominantes, telles que le Royaume-Uni jusqu'en 1914 et les États-Unis depuis 1944, combinèrent à leur avantage domination économique, politique et monétaire. La force monétaire de la livre et du dollar est bien évidemment l'un des éléments du processus historique plus global qui a conduit successivement à l'hégémonie de ces deux pays. Mais cet atout connaît aussi des limites.

Livre et dollar ont été des atouts au service de la puissance britannique et américaine. D'une part, le haut niveau de change donne un pouvoir d'achat élevé à la monnaie nationale, ce qui permet de financer les investissements à l'étranger. Le Royaume-Uni est exportateur de capitaux dès le XIXe siècle et les revenus de ces capitaux compensent le déficit commercial au début du XXe. Les grandes firmes américaines ont profité de la force du dollar dans les années 1960 pour investir en Europe. La prédominance des firmes américaines dans les plus grandes multinationales est en partie liée aux avantages d'un dollar fort. D'autre part, une monnaie forte inspire confiance et attire les capitaux disponibles à court terme, ce qui induit un excédent des flux financiers permettant le financement des déficits. L'épargne du reste du monde placée aux États-Unis a financé une partie des déficits jumeaux, déficits des administrations publiques et de la balance courante. En définitive, les pays dominants jouissent des avantages du « déficit sans pleurs » décrit par J. Rueff, grâce auquel « vivre au-dessus de ses moyens » devient possible en raison des transferts de ressources en provenance du reste du monde.

Cependant, l'expérience de la livre sterling dans les années 1920 révèle les limites d'une monnaie rendue artificiellement forte. Pour restaurer la confiance dans la livre et préserver les activités financières de la City, Churchill tente de ramener la livre à sa parité or d'avant-guerre, alors que la Grande Guerre a remis en cause la domination britannique. Afin de compenser l'inflation consécutive à la guerre, une politique déflationniste est mise en œuvre : la demande interne est donc contrainte et les taux d'intérêt relevés. Certes, la livre retrouve sa parité d'avant-guerre en 1925, mais la politique menée réduit l'investissement, accélère le déclin industriel du pays et engendre le chômage. *In fine*, la livre devra être dévaluée en 1931 et la croissance britannique sera plus forte dans les années 1930 que dans les années 1920. L'échec de la livre montre que les monnaies fortes ne sont un atout que pour les économies puissantes. Il faut en effet que leur appareil productif soit suffisamment compétitif (compétitivité structurelle ou qualité) pour compenser le désavantage en termes de prix qu'entraîne une monnaie forte. Les États-Unis n'ont d'ailleurs pas hésité à dévaluer, puis à laisser le dollar se déprécier, lorsqu'ils constatèrent en 1971 que leurs entreprises n'étaient plus compétitives.

Sous certaines conditions, les monnaies faibles peuvent donc favoriser le rattrapage des pays en retard et les monnaies fortes renforcer les atouts des pays dominants. Mais seules les économies dominantes peuvent conserver durablement une monnaie forte.

DEPUIS le début des années 1980, la globalisation a entraîné une financiarisation du change. Le taux de change est moins déterminé par les « fondamentaux », solde des transactions courantes et parité de pouvoir d'achat, que par des variables monétaires et financières, en particulier les taux d'intérêt. Les pays cherchent alors à éviter le cercle vicieux des monnaies faibles qui constitue un handicap (A) mais n'échappent pas au risque des crises de change (B).

L'exemple du franc dans les années 1980 illustre le cercle vicieux des monnaies faibles confrontées à la contrainte financière dans le contexte de la globalisation. Les monnaies fortes sont à l'opposé engagées dans un cercle vertueux. La relance française de 1981 accroît mécaniquement les importations et creuse le déficit de la balance des transactions courantes. Ceci engendre une baisse du taux de change par rapport au dollar et au mark (dévaluations dans le cadre du SME en 1981 et 1983). Mais l'augmentation du prix des importations, et notamment du pétrole, n'entraîne pas leur diminution en quantité ; simultanément la baisse du prix des exportations a peu d'effet sur des produits qui se caractérisent d'abord par une compétitivité qualité. Les conditions de Marshall et Lerner n'étant pas réunies, les dévaluations accroissent le déficit des transactions courantes, entretiennent l'inflation et la spéculation contre le franc. Les taux d'intérêt doivent être relevés pour défendre la monnaie, ce qui accroît les difficultés économiques internes et boucle le cercle vicieux des monnaies faibles. Le tournant de la rigueur, en 1983, renverse la hiérarchie des objectifs de politique économique. La priorité est donnée à la désinflation, puis à la désinflation compétitive, l'objectif étant la réduction du déficit des transactions courantes, au prix d'une contraction de la demande interne. Désinflation et amélioration du solde des transactions courantes stabilisent le franc par rapport au mark après 1986. Cette politique se concrétise par l'ancrage du franc sur le mark, c'est-à-dire l'annonce que la politique monétaire sera utilisée pour stabiliser le taux de change du franc par rapport au mark. Cet ancrage doit restaurer la confiance et asseoir la crédibilité de la politique de désinflation puisque désormais l'augmentation des prix et des coûts ne pourra plus être compensée par la dévaluation du franc. Le franc devenu fort réduit le prix des importations, ce qui entretient la désinflation. De leur côté, pour faire face à la concurrence étrangère, les firmes sont contraintes de réduire leurs coûts de production : elles modernisent leur combinaison productive par des investissements de productivité, se désendettent et se restructurent. Au début des années 1990 l'économie française est sortie du cercle vicieux des monnaies faibles, malgré les difficultés liées à la réunification allemande et à la crise du SME (1993).

Inversement, l'Allemagne depuis les années 1980 et les États-Unis au cours de la dernière décennie bénéficient du cercle vertueux des monnaies fortes. La confiance dans leurs monnaies et la crédibilité de leurs banques centrales induisent des anticipations non inflationnistes et la conviction que leur taux de change ne se dépréciera pas. De plus, la baisse du prix des importations entretient la désinflation. En conséquence, ces pays ne sont pas obligés d'attirer les capitaux par des taux d'intérêt élevés et peuvent affecter la politique monétaire à des objectifs internes : croissance, plein emploi, stabilité des prix. Le respect des grands équilibres macroéconomiques renforce à son tour la confiance dans leur monnaie. Enfin le taux de change élevé favorise les investissements (directs ou de portefeuille) à l'étranger, qui procurent ensuite des revenus. Les atouts du cercle vertueux des monnaies fortes justifient donc les politiques d'ancrage et de défense du taux de change menées dans les années 1980–1990.

Les politiques destinées à rompre le cercle vicieux des monnaies faibles ont cependant un coût économique et social élevé et font courir un risque de crise de change. Ainsi, au début des années 1990, les marchés doutent de la capacité du gouvernement français à poursuivre la politique du franc fort en cas de choc récessif. Ceci contraint la Banque de France à maintenir des taux d'intérêt systématiquement supérieurs à ceux de l'Allemagne. Or celle-ci, confrontée au choc de la réunification, doit relever ses taux pour limiter les tensions inflationnistes. L'ampleur de la récession de 1993, la faiblesse de l'investissement, le niveau élevé du chômage durant la période de « croissance molle » (J.-P. Fitoussi) jusqu'en 1996, sont donc le prix payé pour stabiliser le franc par rapport au mark et acquérir la crédibilité monétaire. Celle-ci permet la réduction, à terme, des taux d'intérêt, mais le coût transitoire peut paraître trop élevé.

De façon comparable, pour lever la contrainte financière qui pèse sur les monnaies faibles, les pays émergents sont incités, dans les années 1990, à pratiquer des politiques d'ancrage. L'objectif de ces politiques est d'accroître la confiance des investisseurs et prêteurs étrangers, pour obtenir une réduction des primes de risque sur le taux de change et attirer les capitaux étrangers nécessaires au financement des investissements. Deux types d'ancrages furent pratiqués. L'ancrage nominal exige de stabiliser le taux de change du marché par rapport à une devise de référence (le dollar en général). Il permit aux pays asiatiques jusqu'en 1996 et à l'Argentine jusqu'en 2000 de bénéficier d'une forte croissance. Mais l'ancrage sur un dollar qui s'apprécie, en raison de la forte croissance américaine, est pervers. Certes, les capitaux attirés par les marchés émergents permettent dans un premier temps de maintenir l'ancrage ; ils font toutefois du taux de change une variable financière soumise aux anticipations. Un simple renversement des anticipations engendre des comportements mimétiques de fuite devant la monnaie (panique monétaire), qui entraînent l'effondrement du taux de change ; ce processus caractérise les « crises du XXIe siècle » (Camdessus). Ainsi le solde financier des pays asiatiques passe brutalement de +93 milliards de dollars en 1996 à -12 milliards en 1997. Ce reflux des capitaux entraîne une crise réelle dont les pays asiatiques ne sortent progressivement qu'à partir de 2003. Les politiques d'ancrage nominal sont donc peu efficaces à long terme (Stiglitz). Les politiques d'ancrage réel (*crawling peg*) pratiquées par certains des pays candidats à l'Union européenne (Pologne, Hongrie), tiennent compte du fait qu'un pays en retard connaît une croissance plus forte que le pays de référence et subit donc une inflation supérieure (effet Balassa-Samuelson). L'ancrage réel permet une dépréciation du taux de change en fonction de l'écart d'inflation avec la monnaie de référence, mais le maintient en parité de pouvoir d'achat. Une faiblesse ainsi contrôlée et limitée ne constitue plus un handicap car elle peut être anticipée et intégrée dans le calcul des agents. Malgré les efforts des pays à monnaies faibles, leur sort reste cependant largement dépendant du climat monétaire international ; ils sont les premières victimes de l'instabilité liée à l'insuffisante coopération monétaire internationale.

Dans le contexte de globalisation, les variations de taux de change sont amplifiées à court terme par la spéculation et les anticipations qui peuvent entraîner un phénomène de « sur-réaction » (Dornbusch). La contrainte financière rend la stabilisation des taux de change impérieuse. Mais l'obligation de défendre un taux de change prive les pays à monnaie faible de l'autonomie de leur politique monétaire et les expose au risque de graves crises de change, lorsque cette politique conduit paradoxalement à la sur-évaluation de leur monnaie.

LE ROYAUME-UNI en défendant en vain la livre sterling a accéléré son déclin industriel au XXe siècle. Au contraire, les États-Unis qui n'ont pas hésité à laisser le dollar se déprécier dans les années 1970 ont préservé à la fois leur puissance et leur monnaie. Une monnaie forte n'est donc pas un atout en soi, elle doit s'appuyer sur une économie réelle dominante, dont elle renforce alors la puissance. Symétriquement les pays émergents peuvent avoir intérêt à maintenir la sous-évaluation de leur monnaie pour conserver un avantage de compétitivité prix. Mais d'une manière générale, dans le contexte de la globalisation, les pays à monnaies faibles subissent une contrainte financière qui se concrétise par des primes de risque augmentant leur taux d'intérêt et handicapant leur croissance.

L'expérience des années 1920 et 1930 a montré les effets dévastateurs de la guerre des monnaies. Pour définir un taux de change optimal, ni trop fort, ni trop faible, Williamson a proposé de calculer un taux de change d'équilibre fondamental (TCEF) qui concilie les différents équilibres macroéconomiques, croissance de plein emploi, stabilité des prix et solde de la balance des transactions courantes. La coopération entre les banques centrales pourrait stabiliser les grandes monnaies autour de ces taux et restaurer un ordre monétaire international dont bénéficieraient toutes les monnaies.

IV Commentaires

1 Critique de la dissertation

La difficulté de ce sujet résulte de la double interrogation sur les monnaies fortes et faibles. Construire un plan en deux parties distinguant les monnaies fortes et faibles aurait été une erreur, car cela aurait entraîné des répétitions. Mais en même temps il faut clairement distinguer les deux situations car elles ne sont pas symétriques. Le plan proposé correspond à une dissertation de type ESC ; il permet de poser les termes de la discussion (I) avant de montrer que la globalisation impose un choix qui n'est pas toujours le meilleur (II). Cependant dans le cadre d'une épreuve HEC ou ESCP, il faudrait accorder une plus grande place à la réflexion sur le taux de change optimal (ni fort, ni faible) et à sa définition en référence avec les travaux de Williamson.

2 Sujet connexe

Le sujet Ecricome (1997) *Dans quelle mesure les expériences conduites au XXe siècle dans les pays capitalistes développés et la situation actuelle peuvent-elles justifier la politique du franc fort ?* recoupe le sujet traité. Les expériences du XXᵉ siècle sont notamment celles du retour de la livre sterling à la parité or et les succès des dévaluations du franc en 1928 et 1958. Il était nécessaire de présenter les avantages et les inconvénients des monnaies fortes et faibles, en tenant compte de la rupture créée par la globalisation financière. Les pays émergents, et donc les crises de change des années 1990, n'entraient pas dans le champ du sujet.

3 Bibliographie

BOURGET, Jean, FIGLIUZZI, Arcangelo, et ZENOU, Yves, *Monnaies et systèmes monétaires*, Paris, Bréal, 2002. Voir notamment le chapitre 3 de la partie 2, « Changes flottants ou étalon-dollar : le vécu du flottement », p. 171–190.

MAJNONI D'INTIGNANO, Béatrice, *L'instabilité monétaire*, Paris, PUF, coll. « Que sais-je », n° 3687, 2003. Voir notamment les chapitres I (« Les monnaies aujourd'hui ») et V (« L'instabilité mondiale »).

PLIHON, Dominique, *Les taux de change*, Paris, La Découverte, coll. « Repères », n° 103, 1999. Voir notamment le chapitre X, « Les stratégies nationales de change », et tout particulièrement le paragraphe « Le cercle vertueux des monnaies fortes », p. 101–104.

Dissertation 7
Depuis 1944, comment les régimes (ou systèmes) de change ont-ils influencé la croissance mondiale ?

I Analyse du sujet

1 Les mots clés

Les deux notions centrales du sujet doivent être précisément définies. Le change est l'opération qui permet de convertir une monnaie en devises ; le taux de change (nominal) est alors le prix de la monnaie nationale, exprimé en devises. En régime ou système de change fixe, ce prix est administré, c'est-à-dire fixé par les autorités monétaires et garanti par la banque centrale. En change flottant, au contraire, il fluctue librement sur le marché des changes, en fonction de l'offre et de la demande.

La croissance mondiale est l'augmentation durable de la production de l'ensemble des pays. Cette croissance peut être inégalement répartie : elle peut favoriser le rattrapage des pays en retard, ou au contraire creuser les inégalités de développement. Elle peut également s'accompagner de tensions et déséquilibres, monétaires (inflation internationale, crises de change) ou réels (déficits des transactions courantes).

2 Connaissances à mobiliser

Ce sujet exige tout d'abord de connaître le système de change fixe de Bretton Woods, puis les accords de la Jamaïque (1976), qui laissent le libre choix du régime de change. Une connaissance trop schématique pourrait induire en erreur ; il ne faudra pas oublier par exemple que les changes fixes sont aussi ajustables (par les dévaluations et réévaluations) et que tous les pays ne laissent pas flotter leur monnaie depuis 1976. Il faudra préciser les modalités de fonctionnement des deux régimes de change et identifier les canaux par lesquels ils peuvent influencer la croissance. Enfin, l'analyse doit être illustrée par des exemples historiques portant sur des pays divers.

3 Enjeux et problématique

Avec l'adverbe « comment », le sujet attire l'attention sur la nécessité d'expliciter la relation entre les régimes de changes et la croissance mondiale. Les régimes de change peuvent influencer la croissance mondiale à travers les relations économiques internationales. Ils peuvent en effet agir sur les relations commerciales et les mouvements de capitaux à court et à long terme. Les régimes de change participent également à la régulation de l'économie mondiale. Ils peuvent absorber les chocs qui viennent perturber la croissance, le taux de change est alors une variable d'ajustement. Ils peuvent au contraire générer des crises de change, le taux de change est alors vecteur de déséquilibres.

II Plan détaillé

I Les régimes de change peuvent influencer la croissance en raison de leurs effets sur les relations économiques internationales

1. Les effets du régime de change fixe sur les relations économiques internationales
2. Les effets du régime de change flottant sur les relations économiques internationales

II Les régimes de change peuvent influencer le rythme et la nature de la croissance, en augmentant ou en réduisant l'instabilité internationale

1. Le régime de change peut amortir les chocs...
2. ... Mais aussi engendrer des crises de change

III Dissertation rédigée

LES DÉSORDRES MONÉTAIRES de l'entre-deux-guerres conduisent les États-Unis à organiser, dès 1944, un système monétaire international coopératif qui doit favoriser la reconstruction. Les accords de Bretton Woods, en reprenant les propositions du plan White, conduisent à la mise en place d'un système de change fixe mais ajustable. Les autorités monétaires doivent défendre la parité officielle de la monnaie en intervenant par des achats ou des ventes sur le marché des changes, éventuellement grâce au soutien conditionnel du Fonds monétaire international (FMI).

Le taux de change est donc un prix administré, contrôlé par les autorités monétaires. Les accords de la Jamaïque (1976) laissent au contraire le libre choix du régime de change ; les États-Unis et le Japon adoptent un système de flottement, tandis que les pays européens préservent une certaine stabilité des changes dans le système monétaire européen (SME). Si en 1974 un pays sur cinq a adopté un système de flottement, ils sont plus d'un sur quatre en 1978 et deux sur trois en 2000 (données du FMI). Le taux de change nominal bilatéral devient alors un « vrai » prix, déterminé par le marché des changes : il évolue quotidiennement en fonction de l'offre et de la demande de devises.

Les deux régimes de change qui se sont succédés depuis 1944 ont-ils influencé la croissance mondiale ? La croissance mondiale est d'abord un phénomène quantitatif : l'augmentation durable de la production dans l'ensemble des pays. Elle peut alors être inégale, certains pays bénéficiant d'une croissance supérieure. Mais la croissance s'accompagne également de déséquilibres comme l'inflation ou les déficits de la balance des transactions courantes. Les régimes de change peuvent alors contribuer à la croissance mondiale en les résorbant.

Le régime de change, fixe ou flottant, peut tout d'abord influencer le niveau de la croissance mondiale à travers les relations économiques internationales : relations commerciales et flux financiers enregistrés par la balance des paiements (première partie). Le régime de change peut ensuite influencer le rythme et la nature de la croissance par les modalités de régulation des chocs et crises qu'il offre (deuxième partie).

LES RÉGIMES DE CHANGE influencent tout d'abord la croissance mondiale à travers leurs effets sur les relations commerciales et financières internationales. Si en 1944 le système de change fixe a été délibérément choisi pour favoriser la croissance mondiale à travers les relations économiques internationales (A), les changes flottants n'ont pas eu les effets négatifs annoncés par les partisans des changes fixes (B).

Le choix d'un système de change fixe en 1944 est destiné à favoriser la croissance mondiale freinée par la guerre des monnaies et la montée du protectionnisme dans les années 1930. Un système monétaire international (SMI) réunit de façon cohérente trois éléments : une monnaie internationale, des modalités de réduction des déséquilibres et enfin un régime de change. Le SMI doit permettre le financement des activités commerciales internationales et le bouclage du système financier international. Les relations commerciales, et à plus forte raison les relations financières, s'inscrivent en effet dans la durée : les transactions décidées à l'instant t se dénouent en $t + 1$ ou s'étalent dans le temps en $t + 1, t + 2, \ldots t + n$. Dans une perspective keynésienne, les changes fixes réduisent l'incertitude et les risques, qui pourraient inciter les agents à l'attentisme. Effectivement, de 1944 aux années 1970, le commerce international croît plus rapidement que la production mondiale. La stabilité des changes concourt de plus à une concurrence loyale entre les entreprises, puisque la compétitivité prix des produits ne peut résulter que des efforts de gestion des entreprises et de l'investissement. Elle participe ainsi à la modernisation des entreprises et de l'appareil productif, source de croissance à long terme.

Cependant un régime de change fixe fait peser une contrainte monétaire forte sur l'économie. Un système de change fixe exige en effet d'affecter la politique monétaire à la stabilité du change (triangle des incompatibilités, Mundell). En cas de déficit conjoncturel de la balance des transactions courantes, la banque centrale doit racheter sa monnaie pour défendre le taux de change officiel. Elle peut alors bénéficier de prêts accordés par le Fonds monétaire international (FMI). Mais les réserves de la banque centrale n'étant pas inépuisables, le gouvernement doit également mener une politique d'austérité (*stop*) qui freine la croissance. Les pays structurellement excédentaires doivent au contraire vendre leur monnaie et sont menacés par l'excès d'émission monétaire. Pour lever cette contrainte, le système de Bretton Woods prévoit des ajustements sous forme de dévaluation et de réévaluation. Le franc est ainsi dévalué en 1949, 1958 et 1969, tandis que le mark allemand est réévalué. L'équilibre externe peut alors être rétabli sans pénaliser lourdement la croissance. La croissance mondiale des années 1950–1960, favorisée par le système de change fixe de Bretton Woods, résulte également de la souplesse introduite par la possibilité d'ajustement du taux de change.

Après la décision unilatérale des États-Unis, qui abandonnent la convertibilité or du dollar (1971), les accords de la Jamaïque (1976) permettent d'adopter un régime de change flottant. Ce régime supprime la contrainte monétaire extérieure, mais engendre un risque de change. Lorsque le taux de change devient un prix évoluant librement sur le marché des changes, ses variations relativement fortes peuvent remettre en cause la rentabilité initiale des contrats commerciaux ou des investissements (IDE notamment). L'incertitude accroît les primes de risque et élève les taux d'intérêt pour les pays à monnaie faible, les pays en développement notamment. Ils risquent alors d'être exclus des relations économiques internationales et de la croissance qu'elles procurent. Pourtant, depuis les années 1980, le commerce international continue à croître environ deux fois plus vite que la production mondiale, et les investissements environ deux fois plus vite que le commerce international. Le marché permet en effet aux agents qui ont une aversion pour le risque de change de se protéger, en transférant leur risque sur d'autres agents, les spéculateurs. Le développement des marchés à terme (MATIF, LIFFE) et plus particulièrement des marchés de produits dérivés (MONEP), a permis de compenser la montée des risques de change, inhérente aux changes flottants. L'insertion internationale des économies fut donc finalement favorisée par le système de change flottant et la globalisation financière qui l'accompagne. Les pays avancés ont des monnaies qui tendent à s'apprécier, ce qui dégrade la compétitivité prix de leurs produits industriels et stimule leurs importations ; au contraire les pays jeunes (nouveaux pays industrialisés, NPI) ont des monnaies faibles, ce qui renforce la compétitivité prix de leurs exportations. Symétriquement, le fort pouvoir d'achat des monnaies des pays avancés les incite à investir dans les NPI, sous forme d'investissement direct à l'étranger (IDE) en particulier. Ce double mécanisme, commercial et financier, a contribué à la mise en place de la nouvelle division internationale du travail (NDIT) dans les années 1970–1980 et finalement à la croissance mondiale.

Le marché des changes n'est cependant pas efficient. Pour orienter les agents vers les choix optimaux permettant la meilleure utilisation possible des ressources rares, il doit dégager un « vrai prix » de la monnaie. Les fluctuations erratiques du dollar, de 1973 à 1985 notamment, montrent que des « mésalignements » peuvent perdurer. Ils avantagent certains pays ou agents aux dépens d'autres, mais ne favorisent pas la croissance mondiale. Ainsi, de 2001 à 2004, la chute du dollar par rapport à l'euro avantage les entreprises américaines au détriment des firmes européennes, dans le cadre d'un jeu à somme nulle. Constatant ces « mésalignements », Williamson a défini un taux de change d'équilibre fondamental (TCEF) qui concilie équilibre interne, en assurant la stabilité des prix et le plein emploi, et équilibre externe, en restaurant l'équilibre de la balance des transactions courantes. Les accords du Plaza (1985) et du Louvre (1987) ont permis des interventions concertées des banques centrales, pour maintenir le taux de change nominal des grandes monnaies dans une bande de fluctuation autour de ce TCEF (± 10%). Un flottement coopératif des grandes monnaies (dollar, yen, euro aujourd'hui) peut donc être plus favorable à la croissance qu'un flottement pur, car il limite les mouvements spéculatifs.

Le débat entre changes fixes et changes flottants est ancien. Le passage des changes fixes aux changes flottants, à partir de 1973, n'a pas freiné la tendance à l'internationalisation des économies. La dynamique des relations économiques internationales a ainsi pu contribuer à la croissance mondiale depuis 1944. Mais les régimes de change efficaces sont aussi les plus souples : changes fixes mais ajustables jusqu'en 1973, flottement concerté à partir de 1987. La « guerre des monnaies », caractéristique de l'entre-deux-guerres, pourrait resurgir entre le dollar et l'euro, si les banques centrales ne sont pas incitées à coopérer.

LES RÉGIMES DE CHANGE peuvent également influencer le rythme et la nature de la croissance mondiale à travers les modalités de régulation des chocs et crises. Le régime de change peut en effet amortir les crises réelles, le taux de change constituant alors une variable d'ajustement (A). Mais il peut aussi engendrer des crises de change, qui pénalisent la croissance (B).

Les régimes de change ne sont pas neutres, face aux effets des chocs macroéconomiques. En change fixe le choc doit être absorbé par des ajustements internes, pour préserver le taux de change officiel. Un choc de demande positif, comme celui que connurent la France en 1968 ou l'Allemagne en 1990, exige une politique de rigueur (*stop*) ; baisse de l'investissement et montée du chômage sont alors le prix à payer pour stabiliser la monnaie. Un choc d'offre positif devrait engendrer l'appréciation du change ; la fixité exige alors une politique de relance, ce qui risque d'amener la surchauffe (sur-emploi des capacités de production) et l'inflation. Certes les dévaluations et réévaluations introduisent une certaine souplesse, mais elles interviennent souvent trop tardivement et génèrent des effets pervers. Cette incapacité des changes fixes à absorber les chocs est l'argument central du plaidoyer de Milton Friedman en faveur des changes flottants : « Pourquoi ne pas laisser le chien remuer la queue, au lieu de laisser la queue remuer le chien ? » (*Inflation et systèmes monétaires*, 1967). Il propose de rendre au taux de change son rôle de variable d'ajustement (« laisser le chien remuer la queue ») alors que le système de change fixe impose une forte contrainte monétaire (« la queue remue le chien »). Le système de change flottant présenterait ainsi deux avantages. D'une part, en cas de déficit des transactions courantes la baisse du taux de change restaure mécaniquement la compétitivité des produits nationaux et rééquilibre la balance courante, sans exiger de politique économique de rigueur. D'autre part, le libre flottement du taux de change permet d'affecter la politique monétaire aux objectifs internes, stabilité des prix et plein emploi. Le système favoriserait donc une croissance forte et non inflationniste. En effet, dans les années 1970, les États-Unis vont retrouver une partie de leur compétitivité grâce à la baisse du dollar. De même ils obtiennent, à partir de 1992, neuf années de croissance consécutives, grâce à un *policy mix* efficace lié au flottement du dollar. Tandis que la politique budgétaire orthodoxe rééquilibre les finances publiques, le flottement du dollar permet d'utiliser la politique monétaire pour stimuler la croissance interne, sans se préoccuper du taux de change. Au contraire, à la même époque, le système européen de change fixe oblige les partenaires de l'Allemagne à maintenir des taux d'intérêt élevés pour stabiliser leur monnaie par rapport au mark, alors que leur taux de chômage élevé justifierait une relance. La « croissance molle » (J.-P. Fitoussi, *Le débat interdit*) est donc liée aux changes fixes. Plus souple, le système de change flottant permettrait d'absorber les chocs, ce qui est favorable à la croissance.

Cependant tous les pays ne peuvent retrouver l'autonomie de leur politique monétaire grâce aux changes flottants. Les pays qui connaissent un déficit structurel de leur balance des transactions courantes se heurtent au cercle vicieux des monnaies faibles et à une contrainte financière. La dépréciation de leur monnaie renchérit les importations incompressibles, ce qui accroît l'inflation, le déficit des transactions et finalement entretient la dépréciation de la monnaie. Pour rompre ce cercle vicieux, ces pays s'engagent dans des politiques de change spécifiques. La France ancre sa monnaie sur le mark allemand à partir de 1983 ; de nombreux pays en développement d'Amérique du Sud ou d'Asie mettent en place des *currency boards*, qui lient la masse monétaire nationale au stock de réserve de leur banque centrale. Ces politiques permettent de réduire le risque de change et le taux d'intérêt. En effet, dans une économie globalisée où les capitaux circulent librement, le taux d'intérêt national (i_n) est égal au taux du marché (i^*) auquel s'ajoutent les primes de risque sur le change (c) et de risque de défaillance (d) : $i_n = i^* + c + d$. L'ancrage monétaire et le *currency board*, en réduisant le risque de change donc le taux d'intérêt national, peuvent stimuler la croissance. Mais cela exige de défendre une parité et de renoncer au rôle stabilisateur du taux de change et à l'autonomie de la politique monétaire (triangle de Mundell).

Le principal avantage d'un régime de change flottant réside finalement dans les mécanismes autorégulateurs des chocs qu'il inclut. C'est ainsi que la baisse du dollar, accompagnant la récession de 2001, concourt à sa résorption. Mais les changes flottants induisent aussi une croissance inégale, puisque tous les pays ne peuvent bénéficier de ces mécanismes autorégulateurs.

Le régime de change peut être lui-même à l'origine des chocs que constituent les crises de change. Le système de change fixe de Bretton Woods était marqué par une contradiction interne, le paradoxe de Triffin : le dollar devait être suffisamment abondant pour répondre aux besoins de monnaie internationale ; mais il devait en même temps rester rare pour demeurer convertible en or. Le système donnait aux États-Unis le privilège du « déficit sans pleurs » (J. Rueff), la possibilité de régler en dollars le déficit de leur balance des paiements. L'hémorragie de dollars dans les années 1960, à la suite de la dégradation de leur balance commerciale, de la croissance des investissements à l'étranger des firmes américaines et de l'interventionnisme politique et militaire, a généré une croissance mondiale inflationniste. En refusant la contrainte monétaire, les États-Unis ont exporté leurs déséquilibres. Certes, c'est davantage le dollar que le régime de change qui est en cause, mais sans le système de change fixe le dollar n'aurait pas conservé aussi longtemps son pouvoir d'achat. Les déséquilibres des années 1970 sont donc pour partie liés à la crise du système de change fixe de Bretton Woods.

Cependant les changes flottants vont eux aussi générer des chocs négatifs pour la croissance mondiale. Dans les années 1980, après l'arrivée de Paul Volcker à la présidence de la *Fed*, le renversement de la politique monétaire américaine induit une hausse des taux d'intérêt aux États-Unis. Elle attire les capitaux étrangers et entraîne une appréciation forte du dollar (« yo-yo » du dollar). Les pays en développement (PED) lourdement endettés en dollars ne peuvent faire face à l'augmentation de leurs charges financières et, imitant le Mexique (1982), trente-deux PED prononcent un moratoire sur leurs dettes. Les années 1980 seront alors « la décennie perdue du développement », ces PED ne pouvant obtenir de nouveaux financements avant la mise en œuvre du plan Brady (1987). Les années 1990 connaîtront les « crises du XXIe siècle » (M. Camdessus) qui frappent les pays émergents, Mexique (1994), nouveaux pays industrialisés d'Asie (NPIA, 1997) et Argentine (2001). Ces pays ont tenté de stabiliser leur taux de change par rapport au dollar pour attirer les capitaux étrangers. Effectivement, des capitaux à court terme (investissement de portefeuille, prêts aux banques) ont afflué, ce qui a permis de maintenir la stabilité du taux de change malgré une inflation supérieure à celle des États-Unis. Attirés par les forts gains résultant de la spéculation, les capitaux ont continué d'affluer malgré la dégradation de la compétitivité prix de ces économies. À terme, la révélation des déséquilibres entraîne le renversement des anticipations et une fuite des capitaux, ce qui provoque à la fois l'effondrement du change et une crise de liquidité. La crise réelle fut aggravée par l'erreur de diagnostic du FMI qui imposa des politiques de rigueur avant de jouer son rôle de prêteur en dernier ressort. Ces crises sont donc liées à la financiarisation du taux de change ; le marché des changes est devenu, avec le « décloisonnement » des marchés, un compartiment du marché des capitaux. Le taux de change, « prix » de la monnaie, connaît des variations déterminées par les variables monétaires et financières : taux d'intérêt, anticipations. En situation d'information imparfaite, les agents adoptent des comportements mimétiques, qui au lieu de réduire les déséquilibres les amplifient. La perte de confiance dans une monnaie entraîne la fuite des capitaux, et donc une baisse simultanée du prix des actifs et du taux de change. Depuis 1980, les crises récurrentes montrent que le régime de change flottant, tel qu'il fonctionne actuellement, pénalise les pays en développement. La propagation des crises fait alors peser un risque de déflation sur l'économie mondiale. Le FMI d'une part, la *Fed* de l'autre, ont assuré le rôle de prêteur en dernier ressort : ils ont pu refinancer les banques, pour éviter la propagation des crises de change. Mais qu'en serait-il si cette crise concernait une grande monnaie ?

Le système de change fixe de Bretton Woods n'a pas assuré durablement la stabilité monétaire recherchée après les crises de l'entre-deux-guerres. Mais le système de flottement issu des accords de la Jamaïque a accru l'instabilité en multipliant les crises de change. Le régime de change ne peut à lui seul résoudre les problèmes monétaires internationaux. Un système monétaire international repose en effet sur trois éléments : une monnaie, un régime de change, des institutions de régulation. C'est la combinaison de ces trois dimensions qui est déterminante.

DEPUIS 1944 les régimes de change fixe et flottant ont été suffisamment souples pour ne pas freiner la dynamique du commerce extérieur et de l'investissement direct à l'étranger ; en ce sens ils ont participé à la croissance mondiale. Par contre ils ont induit des déséquilibres opposés : risque d'inflation pour les changes fixes, risque de déflation pour les changes flottants. Ils n'ont donc pas favorisé une croissance optimale et ont participé au renforcement des inégalités entre nations. Le concept de « zone monétaire optimale » développé par Mundell montre qu'il n'est pas finalement un régime de change meilleur que l'autre. Entre économies interdépendantes les changes fixes sont nécessaires et les chocs seront absorbés par le déplacement des facteurs de production ; mais entre économies relativement fermées, les changes flottants jouent le rôle de variable d'ajustement tout en préservant l'autonomie de la politique monétaire. Un système monétaire efficient devrait donc combiner ces deux régimes.

Le titre français du livre de J. Stiglitz, *La grande désillusion*, exprime la déception devant l'incapacité des nations et des institutions (FMI, Banque mondiale) à définir un cadre structurel, et notamment un régime de change, favorable à la croissance mondiale. Le dollar, monnaie internationale, n'a été considéré comme un bien public qu'au lendemain de la seconde guerre mondiale, avec en particulier l'initiative du plan Marshall. Mais depuis le milieu des années 1950 les États-Unis gèrent le dollar dans leur seul intérêt, refusant le coût de la « stabilité hégémonique » (Kindleberger). Une plus grande coopération monétaire internationale, limitant par exemple les fluctuations des grandes monnaies autour du taux de change d'équilibre fondamental, pourrait favoriser la croissance de tous les pays, la stabilité monétaire s'accompagnant de fortes externalités positives.

IV Commentaires

1 Critique de la dissertation

La comparaison entre les deux régimes de change, fixe et flottant, est d'autant plus difficile que les régimes réels mis en place s'éloignent des régimes purs : les changes fixes sont ajustables, le flottement est concerté, s'accompagne de politiques d'ancrage, etc. La dissertation proposée contourne cette difficulté en présentant systématiquement l'argumentation dans deux paragraphes successifs : le premier étudie une relation entre régime de change et croissance, le second nuance cette relation en tenant compte des variantes qu'offre le régime. Le procédé est un peu répétitif, mais il a le mérite de la clarté. Le rôle du FMI aurait pu également être davantage précisé.

2 Sujet connexe

On pourrait s'interroger sur les relations entre le dollar et la croissance mondiale. Le sujet serait alors différent, mais pourrait reprendre certains des arguments présentés. L'ESSEC a proposé en 2002 un sujet plus large que le sujet traité : *Analysez l'évolution du système monétaire international des accords de Bretton-Woods au flottement des monnaies.* L'évolution des changes fixes aux changes flottants est un élément important du sujet, mais doit être mise en relation avec les autres évolutions du SMI : abandon de toute référence à l'or, transformation du rôle du FMI, persistance d'une zone de change fixe en Europe, difficultés de la coopération monétaire internationale, etc.

3 Bibliographie

AUBIN, Christian, et NOREL, Philippe, *Économie internationale*, Paris, Seuil, coll. « Points Économie », n° E47, 2000. Se reporter au chapitre 8, « Régimes de change et crises (p. 246–274).

MONTOUSSÉ, Marc, D'AGOSTINO, Serge, et FIGLIUZZI, Arcangelo, *100 fiches pour comprendre l'hustoire économique contemporaine*, Paris, Bréal, 2000. Se reporter aux fiches 64, « Les accords de Bretton Woods », et 67, « L'ère des changes flottants ».

FAUGÈRE, Jean-Pierre, et VOISIN, Colette, *Le système financier et monétaire international*, Paris, Nathan, coll. « Circa », n° 8, 2000. Se reporter en particulier au chapitre 5, « Cours des monnaies et flux économiques. Le taux de change » (p. 67–77).

Dissertation 8
Progrès technique et emploi.

I Analyse du sujet

1 Les mots clés

Le progrès technique désigne tout changement qui améliore l'efficacité de la combinaison productive. Il permet de mieux répondre aux besoins : quantitativement, il accroît les capacités de production, qualitativement il améliore la qualité des produits. Il exprime donc « un accroissement de la connaissance que les hommes ont des lois de la nature appliquées à la production » (Guellec et Ralle, *Les nouvelles théories de la croissance*, p. 64).

L'emploi est un concept polyvalent. À l'échelle individuelle, l'emploi est l'exercice d'une activité professionnelle, rémunérée, déclarée ; il s'inscrit dans un cadre institutionnel et juridique qui en détermine les conditions. À l'échelle collective, l'emploi est une composante de la conjoncture ; il est alors affecté par les politiques économiques. D'une manière générale, l'emploi peut connaître des évolutions quantitatives et qualitatives.

2 Connaissances à mobiliser

Au-delà de la définition du progrès technique, il faut pouvoir distinguer les innovations de procédés qui permettent de produire autrement, des innovations de produits qui débouchent sur la production de nouveaux biens et services. Les phénomènes de compensation et de déversement devront être définis et explicités ; les apports des théories de la croissance endogène permettront d'actualiser ces analyses. La relation entre progrès technique et emploi ne peut être étudiée sans la replacer dans le cadre plus général de la croissance, en tenant compte notamment des évolutions de la productivité, de la durée du travail, des revenus et de la consommation. Enfin, les grandes évolutions quantitatives et qualitatives de l'emploi et du progrès technique devront être illustrées par des exemples et quelques données statistiques.

3 Enjeux et problématique

Depuis le XIXe siècle, le progrès technique est accusé de façon récurrente de détruire les emplois et d'engendrer le chômage ; pourtant la corrélation entre progrès technique et emploi se révèle positive à long terme. Comment expliquer cette contradiction ? Les relations entre progrès technique et emploi semblent exercer des effets différents, selon qu'elles sont appréhendées à l'échelle micro ou macroéconomique, à court ou à long terme.

II Plan détaillé

I Le progrès technique influence quantitativement l'emploi

1. Le progrès technique engendre un processus de destruction créatrice des emplois
2. Les caractéristiques du progrès technique et le contexte macroéconomique conditionnent la compensation entre emplois créés et détruits

II Le progrès technique influence qualitativement l'emploi

1. Le progrès technique influence la répartition des emplois...
2. ... Ainsi que leur qualification et leur rémunération

III En retour, l'emploi influence le progrès technique

1. L'offre de travail et en particulier son prix...
2. ... ainsi que l'accumulation de capital humain, peuvent influencer le progrès technique

III Dissertation rédigée

LES RÉVOLTES OUVRIÈRES du XIXe siècle, luddisme en Grande-Bretagne, canuts lyonnais en France, révèlent les inquiétudes ouvrières devant la mécanisation. Le progrès technique semble détruire les emplois et conduire à terme à la fin du travail : « Les nouvelles technologies nous font entrer dans une ère où la production pourra presque se passer de producteurs » (J. Rifkin, *La fin du travail*). Cependant, historiquement, les faits ne semblent pas justifier cette inquiétude : les Trente Glorieuses se caractérisent par de très forts gains de productivité et un quasi plein emploi, tandis que depuis la fin des années 1970, le ralentissement de la croissance de la productivité s'accompagne d'un chômage durable de masse.

Peut-on définir les relations entre progrès technique et emploi ? Le progrès technique désigne les transformations de la combinaison productive qui améliorent son efficacité. Il constitue un « progrès » dans la mesure où il accroît le bien-être collectif en augmentant le volume et/ou la qualité de la production obtenue avec moins de facteurs de production. Il exprime ainsi « un accroissement de la connaissance que les hommes ont des lois de la nature appliquées à la production » (Guellec et Ralle, *Les nouvelles théories de la croissance*). En bouleversant la fonction de production, le progrès technique modifie l'allocation des facteurs de production, capital et travail. Il influence donc nécessairement l'emploi. Pour un individu, l'emploi est l'exercice d'une activité professionnelle, rémunérée, déclarée. Mais l'emploi est également une grandeur macroéconomique, observée par l'INSEE à travers l'enquête annuelle sur l'emploi, qui révèle les tendances de la conjoncture et les évolutions structurelles de l'appareil productif. Les évolutions de l'emploi ouvrent des opportunités ou font au contraire apparaître des « goulets d'étranglement » qui orientent le progrès technique : la mécanisation peut ainsi constituer une réponse à la pénurie ou au coût élevé de la main d'œuvre. L'étude des relations entre progrès technique et emploi doit expliquer leurs influences réciproques.

Progrès technique et emploi semblent donc interagir dans le cadre plus général du processus de croissance et de changement social. Le progrès technique influence les évolutions quantitatives (I) et qualitatives (II) de l'emploi. Mais, en retour, l'emploi peut influencer l'intensité et l'orientation du progrès technique (III).

Le progrès technique, en modifiant la combinaison des facteurs de production, affecte le niveau de l'emploi. Il engendre en effet un processus de destruction créatrice des emplois (A), dont le solde dépend de ses caractéristiques propres et du contexte macroéconomique (B).

Le progrès technique détruit des emplois à l'échelle microéconomique de l'entreprise et au niveau mésoéconomique de la branche et du secteur. Ainsi, l'automatisation a réduit le nombre des ouvriers spécialisés de l'industrie automobile depuis le milieu des années 1970, malgré une augmentation continue de la production. D'une manière plus générale, de

1975 à 2000, l'industrie française a perdu environ 2,5 millions d'emplois alors que la production a cru au taux annuel moyen de 1,1%. Ce caractère destructeur du progrès technique se concrétise dans l'augmentation du risque de chômage pour les actifs ouvriers, dont le taux de chômage est le plus élevé de toutes les catégories socio-professionnelles ; par exemple, il représente le double de celui des professions intermédiaires. Le progrès technique pourrait donc bien alimenter une « armée industrielle de réserve » ; au XIXe siècle, il aurait accentué la paupérisation de la classe ouvrière et contribuerait à la fin du XXe siècle à la montée des inégalités. Le progrès technique a donc un coût, qui pèse directement sur les actifs, et peut les conduire à briser les machines.

Cependant, à long terme et à l'échelle macroéconomique, le nombre d'emplois ne cesse de croître. De 1913 à la fin du XXe siècle, les États-Unis ont multiplié leur population active occupée par trois, l'Allemagne par plus de deux (A. Maddison, 1995). En France, la population active occupée n'augmente que de 13% sur cette période, mais un million d'emplois ont été créés de 1974 à 2000. La corrélation positive à long terme entre progrès technique et emploi semble vérifiée dans la mesure où les pays technologiquement les plus avancés, États-Unis et Japon, sont également ceux où le taux d'emploi, rapport entre le nombre des emplois et la population active, est le plus élevé. Les emplois détruits par le progrès technique sont donc compensés par les emplois induits. Le phénomène de compensation (Ricardo, Sauvy) résulte de la combinaison de relations macroéconomiques dynamiques. Tout d'abord, le progrès technique permet de réduire le prix des produits, d'améliorer leur qualité ou de cumuler ces deux effets ; il élargit ainsi les débouchés des firmes innovatrices. Au contraire, l'absence de progrès technique entraîne une perte de compétitivité (prix ou qualité) et, à terme, le déclin de l'emploi. Ensuite, la mise en œuvre du progrès technique exige une augmentation de l'activité dans les secteurs qui fournissent les nouveaux biens de production : industries mécaniques et charbonnières au XIXe siècle, industries électroniques et informatiques à la fin du XXe siècle, par exemple. Enfin, les gains de productivité permettent d'accroître la demande et suscitent une augmentation de la production et de l'emploi dans l'ensemble des secteurs. Chaque année, l'économie française détruit et crée de 1 à 1,5 million d'emplois, vérifiant ainsi le mécanisme de compensation.

La compensation n'est cependant pas automatique ; elle dépend du type de progrès technique et des conditions macroéconomiques dans lesquelles il s'insère. Les innovations de procédés permettent de produire plus efficacement et favorisent les investissements de productivité (*labor saving*) : en réduisant la quantité de travail nécessaire à la production, elles préservent la compétitivité des firmes mais contractent l'emploi. Les innovations de produits renouvellent le marché, génèrent une rente monopolistique et exigent un développement des capacités de production : investissement de capacité et expansion de l'emploi se combinent. Les périodes de forte croissance, Belle Époque, Trente Glorieuses, se caractérisent par la combinaison des deux types de progrès technique : la forte croissance de l'emploi, qui augmente en France de 0,7 million entre 1896 et 1911 et de 3 millions entre 1949 et 1974, assure un quasi plein emploi. Au contraire, dans les périodes récessives, les entreprises privilégient les investissements de productivité, qui restaurent leur rentabilité financière et pérennisent l'emploi sans assurer son expansion ; les destructions peuvent être temporairement supérieures aux créations, entraînant une montée du chômage. Ces configurations se retrouvent dans l'analyse schumpeterienne : les évolutions de l'emploi s'inscrivent dans la dynamique du capitalisme. À très long terme, le progrès technique entretient le trend de croissance et l'emploi ; il permet de surmonter les risques que font peser sur l'emploi l'état stationnaire et la loi des rendements décroissants. À moyen terme, la croissance et l'emploi suivent une évolution cyclique : la compensation est particulièrement bien assurée dans les phases A du cycle Kondratiev où se combinent innovations de procédés et de produits. Mais l'imitation et la concurrence ramènent ensuite l'économie dans le « circuit routinier » : l'épuisement du système technologique engendre la stagnation de l'emploi. Enfin, à court terme, l'emploi peut régresser dans les phases de crises du cycle Juglar, sans que le progrès technique en soit responsable.

Il apparaît ainsi que l'évolution globale de l'emploi (N) dépend de la production (Y), de la productivité (P) et de la durée du travail (H) : $\mathrm{Y} = \mathrm{P} \times \mathrm{N} \times \mathrm{H}$ et donc $\mathrm{N} = \frac{\mathrm{Y}}{\mathrm{P} \times \mathrm{H}}$; la relation entre les taux de croissance des mêmes grandeurs met en évidence les diverses possibilités d'évolution : $n \approx y-(p+h)$. À durée du travail inchangée, la compensation exige que la production augmente plus que la productivité ($y > p$). Certes, à court terme, l'emploi peut être préservé par le ralentissement du progrès technique ; ainsi, dans les années 1980, le chômage américain est limité car la faible croissance américaine se combine avec de très faibles gains de productivité. Mais, à long terme, l'accumulation de capital technologique et de capital humain apparaît comme la source principale de la croissance de la production et conditionne l'évolution positive de l'emploi. La réduction de la durée du travail, qui s'est abaissée en France de

3 000 heures par an en moyenne au milieu du XIXe siècle à 1 500 heures, renforce ce processus vertueux. Les politiques structurelles jouent alors un rôle important : elles doivent encourager la recherche et l'innovation des entreprises ; elles doivent également faire évoluer la formation initiale et permanente de la main d'œuvre ; enfin, les politiques sociales doivent amortir le coût du déversement et en particulier le chômage d'inadéquation. Le progrès technique peut en effet déplacer la courbe de Beveridge vers la droite : le nombre de chômeurs augmente en même temps que celui des offres d'emplois non satisfaites, comme ce fut le cas en France et en Allemagne dans les années 1980–1990.

Les relations entre progrès technique et emploi doivent prendre en compte la croissance, les gains de productivité et la durée du travail. Depuis le début du XIXe siècle et à l'échelle macroéconomique, la corrélation entre progrès technique et emploi est positive. Depuis les années 1970, la crise de l'emploi semble davantage lié au ralentissement du progrès technique qu'à ses excès.

LE PROGRÈS TECHNIQUE exerce également des effets qualitatifs sur l'emploi. Il influence la répartition des emplois (A), leur qualification et leur rémunération (B).

Le phénomène de déversement intersectoriel (Clark, Fourastié) permet de mieux comprendre le mécanisme de compensation. L'évolution sectorielle de l'emploi dépend de l'élasticité prix et revenu de la demande, et de l'influence du progrès technique sur l'offre. Ainsi le secteur primaire est un secteur à demande régressive : la consommation augmente moins vite que le revenu moyen, conformément aux lois de Engels. Simultanément, le progrès technique démultiplie les capacités de l'offre. Dans ces conditions, les prix et les revenus réels du secteur déclinent, ce qui incite la population active à la quitter. Malgré une augmentation permanente de la production agricole, le nombre d'emplois agricoles ne cesse de décliner depuis le milieu du XIXe siècle : plus de 9 millions en 1850, 8 en 1900, 6 en 1946, 3 en 1970, moins d'un million en 2000. L'industrie et le bâtiment connaissent de forts gains de productivité, mais la demande progressive exige une augmentation de l'emploi jusqu'aux années 1970. Les emplois perdus dans le primaire se sont donc déversés dans le secondaire : en France, le secondaire rassemblait moins de 20% des actifs au début du XIXe siècle, un tiers dans l'entre-deux-guerres et atteint son apogée en 1975 : 8,3 millions d'actifs occupés, 38,5% de la population active. Depuis le milieu des années 1970, la saturation relative de la demande de produits industriels combinée avec de forts gains de productivité entraîne une régression de l'emploi industriel dans les PDEM. Le déversement ne peut donc plus s'effectuer qu'en direction du tertiaire, qui regroupe plus de 70% des emplois aux États-Unis et en France.

Le pessimisme de Jeremy Rifkin repose sur l'achèvement de ce déversement : le progrès technique de la troisième révolution industrielle, en élevant la productivité du tertiaire, conduirait à *La fin du travail.* « Le rôle des humains en tant que principal facteur de la production est condamné à diminuer, de la même manière que celui des chevaux dans la production agricole » (W. Leontieff, cité par J. Rifkin). Il semble cependant que le travail libéré par les nouvelles technologies de l'information et de la communication puisse se déverser dans de nouvelles activités : la demande de services supérieurs, santé, loisirs, formation, recherche, etc, semble pouvoir s'accroître indéfiniment et élever l'emploi dans le tertiaire relationnel, les services aux entreprises et aux particuliers. C'est finalement la distinction entre activités primaire, secondaire et tertiaire qui apparaît désormais peu pertinente. Baumol propose de distinguer deux secteurs; le premier, progressif, se caractérise par de forts gains de productivité, la productivité restant stable dans le second. Si les salaires progressent dans les deux secteurs au rythme des gains de productivité du secteur progressif et si la demande du secteur régressif est inélastique au prix, l'emploi se déverse du secteur progressif dans le secteur stagnant. Le ralentissement de la croissance de la productivité depuis le début des années 1970 pourrait correspondre à ce déversement et au paradoxe de Solow : les ordinateurs sont partout, sauf dans les statistiques de productivité. À terme, la croissance diminuerait et les PDEM tendraient vers l'état stationnaire. Cependant, le progrès technique peut faire émerger de nouvelles activités (services informatiques, biogénétique, etc) et rendre progressives des activités initialement stagnantes : banques, assurances, télécommunication (secteur quaternaire); il restaure alors simultanément la croissance et le déversement. Le progrès technique bouleverse les structures productives et l'emploi, exigeant finalement le déplacement des actifs dans le système productif.

L'impact du progrès technique sur la structure des qualifications et sur la rémunération des actifs occupés est ambigu. D'une part, en remplaçant l'homme par la machine et en exigeant la standardisation des produits, le progrès technique rend caduques certaines compétences professionnelles : le travail se déshumanise, le progrès technique semble vecteur d'aliénation. Cette évolution a d'abord concerné l'emploi ouvrier, avec entre autre l'essor de la catégorie des OS, ouvriers spécialisés (G. Friedmann, *Le travail en miettes*), avant de s'étendre aux employés, devenus les OS du tertiaire. D'autre part, la substitution du capital au travail s'effectue aux dépens des emplois les moins qualifiés et le déversement s'opère vers des catégories intensives en capital humain, professions intermédiaires et cadres notamment. Le progrès technique induirait donc une tendance à l'augmentation des qualifications, de la productivité et des revenus. Ainsi, les cadres moyens et supérieurs représentaient moins du dixième des actifs en 1954, tandis que les professions intermédiaires et les cadres et professions intellectuelles supérieures en regroupent un tiers en 2000. Simultanément, le toyotisme donne plus d'autonomie et de responsabilité aux ouvriers, rompant ainsi avec la division verticale du travail caractéristique du taylorisme. Les gains de productivité permettent une hausse de la rémunération qui incite à accumuler du capital humain, accumulation qui est elle-même favorable à la mise en œuvre de nouvelles combinaisons productives : les théories de la croissance endogène mettent en évidence le caractère auto-entretenu du processus.

À la fin du XXe siècle, les technologies de l'information et de la communication semblent engendrer un progrès technique biaisé (P. Krugman, *La mondialisation n'est pas coupable*) : les effets du progrès technique varient en fonction des qualifications. La demande d'actifs peu qualifiés ou de « travailleurs routiniers » (R. Reich) régresse et leur taux de chômage s'accroît, ce qui entraîne la stagnation ou la baisse de revenu des *poor workers*. Inversement, la demande d'emplois qualifiés ou de « manipulateurs de symboles » est supérieure à l'offre, ce qui explique la hausse de leur rémunération et creuse les inégalités entre salariés. Les politiques d'embauche des entreprises européennes renforcent cette évolution : dans un contexte de chômage de masse, celles-ci emploient des actifs qualifiés pour occuper des emplois peu qualifiés. Mais le progrès technique peut également engendrer des inégalités intra-catégorielles. M. Kremer (théorie « *O ring* ») constate que les nouvelles technologies informatiques définissent des processus de production dans lesquels le moindre dysfonctionnement menace la totalité de la production ; dans ces conditions, les travailleurs qui ne permettent pas d'obtenir en permanence une qualité totale sont exclus. Le progrès technique explique alors les appariements sélectifs : les activités à haute technologie exigeant une qualité totale regroupent les actifs les plus productifs, à tous les niveaux de la hiérarchie sociale. Ceux-ci bénéficient de rémunérations élevées selon la logique du salaire d'efficience. Les autres actifs subissent un risque de chômage plus élevé et sont moins bien rémunérés. Fracture technologique et fracture sociale se rejoignent.

Le progrès technique n'est pas neutre : il affecte fortement la structure et la qualification des emplois. À long terme, les gains de productivité permettent la hausse des revenus du travail ; à plus court terme, un progrès technique biaisé induit une rente de rareté bénéficiant aux actifs détenteurs du capital nécessaire à sa mise en œuvre.

Les caractéristiques de l'emploi agissent en retour sur le rythme et la nature du progrès technique. L'offre et le prix du travail (A) ainsi que l'accumulation de capital humain (B) peuvent influencer le progrès technique.

Les théories de la croissance endogène soulignent les interactions entre progrès technique, croissance et emploi. Le prix relatif des facteurs de production influence fortement la combinaison productive. Une pénurie relative de main d'œuvre, comme ce fut le cas aux États-Unis à partir de 1850 ou en France dans les années 1950–1960, incite à rechercher des combinaisons *labor saving*. Le progrès technique doit surmonter ce goulet d'étranglement par des innovations de procédés comme la standardisation des pièces, le taylorisme, le fordisme, et d'une manière générale par la substitution du capital au travail et les investissements de productivité. L'existence d'un salaire minimum relativement élevé renforce l'incitation à la mécanisation et rend la croissance moins riche en emploi. Au contraire, une main d'œuvre abondante et bon marché peut freiner le développement du progrès technique. Ainsi, les nouveaux pays industrialisés d'Asie (NPIA) ont développé un appareil productif spécialisé dans les activités intensives en travail et en fin de cycle de vie du produit. Dans la première phase de leur développement, la croissance forte mais extensive résulte de la combinaison d'une main d'œuvre et d'une épargne abondantes avec une technologie importée rudimentaire. Mais, dans une deuxième étape, l'essor industriel finit par épuiser les réserves de main d'œuvre ; les coûts salariaux s'élèvent alors et incitent à une remontée des filières vers des activités plus intensives en technologie. Les interactions dynamiques entre progrès technique et emploi caractérisent le fordisme et les Trente Glorieuses : le coût élevé du travail stimule les innovations de procédés ; simultanément les revenus élevés et la demande effective favorisent les innovations de produits. Depuis le début des années 1990, les contraintes qui pèsent en Europe sur la demande et le niveau relativement élevé des taux d'intérêt freinent l'accumulation de capital ; elles ont ainsi engendré dans un premier temps un chômage keynésien. Mais celui-ci entretient la faiblesse de la demande et le sous-investissement ;

à terme, le chômage devient structurel, la croissance reste molle. Finalement, le sous-emploi durable et l'insuffisance de la demande freinent le progrès technique : l'écart technologique se creuse à nouveau entre l'Europe et les États-Unis.

L'accumulation de capital humain et d'une manière plus générale le changement social peuvent également influencer le progrès technique. Les pôles de développement qui concentrent le capital humain, à l'image de la Silicon Valley aux États-Unis, sont également les lieux où s'élabore le progrès technique. Le *brain drain* (drainage des cerveaux) systématique pratiqué par les États-Unis concourt ainsi à leur avance technologique. En France, jusqu'en 1911, la croissance reste extensive : la contribution du facteur travail à la croissance résulte essentiellement de l'augmentation du nombre des travailleurs. Par contre, après la première guerre mondiale, l'élévation de la qualification des travailleurs devient primordiale, dans le contexte d'une croissance intensive (Marchand et Thélot, *Le travail en France, 1800–2000*). Il est donc possible d'endogénéiser le progrès technique. La croissance en élevant les rémunérations incite rationnellement à l'accumulation de capital humain ; celle-ci permet d'accroître la productivité de l'agent, mais également celle des autres salariés en raison des externalités positives. Les profits s'élèvent donc et financent de nouveaux investissements, notamment en recherche et développement et en formation : le processus s'auto-entretient et le savoir-faire acquis par les salariés (*learning by doing*) les rend particulièrement aptes à la mise en œuvre des nouveaux progrès techniques. L'élévation des qualifications, de la productivité et des revenus modifie enfin la structure de la consommation. La demande privilégie les besoins supérieurs, santé, loisirs, culture, etc, auxquels le progrès technique devra répondre. Au-delà du marché, la recherche publique et les subventions peuvent orienter le progrès technique dans les directions que souhaite la société.

Le progrès technique n'est pas entièrement autonome ou exogène. Inséré dans la dynamique de la croissance et du changement social, il interagit avec l'emploi. Le nombre et la qualification des actifs, les choix sociaux et politiques qu'ils opèrent influencent à la fois l'intensité et les grandes orientations du progrès technique.

SANS PROGRÈS TECHNIQUE l'humanité serait restée enfermée dans le cercle vicieux de la pauvreté et de la précarité. L'emploi moderne, salarié, permettant d'accéder à la consommation et à la protection sociale, est irrémédiablement lié aux gains de productivité engendrés par les révolutions industrielles depuis le XIXe siècle. En ce sens, la technique est porteuse de progrès : « le progrès technique a ouvert la voie à une prospérité et un pouvoir de l'homme (...) que même les utopistes n'imaginaient pas » (A. Sauvy, *La machine et le chômage*). L'entretien de la relation dynamique entre progrès technique, croissance et emploi constitue ainsi l'une des grandes orientations de politique économique retenue par l'Union européenne.

Cependant, le progrès technique présente un coût, supporté par ceux qui exerçaient les emplois qu'il détruit. Une partie des gains de productivité doit donc être affectée à l'amortissement du choc technologique ainsi qu'à la reconversion des entreprises et des actifs qui n'en bénéficient pas directement. Ceci justifie une intervention publique pour que chacun profite du jeu à somme positive engendré par le progrès technique. D'une manière générale, le progrès technique est une activité à très fortes externalités positives et négatives, que le marché seul ne peut gérer de façon optimale.

IV Commentaires

1 Choix du plan

En distinguant innovations de procédés et de produits, effet du progrès technique sur l'offre et sur la demande, relations quantitatives et qualitatives, court terme et long terme, etc, la dissertation proposée permet de structurer la discussion. Le caractère réciproque de la relation entre progrès technique et emploi est également mis en évidence. Un plan chronologique était envisageable; il risquait cependant de conduire à des répétitions et exigeait de bien connaître les grands systèmes technologiques qui se sont succédés depuis la révolution industrielle.

2 Sujets connexes

L'interrogation sur les relations entre l'emploi et le progrès technique est récurrente mais peut prendre des angles différents. Ainsi, le sujet HEC (1999) reste très large : *Innovations et emploi dans les grands pays industrialisés depuis le début du XIXe siècle* ; il fallait ici, comme dans le sujet traité, mettre en évidence les interactions en distinguant innovation de procédés et de produits. Par contre, le sujet ECRICOME (1998) *La recherche de la productivité est-elle une solution à la crise de l'emploi dans les économies capitalistes ?* est beaucoup plus restreint. Il convenait de montrer que la croissance de la productivité peut favoriser l'emploi à l'échelle macroéconomique et dans le cadre d'uns spécialisation reposant sur la compétitivité qualité des firmes ; mais qu'elle ne peut suffire pour résoudre la crise de l'emploi et peut même l'accentuer à court terme ; il est donc nécessaire d'amortir le choc technologique et de préserver des emplois peu productifs, notamment dans les services « protégés » de la concurrence étrangère.

3 Bibliographie

Alternatives économiques, Le cédérom, éditions *Alternatives économiques* et SCEREN (CRDP du Languedoc-Roussillon). On trouvera de nombreux articles sur le sujet, notamment « Progrès technique et emploi : des relations complexes » (Pascal COMBEMALE et Arnaud PARIENTY), « Productivité et emploi » (Philippe FRÉMEAUX), « La productivité n'est pas l'ennemi de l'emploi » (Denis CLERC).

GAMBIER, Dominique, et VERNIÈRES, Michel, *L'emploi en France*, Paris, La Découverte, coll. « Repères », n° 68, 1998. Se reporter en particulier à la deuxième partie, « L'emploi au cœur des mutations structurelles », p. 64–89.

BOYER, Robert, et DIDIER, Michel, *Innovation et croissance, Rapport au Conseil d'Analyse économique*, Paris, La Documentation française, 1998. Consultable en ligne sur le site `www.cae.gouv.fr`. Se reporter en particulier aux sous-parties « Qu'est-ce que l'innovation ? » (p. 13–24) et « Innovation, croissance, emploi : les enseignements de l'observation » (p. 51–74).

Dissertation 9

Évolutions de l'entreprise et du capitalisme, depuis la fin du XIXe siècle.

I Analyse du sujet

1 Les mots clés

L'entreprise doit être définie dans son acception la plus large : organisation combinant des intrants, consommations intermédiaires et facteurs de production (travail et capital), pour produire des extrants, biens ou services; l'entreprise privée vend ses produits sur le marché dans le but de réaliser un gain. Il faut souligner la grande diversité des entreprises, qui se distinguent par leur taille, leur statut ou leurs objectifs. Le capitalisme est un système qui organise la propriété privée et l'accumulation des moyens de production : le profit est au centre du système, puisqu'il est à la fois le but et le moyen de l'accumulation. On peut distinguer diverses formes de capitalisme. Les capitalismes commercial, industriel et financier se distinguent par les activités qui permettent l'accumulation; les capitalismes concurrentiel, managérial et patrimonial se différencient par leurs modalités de régulation.

2 Connaissances à mobiliser

Ce sujet encyclopédique exige de mobiliser des connaissances relevant de chapitres distincts des programmes de première et seconde années. Le rôle des entreprises dans le développement du capitalisme concurrentiel du XIXe siècle a pu être abordé lors de l'étude de la révolution industrielle. L'entrepreneur innovateur semble alors au centre du système. Les grandes évolutions ultérieures de l'entreprise ont été analysées notamment par Alfred Chandler. Il montre comment émerge la grande entreprise moderne qui semble caractériser le capitalisme industriel du XXe siècle. Ces entreprises combinent organisation taylorienne et fordiste, et s'identifient au capitalisme managérial : les cadres salariés, détenteurs des principales informations et formant la « technostructure » (Galbraith), exercent l'essentiel du pouvoir réel et donnent la priorité à la croissance de l'entreprise. Il faudra enfin expliquer comment l'essor des marchés financiers a entraîné, à partir du début des années 1980, le développement d'un capitalisme patrimonial : les détenteurs d'actions imposent une « nouvelle gouvernance » privilégiant la création de valeur pour les actionnaires. Simultanément émergent les firmes transnationales et globales, qui incarnent ce nouveau capitalisme.

3 Enjeux et problématique

Le sujet indique clairement que ce sont les « évolutions » qu'il convient d'analyser. Le capitalisme est un système dynamique dont les transformations assurent la pérennité. L'entreprise en réunit les éléments constitutifs ; c'est en son sein que l'accumulation est mise en œuvre, que les profits sont dégagés. Les transformations structurelles du capitalisme exigent donc des évolutions de l'entreprise ; réciproquement, les évolutions de l'entreprise expriment les transformations profondes du capitalisme. Comment les évolutions du capitalisme et de l'entreprise s'articulent-elles, depuis la fin du XIXe siècle ?

II Plan détaillé

I De la fin du XIXe siècle aux années 1970, le capitalisme évolue progressivement vers le capitalisme monopoliste qui consacre la grande entreprise industrielle

1. Cette évolution s'explique par la transformation des conditions de l'offre...
2. ... Et de la demande
3. Le capitalisme de grandes entreprises atteint son apogée aux États-Unis dans les années 1960, mais présente des spécificités nationales

II Depuis le début des années 1980, les évolutions du capitalisme et des entreprises s'inscrivent dans une dynamique financière

1. Le capitalisme patrimonial...
2. ... Impose aux entreprises la flexibilité...
3. ... Et rend nécessaire leur mondialisation

III Dissertation rédigée

L'entreprise, « microcosme » et « institution cardinale du capitalisme », incarne pour François Perroux le système économique capitaliste. Elle peut se définir comme une personne morale qui combine des facteurs de production (travail et capital) pour transformer des consommations intermédiaires en biens ou services, vendus sur le marché en vue de réaliser un profit. Mais l'entreprise est également une organisation, où se nouent des contrats (formels ou implicites), des relations humaines et une instance de coordination des activités. Pour F. Braudel (*La dynamique du capitalisme*), le capitalisme s'enracine dans le commerce au loin, qui rompt les réglementations encadrant l'économie de marché locale et permet de dégager les profits importants nécessaires à l'accumulation du capital. Entreprise et capitalisme sont donc liés par le marché et la recherche du profit : ce sont deux niveaux d'une même organisation économique et sociale de la production marchande.

Le capitalisme n'est pas un système figé ; il se caractérise au contraire par sa dynamique. Luc Boltanski et Ève Chiapello distinguent trois esprits du capitalisme (*Le nouvel esprit du capitalisme*, 1999) : le premier, au XIXe siècle, se fonde sur l'esprit d'entreprise qui exploite les inventions dans de petites unités de production ; le second, au milieu du XXe siècle, s'incarne dans la technostructure ou le management salarié, caractéristique de la grande entreprise fordiste ; le troisième, à la fin du XXe siècle, se manifeste par une grande flexibilité des relations construites autour de l'objectif de création de valeur pour l'actionnaire. Comment les évolutions du capitalisme et de l'entreprise s'articulent-elles au sein de cette dynamique, depuis la fin du XIXe siècle ?

Les grandes crises, qu'il s'agisse de la grande dépression de la fin du XIXe siècle (1873–1895), de la crise de 1929 ou de celle de la fin du XXe (1973), semblent rythmer l'évolution du capitalisme et de l'entreprise. Certes, les caractéristiques nationales freinent ou accélèrent les évolutions et permettent d'identifier des variantes de capitalisme : M. Albert distingue ainsi, au début des années 1990, un capitalisme libéral anglo-saxon et un capitalisme dirigiste nippo-rhénan ; en France, le social-colbertisme conjugue volontarisme de l'État, firmes publiques ou nationalisées et firmes privées. Il est cependant possible de dégager de grands axes d'évolution. Entreprise et capitalisme furent d'abord liés dans la transformation du capitalisme concurrentiel de petites unités en capitalisme monopolistique de grandes organisations (première partie). Après l'implosion de l'économie socialiste planifiée, le capitalisme contemporain, patrimonial et global, redéfinit les objectifs et l'organisation de l'entreprise (deuxième partie).

DE LA FIN du XIXe siècle aux années 1970, le capitalisme concurrentiel de petites unités se transforme en capitalisme monopoliste de grandes organisations. Évolutions de l'entreprise et du capitalisme résultent de la transformation des conditions de l'offre (A) et de la demande (B) ; émerge alors un capitalisme de grandes entreprises, qui culmine aux États-Unis dans les années 1960, mais présente des spécificités nationales (C).

La seconde révolution industrielle de la fin du XIXe siècle bouleverse les structures de l'entreprise. Les changements technologiques (moteur électrique, télégraphe, wagons réfrigérés, automobile, etc), combinés à l'augmentation tendancielle du prix du travail, incitent à rechercher une nouvelle forme d'entreprise, efficiente dans ce contexte. La combinaison technique devient plus intensive en capitaux fixes (hauts-fourneaux, laminoirs, puis chaînes de production) dont l'amortissement exige une production de masse. L'entreprise doit alors rechercher les économies d'échelle, qui réduisent les coûts fixes unitaires, et les économies de diversification, qui permettent d'utiliser les mêmes équipements pour des productions différentes. Simultanément, la rationalisation du travail par l'organisation scientifique (Taylor) et la chaîne mobile (Ford) permet d'élever la productivité. L'entreprise moderne se distingue donc de l'entreprise du XIXe siècle en privilégiant trois types d'investissement : investissement technique permettant d'élever la capacité d'offre, investissement dans les services commerciaux pour écouler la production de masse et enfin investissements dans le management pour rationaliser l'organisation. Ainsi, la taille moyenne des entreprises s'accroît en même temps que leur nombre se réduit. Le besoin de financement des entreprises est satisfait par le développement des marchés financiers : la création des sociétés anonymes est facilitée par les lois de 1856 en Grande-Bretagne et de 1867 en France. Les premiers grands trusts apparaissent, Rockfeller fonde la Standard Oil en 1870 par exemple ; la concentration est particulièrement forte aux États-Unis, en Allemagne et au Japon. La firme multidivisionnelle (firme M dans la classification de Chandler) succède à la firme unitaire (U) caractéristique du capitalisme atomistique du XIXe siècle. L'entreprise devient décentralisée en divisions autonomes (centres de profits) spécialisées ; seuls les services communs restent centralisés pour réaliser des économies d'échelle, tandis que la direction générale coordonne les activités et les planifie à long terme. La grande firme, dont les actions sont répandues dans le public, est devenue l'idéal-type de l'entreprise capitaliste des années 1960. Toutes les firmes ne sont pas grandes, mais les grandes firmes font le marché et les prix, ouvrent les débouchés aux PME et tirent la croissance par leurs investissements et l'innovation.

Mais dans les années 1920, la grande entreprise industrielle est confrontée à l'insuffisance des débouchés. Les politiques de lutte contre la crise de 1929 et la seconde guerre mondiale vont favoriser l'émergence d'un nouveau mode de régulation du capitalisme, conjuguant dans le fordisme production et consommation de masse. Les salariés bénéficient des gains de productivité en raison de l'émergence d'un nouveau rapport salarial et de l'essor de l'État-providence. La relation salariale évolue du contrat au statut (R. Castel) : le salaire est réglementé, négocié collectivement, et ouvre des droits sociaux qui stabilisent la demande. Ce compromis fordiste, favorable aux salariés, garantit également la rentabilité des investissements massifs des entreprises. La production standardisée exige en effet une homogénéisation de la consommation permise par le développement de la classe moyenne dans une société de consommation. Les marchés nationaux sont dominés par des oligopoles qui acquièrent un pouvoir de marché. Ces firmes tentent de contrôler la demande par le marketing, selon le principe de la « filière inversée » (Galbraith) ; enfin elles exportent les produits répondant à la demande intérieure vers les pays structurellement proches. Évolutions du capitalisme et de l'entreprise sont finalement source de croissance intensive.

La grande entreprise se révèle comme l'organisation rationnelle du capitalisme industriel moderne. Tout d'abord elle exploite les opportunités du marché et simultanément en constitue une alternative. Coase et Williamson montrent que l'entreprise est une organisation qui peut être plus efficiente que le marché lorsque les coûts de transaction sur le marché sont supérieurs aux coûts d'organisation internes à l'entreprise. La taille optimale est donc fonction des caractéristiques techniques de l'offre et des modalités de fonctionnement du marché. Ensuite, l'entreprise capitaliste moderne dissocie la propriété et l'exercice du pouvoir dans l'entreprise. L'enquête de A. Berle et G. Means aux États-Unis en 1929 leur permet de conclure que 44% des deux cent plus grandes entreprises sont contrôlées par les managers (contrôle interne) ; cette proportion est de plus de 80% au début des années 1970. Le pouvoir des managers, de la « technostructure » selon l'expression de Galbraith

(*Le nouvel état industriel*, 1968), résulte de la dilution de l'actionnariat, mais aussi de la complexité des grandes organisations : les cadres salariés (managers) détiennent les informations clés sur l'entreprise et peuvent ne pas les communiquer aux actionnaires. Dans cette perspective, structure de l'entreprise et logique du capitalisme peuvent se contredire : la technostructure a des objectifs spécifiques tels que l'augmentation de la taille de l'entreprise, qui peuvent différer des objectifs financiers des propriétaires. Dans le capitalisme managérial, la main invisible du marché cède la place à la « main visible des managers » (A. Chandler). Enfin, firmes et capitalismes se distinguent par des spécificités nationales. L'expansionnisme américain se concrétise dans la tendance à la multinationalisation des entreprises, qui s'étendent par exemple en Europe. Le capitalisme nippo-rhénan se caractérise par la stabilité des relations entre la banque et l'industrie, le consensus sur le partage des fruits de la croissance et le soutien actif de l'État. En France, le capitalisme familial perdure et se combine avec la présence d'un secteur public et nationalisé important ; les relations sociales restent conflictuelles et l'État joue un rôle d'arbitre. La forte croissance des Trente Glorieuses résulterait ainsi d'une configuration institutionnelle efficiente.

De la fin du XIXe siècle aux années 1960, les intérêts de l'État et des grandes firmes convergent : « Ce qui est bon pour General Motors est bon pour les États-Unis et réciproquement » (E. C. Wilson). L'accumulation intensive du capital est portée par la grande entreprise gérée par des managers. Progressivement, l'entrepreneur individuel s'efface derrière l'organisation, le propriétaire du capital derrière le management, la lutte des classes derrière la négociation collective et le compromis fordiste.

LES ANNÉES 1970 marquent l'essoufflement du modèle fordiste et du capitalisme de grandes entreprises. L'alternative que constituait le développement socialiste planifié disparaît, laissant le capitalisme sans concurrence (Fukuyama). Les impératifs financiers déterminent les évolutions du capitalisme et de l'entreprise. Un capitalisme patrimonial émerge progressivement de la crise des années 1970 (A) et impose aux entreprises la flexibilité (B) et la mondialisation (C).

Le capitalisme de la fin du XXe siècle est tout d'abord patrimonial ou actionnarial. Les dysfonctionnements des années 1970 aboutissent à l'abandon de l'économie d'endettement, à laquelle succède l'économie de marchés financiers (J. Hicks). Les taux d'intérêt deviennent de « vrais prix » et l'endettement trop coûteux est une menace encore plus forte pour les entreprises que pour les États. Dans ce contexte, l'entreprise privilégie l'autofinancement et recourt aux marchés financiers lorsque son épargne est insuffisante. Ainsi, de 1980 à 2000, la part des emprunts bancaires dans le financement externe des entreprises françaises diminue de 63% à 28%, tandis que le financement par émission d'actions passe de moins de 3% à 52,5%. Les firmes sont donc en concurrence sur les marchés financiers. L'épargne offerte sur ces marchés peut émaner des ménages individuels, mais les investisseurs institutionnels, à l'image des fonds de pension ou des organismes de placements collectifs en valeurs mobilières (OPCVM), jouent un rôle majeur. Ils imposent en particulier un « retour sur investissement » (ROE, *return on equity*) élevé : celui-ci se mesure par le ratio bénéfices sur capitaux propres (apportés par les propriétaires). Cet objectif de rentabilité financière caractérise le nouveau « gouvernement d'entreprise », le *corporate governance*. Il redéfinit la gestion des entreprises qui ne peuvent plus se contenter d'un taux de rendement « moyen » ; un rendement jugé trop faible entraînerait la baisse du cours des actions et ferait peser une menace d'offre publique d'achat (OPA) ou d'échange (OPE). Les entreprises, même rentables, doivent donc se restructurer. Entre le début et la fin des années 1980, la part de l'excédent brut d'exploitation (EBE) s'élève du quart au tiers de la valeur ajoutée des entreprises françaises. Enfin, le mode de rémunération des managers évolue pour les inciter à répondre aux objectifs des actionnaires : les stocks options lient leurs gains aux performances boursières de l'entreprise. Dans le même esprit, le développement sous des formes variées de l'épargne salariale cherche à concilier les intérêts des salariés avec la gestion patrimoniale. Les fusions-acquisitions symbolisent l'essor de ce capitalisme : elles permettent de réaliser les économies d'échelle et d'atteindre la taille critique nécessaire pour faire face à une concurrence globalisée.

Entreprise et capitalisme de la fin du XXe siècle sont ensuite flexibles. Taiichi Ohno étudie chez Toyota une nouvelle organisation du travail en rupture avec le tayloro-fordisme dès les années 1950 ; mais le toyotisme, en tant qu'innovation d'organisation, se diffuse en s'adaptant durant les années 1980, à travers les principes du juste à temps (ou de production à flux tendus) et du développement de l'autonomie et de l'initiative des salariés. Le *one best way* décline au profit d'une responsabilisation accrue des salariés qui doivent atteindre des objectifs quantifiés. Ce modèle n'est pas général, car le taylorisme s'étend encore dans les services, mais il définit le nouvel esprit d'un capitalisme qui individualise la production au sein de l'entreprise. Selon A. Aoki, la firme A, où l'organisation du travail est rigide et hiérarchisée, l'information ne circulant de ce fait que du haut (la direction) vers le bas, cède la place à la firme J, flexible, où l'information circule dans les deux sens grâce à des innovations organisationnelles (cercles de qualité par exemple) qui procurent un gain d'efficience. À la flexibilité de la production répond celle de l'emploi qui remet en cause l'emploi type caractéristique de la régulation fordiste : flexibilité salariale avec la désindexation des salaires sur les prix et la remise en cause des accords antérieurs (conventions collectives) ; flexibilité quantitative avec la déréglementation qui facilite les licenciements, les contrats à durée déterminée ; flexibilité du temps de travail et des horaires avec le temps partiel ou en contrepartie des trente-cinq heures ; flexibilité qualitative avec le développement de la formation et l'encouragement à la mobilité. Avec la firme réseau, la firme elle-même devient flexible en interposant entre marché et organisation une structure intermédiaire : les accords de coopération inter-entreprises (techniques ou commerciaux), la sous-traitance, les participations minoritaires tissent des liens qui brouillent les frontières de l'entreprise.

Entreprise et capitalisme de la fin du XXe siècle se mondialisent conjointement. La firme globale en est le symbole : elle offre un produit universel, répondant à une demande globale et produit à l'échelle mondiale (par division internationale du processus de production par exemple) ; ses ressources financières et humaines comme sa gestion ne sont plus attachées à une nation (W. Andreff, *Les multinationales globales*). En France, la part de l'État dans le contrôle du capital des entreprises décline avec les privatisations des entreprises nationalisées et des services publics (France Télécom, Air France, etc). Les privatisations à partir de 1986 cherchent tout d'abord à préserver le caractère national des firmes en privilégiant un « noyau dur » d'actionnaires français qui reçoit 25% du capital. Mais à la fin des années 1990, le capital s'ouvre de plus en plus aux investisseurs étrangers : en 2002, 43% des actions des entreprises cotées à Paris sont détenues par des actionnaires étrangers. Ces investisseurs étrangers ne poursuivent pas une logique industrielle ; ils restent des actionnaires minoritaires et ne s'associent pas à la gestion quotidienne de la firme. Leur logique est financière, leurs investissements se déplaçant rapidement d'une entreprise à l'autre ou d'une place à l'autre, en fonction des opportunités du marché. La firme transnationale apparaît alors comme la structure efficiente qui permet simultanément de saisir les opportunités de la mondialisation commerciale pour répondre aux exigences de la globalisation financière. Les pays émergents constituent la « nouvelle frontière » de ce capitalisme.

Depuis le début des années 1980, les marchés financiers imposent leurs objectifs aux firmes. Cette « tyrannie » redéfinit les structures de l'entreprise : son organisation flexible s'étend sur un marché de plus en plus mondialisé, ce qui remet en cause les spécificités des capitalismes nationaux. Les États-Unis, les firmes transnationales et les investisseurs institutionnels semblent en mesure d'imposer le modèle du capitalisme anglo-saxon.

LE PRINCIPAL ATOUT du capitalisme dans la confrontation qui l'a opposé au socialisme planifié fut sa capacité à se transformer. La transformation des structures du capitalisme et de l'entreprise a un coût, celui des crises ; mais elle conditionne sa dynamique, mise en évidence par Schumpeter ou Braudel. Chaque étape du capitalisme se caractérise par une combinaison de l'entreprise, du marché et de l'État. Ainsi, au XXe siècle, le capitalisme monopoliste de grands groupes nationaux liés à l'État-providence s'est d'abord imposé à la place du capitalisme atomistique de petites entreprises et de l'État gendarme. À partir des années 1980 émerge un capitalisme patrimonial et libéral qui soumet l'entreprise aux lois d'un marché financier globalisé.

Capitalisme managérial et grande entreprise nationale, capitalisme patrimonial et entreprise globale sont des types idéels. Le capitalisme reste pluriel, par ses variantes nationales, mais aussi parce qu'il combine à tout moment des structures nouvelles avec celles qu'il hérite du passé. Il existe donc encore des petites entreprises traditionnelles et des grandes entreprises familiales (Peugeot, Michelin) à côté des firmes globales (Nike, Microsoft) : « il n'y a jamais entre passé, même lointain, et présent de rupture totale, de discontinuité absolue ou, si l'on préfère, de non contamination » (F. Braudel, *La dynamique du capitalisme*).

IV Commentaires

1 Critique de la dissertation

Sur ce sujet difficile et vaste, il ne faut pas chercher l'exhaustivité. La dissertation proposée suit une idée directrice empruntée à l'analyse régulationniste et adaptée au programme. Le plan permet de montrer des connaissances précises, ce qui est toujours valorisé. Mais d'autres perspectives pourraient être envisagées. Michalet distingue par exemple trois configurations successives de capitalisme et d'entreprises : la configuration inter-nationale conjugue État-nation et grande firme nationale ; la configuration multi-nationale résulte de la mobilité du capital (IDE) et se caractérise par la firme multi ou trans-nationale. Enfin, la configuration globale se caractérise par la prédominance de la sphère financière et des actionnaires institutionnels (Michalet, *Qu'est-ce que la mondialisation ?*).

2 Sujets connexes

De nombreux sujets portent sur l'entreprise et le système capitaliste, par exemple le sujet Ecricome 2000 : *La recherche de la grande dimension est-elle inéluctable pour l'entreprise dans le système capitaliste ?* Ce sujet, qui ne demandait pas une approche historique, est davantage analytique. Il faudrait montrer comment la grande dimension répond aux exigences du capitalisme, mais aussi distinguer taille technique (concentration technique) et financière (concentration financière). L'organisation efficiente de la firme est celle qui combine les tailles optimales pour chacune des activités. Le sujet ESC 2001, *Analysez l'accélération de l'internationalisation des firmes depuis le milieu des années 1980*, pourrait reprendre les arguments de la seconde partie de la dissertation présentée.

3 Bibliographie

PLIHON, Dominique, *Le nouveau capitalisme*, Paris, La Découverte, coll. « Repères », n° 370, 2003. Se reporter au chapitre 4, « L'émergence du capitalisme actionnarial » (p. 48–75).

MONTOUSSÉ, Marc, dir., *Économie et histoire des sociétés contemporaines*, Paris, Bréal, 2001. Se reporter au chapitre 2, et plus particulièrement au paragraphe « Systèmes et organisations capitalistes », par Patrice BONEWITZ (p. 27–31).

Alternatives économiques. Le cédérom, coédition Alternatives économiques et Scéren-CRDP du Languedoc-Roussillon, 2003. Se reporter plus particulièrement aux articles de Sandra MOATTI, « Voyage au cœur de l'entreprise », et de Denis CLERC, « Alfred Chandler, apôtre du capitalisme managérial ».

Dissertation 10
Les transformations de l'appareil productif ont-elles favorisé la mobilité sociale, dans les pays capitalistes développés, et plus particulièrement en France, depuis la seconde guerre mondiale ?

I Analyse du sujet

1 Les mots clés

Les transformations de l'appareil productif désignent les évolutions de la structure des activités (secteurs et branches) et les mutations des entreprises ; elles influencent la structure et les conditions de l'emploi. La mobilité sociale est « le phénomène de déplacement des individus dans l'espace social » (P. Sorokin). Ce déplacement peut être ascendant ou descendant, s'effectuer au cours de la vie (mobilité intragénérationnelle) ou par rapport à la position initiale des parents (mobilité intergénérationnelle). La mobilité observée peut être décomposée en mobilité structurelle, résultant des transformations des structures économiques, et en mobilité nette. Il y a reproduction lorsque le fils, ou la fille, occupe une position sociale semblable à celle de ses parents.

2 Connaissances à mobiliser

Ce sujet exige de croiser des connaissances économiques relatives à l'évolution de l'appareil productif, et des connaissances sociologiques portant sur les phénomènes de mobilité et de reproduction. Les principales évolutions de la mobilité structurelle devront être analysées : déclin du secteur primaire et de la PCS Agriculteurs, déclin des artisans, commerçants, essor des ouvriers (jusqu'en 1975) puis des employés et des cadres.

La relation entre transformations du système productif et mobilité nette est plus indirecte ; elle exige une bonne connaissance des causes et des modalités de la mobilité nette. Enfin, il ne faudra pas opposer augmentation de la mobilité et tendance à la reproduction, ces deux processus se combinant plus qu'ils ne s'opposent.

3 Enjeux et problématique

L'étude de la mobilité et de la reproduction présuppose que des statuts et des positions hiérarchisés peuvent être distingués dans la société. Les transformations du système productif, en bouleversant l'organisation sociale, induisent une mobilité structurelle. Favorisent-elles également la mobilité nette en augmentant la « fluidité sociale » ? D'une manière générale, les transformations du système productif, depuis 1945, ont-elles rendu le destin social des enfants moins dépendant de leur origine ?

II Plan détaillé

I Depuis 1945, les transformations du système productif ont bouleversé les structures sociales et suscité une mobilité structurelle

1. Les activités en déclin incitent à une mobilité de destin
2. Les activités en expansion expliquent une mobilité de recrutement
3. L'élévation continue des qualifications favorise l'ascension sociale

II Depuis 1945, les transformations du système productif ont pu également contribuer à l'augmentation de la mobilité nette et favoriser la fluidité sociale

1. La transformation de l'emploi peut ouvrir des opportunités qui favorisent la mise en œuvre de stratégies de mobilité ascendante
2. Les nouvelles structures productives, en redessinant l'espace social, peuvent favoriser la mobilité horizontale
3. La stratification sociale peut cependant résister à l'augmentation de la fluidité

III Dissertation rédigée

L'ENFANT NÉ EN 1950 vit pratiquement deux fois plus longtemps que celui de 1850 et son pouvoir d'achat est environ dix fois plus élevé, alors que sa durée annuelle de travail est deux fois plus courte. Les transformations du système productif ont généré des gains de productivité qui expliquent ce progrès matériel. Cette dynamique s'intensifie durant les Trente Glorieuses, engendrant une « révolution invisible » (Jean Fourastié) qui bouleverse l'organisation sociale et le destin des générations.

Les transformations de l'appareil productif se manifestent par des évolutions différenciées des secteurs d'activité : ainsi le secteur agricole décline-t-il progressivement devant l'essor de l'industrie puis des services ; elles entraînent également des évolutions de la combinaison productive des firmes, de plus en plus concentrées, capitalistiques et soumises à la concurrence étrangère. Depuis la fin de la seconde guerre mondiale, ces mutations intenses ont-elles favorisé la mobilité sociale, dans les pays capitalistes développés et plus particulièrement en France ? La mobilité sociale est « le phénomène de déplacement des individus dans l'espace social » (P. Sorokin). La mobilité structurelle est induite par le changement des structures économiques et sociales ; la mobilité nette (ou pure) résulte exclusivement de l'atténuation du lien entre origine sociale et destinée des enfants. Les concepts de mobilité observée et de fluidité sociale reprennent cette distinction en intégrant les deux processus : un régime de fluidité se combine avec l'évolution structurelle des positions sociales pour déterminer un niveau de mobilité observée (Louis-André Vallet).

Les transformations du système productif depuis 1945 ont bouleversé les structures sociales et suscité la mobilité structurelle (I). Ces mêmes transformations, en modifiant les règles et les donnes du jeu social, ont pu également accroître la mobilité nette et favoriser la fluidité sociale (II).

LES ÉVOLUTIONS SECTORIELLES de l'activité, comme les transformations des entreprises, induisent une modification de l'emploi synonyme de mobilité structurelle. Les activités en déclin induisent une mobilité de destin (A), les activités en expansion expliquent une mobilité de recrutement (B), tandis que l'élévation continue des qualifications favorise l'ascension sociale (C).

Les transformations de l'appareil productif engendrent le déclin de secteurs d'activité et de catégories socio-professionnelles, ce qui provoque la mobilité structurelle. Les lois de Engel rendent compte de la relation entre croissance du revenu disponible et évolution de la consommation. Ainsi, les consommations alimentaires augmentant moins vite que le revenu, la demande adressée à l'agriculture est régressive. Simultanément, le progrès technique permet de produire plus avec moins de travail et favorise la concentration foncière. Ces deux phénomènes induisent un exode agricole : les agriculteurs exploitants représentent encore un cinquième de la population active française au début des années 1950 et moins de 4% à la fin du XXe siècle. Dans ces conditions, tous les fils d'agriculteurs ne peuvent devenir agriculteurs. Certes, la tendance à la reproduction reste très forte : la table des origines révèle que, sur 100 agriculteurs de plus de quarante ans en 1993, 86,3 avaient un père agriculteur. Mais la table des destinées établit en même temps que 25,3% seulement des fils d'agriculteurs deviennent agriculteurs ; près de 75% d'entre eux connaissent donc une mobilité sociale. L'emploi industriel s'est d'ailleurs accru dans les zones de tradition rurale à la fin des années 1960 (Bretagne, Normandie), les entreprises se rapprochant ainsi du réservoir de main d'œuvre agricole pour encourager une mobilité intra et inter-générationnelle. Cette combinaison de reproduction et de mobilité caractérise toutes les activités en déclin, artisans, commerçants, chefs d'entreprise depuis 1945 ; elle pourrait s'étendre aux ouvriers, dont les effectifs régressent depuis le milieu des années 1970.

Les transformations de l'appareil productif engendrent également l'essor de nouveaux secteurs et de nouvelles catégories. Les dépenses de loisir et de santé des ménages représentent près du quart de leur consommation en 2000 et le secteur tertiaire, en raison du développement des services aux ménages et aux entreprises, réunit environ 70% des actifs. La modification de la combinaison productive des entreprises et la recherche d'une compétitivité qualité induisent parallèlement une augmentation des besoins d'actifs qualifiés, cadres supérieurs notamment. Il y avait ainsi moins de cinq cent mille cadres en 1950 et plus de trois millions en 2000, ce qui favorise une mobilité de recrutement : 23% des cadres de plus de quarante ans en 1993 avaient un père cadre et donc plus de 75% un père non cadre. D'une manière générale les secteurs et catégories en expansion ne peuvent augmenter leurs effectifs qu'en s'ouvrant aux actifs issus des activités en déclin. La croissance s'accompagne ainsi d'un déversement sectoriel (A. Sauvy) ou catégoriel, synonyme de mobilité sociale.

Les transformations de l'appareil productif induisent enfin une tendance à l'augmentation de la qualification. Dans l'entreprise industrielle, le toyotisme se distingue du tayloro-fordisme en accroissant l'autonomie et la responsabilité des ouvriers ; dans l'entreprise tertiaire (marchande ou non marchande), les technologies de l'information et de la communication réduisent le besoin de main d'œuvre peu qualifiée. Pour l'ensemble des PDEM, les délocalisations vers les pays à bas coût de main d'œuvre renforcent cette évolution ; seules les activités non soumises à la concurrence extérieure (tertiaire relationnel notamment) peuvent conserver des emplois peu qualifiés et peu productifs. Ce mouvement induit une aspiration vers le haut favorable à une mobilité ascendante : les chances d'ascension sociale l'emportent sur le risque de déclassement. Ainsi, selon l'INSEE (enquête de 1993), 1,8% seulement des fils de cadres sont devenus ouvriers tandis que 9,6% des fils d'ouvriers sont devenus cadres. Depuis la crise des années 1970, ce mouvement ne semble pas s'être interrompu pour les *insiders*, bénéficiant d'emplois stables à plein temps. Par contre, le développement d'un chômage de masse durable est à l'origine d'un processus de « disqualification sociale » (S. Paugam) ou de « désaffiliation » (R. Castel). L'exclusion sociale n'est pas un état ; elle résulte d'interactions entre, d'une part, les transformations économiques et sociales et, d'autre part, les parcours individuels. Ce processus fragilise les positions sociales : l'« empêchement » concerne les jeunes qui ne peuvent accéder aux emplois stables, le « basculement » les actifs peu qualifiés perdant leur emploi. Diminution de la demande d'emplois peu qualifiés et chômage durable augmentent ainsi le risque de mobilité descendante. La fragilisation, particulièrement nette pour les moins qualifiés et les plus jeunes, s'accroît cependant pour toutes les catégories (Éric Maurin, *L'égalité des possibles*).

Depuis 1945, dans les PDEM, les transformations de l'appareil productif ont suscité une forte mobilité structurelle, généralement ascendante. Il y a bien eu « révolution invisible » (Jean Fourastié) et accélération du changement à partir de la fin des années 1960 (Henri Mendras, *La Seconde Révolution française, 1965–1984*). Sans s'interrompre, le mouvement se complexifierait depuis les années 1980, avec la résurgence d'un risque de sous-prolétarisation (Louis Chauvel).

LES TRANSFORMATIONS de l'appareil productif influencent également la mobilité nette. La transformation de l'emploi peut ouvrir des opportunités qui favorisent la mise en œuvre de stratégies de mobilité ascendante (A). Les nouvelles structures productives, en redessinant l'espace social, peuvent favoriser la mobilité horizontale (B). Cependant, la stratification sociale peut résister à l'augmentation de la fluidité (C).

Le développement des professions intermédiaires et supérieures, qui représentent un tiers des emplois à la fin du XXe siècle, incite les jeunes et leurs familles à prolonger leurs études, ce qui peut améliorer la fluidité sociale. Dans la perspective de l'individualisme méthodologique (R. Boudon), la poursuite des études fait l'objet d'un arbitrage coût/bénéfice. L'augmentation du nombre d'emplois qualifiés accroît l'espérance de gain, tandis que les politiques de formation réduisent le coût des études. Ainsi, de plus en plus de jeunes issus des catégories inférieures peuvent accumuler le capital humain nécessaire à l'ascension sociale : plus de 60% des jeunes obtiennent le baccalauréat à la fin des années 1990 et plus du tiers poursuivent des études supérieures. La rentabilité de la formation s'est particulièrement accrue pour les femmes, qui n'interrompent plus leur activité professionnelle pour élever les enfants. Le paradoxe d'Anderson montre cependant les limites de cette accumulation : le nombre de diplômés augmentant plus vite que celui des positions intermédiaires et supérieures, les enfants plus qualifiés que leurs parents ne peuvent tous s'élever dans l'échelle sociale. La réussite scolaire apparaît alors comme une condition nécessaire mais non suffisante de l'ascension sociale; la sélection, en réduisant le nombre de diplômés sur la base de critères scolaires, pourrait favoriser une mobilité sociale méritocratique. Dans une autre problématique, Bourdieu et Passeron distinguent les chances ou probabilités objectives de mobilité, que révèlent les tables de mobilité et les espérances ou chances subjectives, à partir desquelles les individus déterminent leurs choix. La constatation au cours des Trente Glorieuses, pour des raisons structurelles, d'une mobilité objective ascendante, limitée mais réelle, modifie les représentations des groupes sociaux. Ceux-ci acceptent mieux la mobilité : les employeurs deviennent moins sensibles à l'origine sociale des candidats; les familles populaires éprouvent davantage d'ambitions pour leurs enfants. *In fine*, les transformations de l'appareil productif contribuent indirectement à rapprocher la société de l'idéal démocratique et méritocratique.

Les transformations de l'appareil productif, en bouleversant l'espace social, redéfinissent également les positions sociales relatives. Ainsi, depuis 1945, la distance entre ouvrier ou employé et cadre a pu se réduire. Dans cette perspective, l'augmentation du nombre d'enfants d'ouvriers qui deviennent cadres n'est plus un indice de mobilité mais le signe d'un rapprochement de ces deux positions dans l'espace social. D'une manière générale, la mobilité obéit en effet à un principe de proximité : lorsque les enfants n'appartiennent pas au groupe de leurs parents, ils accèdent le plus souvent au groupe le plus proche dans la structure sociale : près d'une fille d'ouvrier sur deux devient ainsi employée, la moitié des fils d'ouvriers qui ne restent pas ouvriers accèdent aux professions intermédiaires. À partir de 1968 principalement, les gains de productivité et la salarisation croissante des actifs ont permis une réduction des inégalités, l'accession à la consommation de masse et à la propriété : se développe ainsi une vaste classe moyenne, partageant un même mode de vie et de mêmes valeurs. Les changements de position au sein de cette classe sont alors facilités. Les catégories bien que hiérarchisées deviennent poreuses, ce qui permet une plus forte mobilité intra-générationnelle : l'ouvrier qualifié peut devenir contremaître ou technicien, le technicien supérieur ingénieur de production ou cadre commercial, etc. Henri Mendras remarque cependant que si tout le monde est moyen, personne ne l'est. Il propose une vision cosmographique de la société moyennisée, qui met en relation deux constellations principales, au sein desquelles la mobilité sociale est très forte : d'une part la constellation populaire rassemble les employés et ouvriers; d'autre part la constellation centrale réunit les cadres et professions intellectuelles supérieures et libérales ainsi que les professions intermédiaires. La mobilité peut alors croître sans bouleverser les destins sociaux, puisque les enfants restent finalement dans le même groupe social (la même constellation) que leurs parents : la mobilité horizontale (ouvrier-employé) contribue davantage à l'augmentation de la fluidité sociale que la mobilité verticale (employé-cadre).

Au début des années 1980, Claude Thélot mettait en évidence l'importance de l'hérédité sociale (*Tel père, tel fils ?*, 1982). L'étude synthétique de Louis-André Vallet (« Quarante années de mobilité sociale en France », 1999) révèle au contraire un assouplissement du lien entre origine sociale et destinée : entre 1953 et 1993, la proportion des hommes immobiles a diminué de la moitié au tiers, celle des femmes de la moitié au cinquième. La diagonale des tables de mobilité confirme une tendance dominante à la reproduction : les fils des cadres (âgés de plus de quarante ans en 1993) ont 4,5 fois plus de chances de devenir cadres qu'ouvriers et les fils d'ouvriers 4,6 fois plus de chances de devenir ouvrier que cadre. Mais les « chances relatives » de devenir cadre plutôt qu'ouvrier ont fortement augmenté pour les ouvriers. La fluidité sociale se serait accrue tendanciellement de 0,5% par an depuis le début des années 1950, sous l'impact conjugué des transformations structurelles, des modifications du jeu social et des comportements individuels. Les catégories supérieures peuvent cependant développer des stratégies pour préserver leurs avantages : les « barrières » culturelles et symboliques stigmatisent le nouvel entrant et le laissent en marge du groupe (E. Goblot, *La barrière et le niveau*). Les cadres issus des catégories défavorisées obtiennent ainsi une rémunération moyenne inférieure à celle des cadres nés dans les catégories supérieures. Le concept d'habitus de classe rend compte des pratiques, comportements et valeurs intériorisés par les membres d'une classe et les distinguant des autres. Les catégories regroupées dans la classe dominante déterminent les pratiques nobles et se préservent ainsi de la concurrence des classes dominées. Finalement, la mobilité sociale peut augmenter sans remettre en cause les inégalités sociales fondamentales.

Depuis 1945, la croissance économique s'est accompagnée d'un bouleversement des structures sociales favorable à la mobilité nette. L'emprise des origines sur le destin social des enfants semble lentement diminuer. Les trajectoires de mobilité restent cependant courtes, vérifiant un principe de proximité.

DEPUIS 1945, les transformations de l'appareil productif sont inséparables du changement social. Le développement, en bouleversant la structure des emplois et des qualifications, induit une forte mobilité sociale structurelle ; réciproquement, l'augmentation de la fluidité sociale concourt à la croissance, à travers la promotion des actifs les plus productifs et l'accumulation du capital humain. Les déplacements à l'intérieur de l'espace social restent cependant difficiles à analyser, le changement économique et social modifiant les positions relatives des catégories et brouillant leurs frontières.

Depuis la fin des années 1970, le ralentissement de la croissance et la montée d'un chômage durable pourraient accroître le risque de mobilité descendante et engendrer une catégorie de nouveaux pauvres. La tendance à l'augmentation de la mobilité sociale semble ainsi réversible, conclusion qui était déjà celle de Sorokin : « il ne semble pas y avoir de tendance perpétuelle à l'augmentation ni au déclin de la mobilité sociale ».

IV Commentaires

1 Critique de la dissertation

Cette dissertation ne doit pas conduire à des développements hors sujet sur l'analyse de la mobilité sociale. La dissertation peut rester courte si elle répond à la question posée. La distinction entre mobilité structurelle et mobilité nette permet d'organiser le développement et devrait répondre aux attentes des correcteurs. Si le sujet invitait à privilégier le cas français, quelques références aux autres PDEM auraient été utiles. On aurait pu par exemple signaler la politique de discrimination positive aux États-Unis, qui peut contribuer à la mobilité des plus défavorisés ou encore l'acceptation de plus grandes inégalités en contrepartie d'une mobilité ascendante en partie mythique (le *self made man*).

2 Sujet connexe

Le sujet ECRICOME (2001) *Mobilité sociale et croissance économique en France depuis la seconde guerre mondiale* est beaucoup plus large. Il faudrait tout d'abord expliquer comment la croissance peut favoriser directement (I) et indirectement (II) la mobilité. Il faudrait ensuite montrer comment la mobilité est elle-même favorable à la croissance (III) : elle incite en effet à l'accumulation de capital humain, détruit les rentes de situation des enfants des catégories supérieures et élève finalement la productivité dans un contexte de compétition sociale accrue.

3 Bibliographie

MONTOUSSÉ, Marc, dir., *Économie et histoire des sociétés contemporaines*, Paris, Bréal, 2001. Se reporter au chapitre 11, partie 3, « La mobilité sociale » (Patrice BONNEWITZ), p. 557–571.

TOURNIER, Éric, *Économie et société françaises depuis 1973*, Paris, Nathan, coll. « Circa », n° 41, 1999. Voir en particulier les chapitres 4, « Les mutations du système productif et les mutations technologiques » (p. 83–129) et 7, « Une société de classe ou une société de masse ? » (p. 173–191).

MERLLIÉ, Dominique, « Mobilité sociale », in *Cahier français*, n° 291, mai–juin 1999, « La société française contemporaine », p. 53–59.

BIHR, Alain et PFEFFERKORN, Roland, « Inégalités des chances ou inégalités des situations », in *Cahier français*, n° 314, mai–juin 2003, « La société française et ses fractures », p. 24–32.

Dissertation 11
Les relations commerciales internationales obéissent-elles aux lois du marché ?

I Analyse du sujet

1 Les mots clés

Les relations commerciales internationales recouvrent l'ensemble des transactions sur biens et services effectuées entre les résidents d'un territoire et le reste du monde. Elles sont enregistrées dans le compte des opérations courantes de la balance des paiements. Les lois du marché désignent les mécanismes qui conduisent à l'équilibre de l'offre et de la demande. Ces lois sont relatives à la forme de concurrence qui caractérise le marché : concurrence pure et parfaite, oligopolistique, monopolistique. Dans tous les cas, les prix jouent un rôle essentiel dans la recherche de l'équilibre du marché. L'expression « lois du marché » laisse entendre que les agents subissent ces mécanismes d'ajustement, qu'ils sont *price takers*. Cependant, en concurrence imparfaite, les agents élaborent des stratégies et détiennent un pouvoir de marché : ils sont alors *price makers*.

2 Connaissances à mobiliser

Ce sujet exige de croiser deux domaines de connaissances généralement séparés dans l'enseignement. D'une part, il faut maîtriser les connaissances relatives à la régulation des économies de marché : mode de fonctionnement des différents types de marché, rôle de l'État et des firmes dans cette régulation. D'autre part, il faudra présenter les grandes explications théoriques et les évolutions historiques des relations commerciales internationales. Le développement du libre-échange, en particulier depuis 1947 à travers le GATT et l'OMC, constitue une condition nécessaire mais non suffisante de la régulation des échanges commerciaux par les lois du marché.

3 Enjeux et problématique

Les économies de marché se sont d'abord développées dans un cadre national ; c'est à l'intérieur des frontières que jouaient principalement les lois du marché. L'essor du libre-échange et la mondialisation étendent le champ de la régulation marchande et se concrétisent par l'apparition et le développement de marchés globaux. Dans ces conditions, les relations commerciales internationales sont-elles régulées par les lois du marché ? Les agents, privés ou publics, États et institutions internationales, conservent-ils une capacité de régulation ?

II Plan détaillé

I Le libre-échange a créé les conditions favorables à la régulation des échanges commerciaux par les lois du marché

1. Le marché international des biens et services doit d'abord être institué pour que les lois du marché jouent et s'imposent aux agents
2. Les lois du marché expliquent alors le commerce inter-branches...
3. ... Et intra-branche

II Cependant, les lois du marché se combinent avec les autres instances de régulation du commerce international

1. Les entreprises, notamment les firmes multinationales, conservent un pouvoir de marché
2. Les États conservent des capacités de régulation...
3. ... De même que les institutions internationales, notamment l'OMC

III Dissertation rédigée

La grande transformation (Karl Polanyi, 1944) décrit la tentative de construction, aux XVIIIe et XIXe siècles, d'un marché autorégulateur émancipé de la sphère sociale. La « marchandisation » du monde s'opère alors à l'intérieur des nations, notamment par la transformation de la terre et du travail en biens dotés de prix. Elle concerne aussi, à travers le choix du libre échange, les relations commerciales internationales : échanges de biens et de services entre les résidents d'un territoire et le reste du monde.

La tradition mercantiliste confiait à l'État le contrôle des relations économiques internationales pour assurer la richesse du pays dans le cadre d'un jeu à somme nulle. A. Smith et D. Ricardo rompent avec cette conception en démontrant l'intérêt du libre-échange. Dès le milieu du XIXe siècle, mais principalement à partir de 1947 et des accords du GATT (*General Agreement on Tariffs and Trade*), le libre-échange étend le champ de la régulation marchande pour inscrire les économies dans un espace économique mondial. Dans ces conditions, les relations commerciales internationales obéissent-elles aux lois du marché ? Le marché est principalement le lieu de coordination des offres et demandes qui émanent d'agents individuels poursuivant leurs intérêts propres. La régulation du marché peut résulter de la détermination par la concurrence de prix d'équilibre ; mais il existe également des marchés de concurrence imparfaite qui se caractérisent par des lois spécifiques.

Dès le XIXe siècle, le développement du libre-échange a créé les conditions favorables à la régulation des échanges commerciaux par les lois du marché (I). Cependant, le marché n'est pas la seule instance de régulation des relations commerciales internationales, celles-ci résultant également de l'action des entreprises, des États et des institutions internationales (II).

LA RÉGULATION DES RELATIONS COMMERCIALES internationales par les lois du marché n'est pas un phénomène naturel. Les États ont instauré les conditions d'une régulation du commerce international par le marché (I). Les lois du marché peuvent alors jouer et s'imposer aux agents : elles expliquent le commerce inter-branches (B) et intra-branche (C).

L'extension du champ de la régulation marchande aux relations commerciales résulte des décisions publiques préalables à l'ouverture des frontières. On peut distinguer deux étapes dans cette construction. Du milieu du XIXe siècle aux années 1920, le marché international connaît un premier développement sous l'impulsion britannique. L'abolition des *corn laws* en 1846 marque l'engagement du Royaume-Uni dans la voie du libre-échange. Ce dernier peut se définir comme la suppression des entraves, tarifaires ou non-tarifaires, à la circulation des biens et services entre nations. Confirmé par le traité franco-britannique de 1860, ce premier essor du libre-échange conduit à une division internationale du travail entre pays avancés et pays en retard. La grande dépression (1873–1896) restaure les pratiques protectionnistes : tarifs Méline et loi du cadenas en France. Mais c'est principalement dans l'entre-deux-guerres, et surtout avec la crise de 1929, que les lois du marché sont entravées, par exemple par le tarif Hawley-Smoot (1931) aux États-Unis et par les accords d'Ottawa (1932) qui mettent fin au libre-échangisme britannique. Après 1947, le libre-échange s'étend à nouveau sous l'impulsion américaine. Le GATT (*General Agreement on Tariffs and Trade*) construit un véritable marché qui instaure une concurrence loyale (*fair trade*) en combinant trois principes. Le principe de non-discrimination (« clause de la nation la plus favorisée ») étend tout accord conclu entre deux membres à l'ensemble des pays signataires du GATT ; le principe de réciprocité impose une réduction générale des barrières douanières ; le principe de transparence interdit les mesures non-tarifaires et les formes cachées de protectionnisme. Les rounds successifs de négociation abaissent progressivement les droits de douane qui diminuent, pour les marchandises, de 40% en moyenne en 1947 à 3,9% à la fin de l'Uruguay Round (1993). La transformation du GATT en organisation mondiale du commerce (OMC, 1995) confirme la volonté d'étendre les lois du marché à tous les produits (y compris les services et les produits agricoles) ainsi qu'à tous les pays. Le marché ainsi construit se caractérise par ses lois, loi du prix unique tout d'abord : pour un bien, sur le marché mondial, il ne peut exister qu'un prix ; en effet, tout écart de prix supérieur aux coûts de transport entraîne des déplacements d'offres et de demandes qui ramènent à l'équilibre ; loi de la concurrence ensuite, qui opère la sélection des producteurs les plus efficients.

Le libre-échange ouvre donc la voie d'une auto-régulation par les lois du marché. Ces lois rendent tout d'abord compte de relations commerciales qui reposent sur l'échange de différences. Dans une logique ricardienne, les relations commerciales obéissent aux avantages comparatifs, qui définissent la spécialisation des pays. En effet, lorsque les facteurs de production ne circulent pas entre les pays, les échanges internationaux sont déterminés par les structures de productivité. Il est efficient de renoncer à produire le bien dans lequel l'économie est relativement moins performante, pour se spécialiser dans le bien pour lequel elle dispose d'un avantage comparatif ; renoncer à cultiver du blé et produire des textiles pour l'Angleterre du XIXe siècle, par exemple. La division internationale du travail (DIT) traditionnelle entre des pays industrialisés, exportateurs de produits manufacturés, et des pays peu développés, exportateurs de produits primaires bruts, peut alors se comprendre comme le résultat des lois du marché. Heckscher, Ohlin et Samuelson mettent en évidence un autre mécanisme. Derrière les produits, ce sont des facteurs de production qui s'échangent : les pays importent les biens intensifs en facteurs rares et exportent des biens incorporant le facteur qu'ils détiennent en abondance. Ainsi la nouvelle division internationale du travail (NDIT) reposerait sur l'échange de travail peu qualifié, abondant dans certains nouveaux pays industrialisés, contre des biens et services riches en travail très qualifié des pays avancés. Les lois du marché expliquent ainsi le commerce inter-branches. Elles expliquent également la répartition des gains de l'échange. Le prix international dépend de l'offre et de la demande mondiale ; les pays spécialisés dans des produits progressifs, c'est-à-dire dont la demande croît plus vite que la production mondiale, bénéficient donc d'une tendance à la hausse de leurs exportations ; au contraire, les pays spécialisés dans des biens régressifs, structurellement peu demandés, voient le prix de leurs exportations diminuer. Le commerce international est ainsi un jeu à somme positive puisqu'il engendre un surplus, mais il ne profite pas aux pays mal spécialisés qui subissent la dégradation des termes de l'échange.

Les mécanismes du marché, analysés dans le cadre des nouvelles théories du commerce international, permettent également de comprendre le commerce intra-branche qui occupe une place dominante dans le commerce mondial contemporain. Celui-ci s'inscrit dans les lois des marchés oligopolistiques et monopolistiques. En situation de concurrence imparfaite, les firmes ne subissent plus le marché ; elles sont interdépendantes et construisent des stratégies en anticipant les réactions de leurs concurrents. Sur le plan commercial, les effets de dimension fondent l'avantage des firmes. Par exemple, grâce aux exportations, une firme peut élargir son marché et mieux amortir ses coûts fixes (économies d'échelle internes) ; ses rendements deviennent donc croissants, ce qui améliore sa compétitivité et lui ouvre de nouveaux marchés. Pour résister à cette concurrence, les autres firmes doivent réagir et exporter, ce qui explique les échanges croisés entre nations de même niveau de développement (échange Twingo-Polo). Dans cette perspective, le bien-être mondial s'élève principalement parce qu'une plus grande variété de l'offre permet de mieux satisfaire la demande. La compétitivité des firmes est également influencée par les économies d'échelle externes ; la concentration des firmes sur un même territoire permet à chacune d'entre elles de bénéficier de la baisse du prix des fournitures et des infrastructures, de la diffusion du capital technologique et humain. Les échanges peuvent alors être replacés dans le cadre du cycle de vie du produit (Vernon). Les firmes innovent pour répondre à la demande locale et acquérir un pouvoir de monopole temporaire qui maximise leur gain. Elles sont ensuite incitées à exploiter leur avantage spécifique en exportant le produit vers des pays à demande structurellement proche ; les gains permettent de financer de nouvelles recherches et d'entretenir leur avantage technologique (investissement immatériel). Lorsque l'innovation se diffuse et que la technologie devient banale, la production est abandonnée ou délocalisée ; le pays devient alors importateur. Les lois du marché de concurrence imparfaite expliquent donc également l'évolution structurelle des échanges.

Le libre-échange mis en place par les États, en particulier le libre-échange multilatéral et négocié à partir de 1947, a permis d'étendre aux relations commerciales les lois du marché. Celles-ci justifient l'échange par l'élévation du bien-être social ; elles expliquent à la fois la spécialisation (DIT, NDIT) et la nature des échanges (inter-branches, intra-branche).

CEPENDANT, le marché n'est pas la seule instance de régulation des relations commerciales internationales ; il se combine avec les autres instances de régulation. Les entreprises, notamment les firmes multinationales (FMN), conservent un « pouvoir de marché » (A). En raison des imperfections de la régulation marchande, les États (B) et les institutions internationales (C) doivent délimiter le champ du marché et participer à la régulation des relations économiques internationales.

Tout d'abord, les FMN, loin de s'opposer aux lois du marché, apparaissent comme les acteurs principaux de leur propagation : elles tirent avantage d'un marché globalisé. Ainsi, dans le paradigme OLI (Dunning), la FMN exploite les avantages comparatifs des pays : la localisation (« L ») à l'étranger ouvre à la firme les opportunités d'offre ou de demande spécifiques au territoire. La division internationale du processus de production (DIPP) permet ainsi aux FMN de s'approprier les gains de la spécialisation internationale. Mais les FMN constituent également une alternative au marché. Coase et Williamson se sont interrogés sur la nature de la firme : elle est liée au marché, sur lequel elle se fournit en *inputs* et où elle écoule sa production ; en même temps, la gestion hiérarchique et administrée des activités internes de la firme en fait une alternative au marché. L'internalisation (« I ») d'une activité repose sur l'arbitrage entre les coûts de transactions inhérents au marché et les coûts d'organisation. La réduction des coûts de transport et les possibilités de communication offertes par les nouvelles technologies de la communication et de l'information ont réduit les coûts d'organisation et favorisé l'expansion des FMN globales (W. Andreff). Enfin, pour protéger ses avantages spécifiques (*ownership advantages*, « O »), son savoir-faire, sa technologie, réduire l'incertitude sur la qualité ou les délais, l'entreprise peut avoir rationnellement intérêt à se multinationaliser. Dès lors, une partie des relations internationales, un tiers environ, deviennent des relations intra-firme, qui échappent à ce titre aux lois du marché. Les prix internationaux peuvent donc être des prix internes, les décisions de production et de rémunération relevant également de critères internes. D'une manière plus générale les FMN, en raison de leur taille, détiennent un pouvoir de marché qui leur permet de s'affranchir partiellement des lois du marché. Dans une vision walrasienne, cette entrave au fonctionnement du marché peut éloigner de l'optimum collectif. En revanche, dans une optique schumpeterienne, ce pouvoir de marché peut accroître la capacité de développement des innovations et favoriser la croissance à long terme. L'entreprise, et la FMN en particulier, apparaît comme un véritable acteur des relations économiques internationales.

Simultanément, malgré l'extension du marché, les institutions publiques nationales conservent une certaine capacité de régulation. Tout d'abord, les théories de la croissance endogène soulignent le rôle clé de l'État dans l'accumulation des capitaux à fortes externalités positives : capitaux publics, dépendants des politiques structurelles, capitaux technologiques, liés aux dépenses en recherche et développement, capital humain enfin, lié à la politique de formation initiale et continue. Ainsi, la croissance de ces investissements élève la rentabilité des firmes nationales : les avantages comparatifs ne sont plus des données exogènes, mais le produit de la politique économique. Cette dernière peut donc modifier la spécialisation et attirer les investissements directs à l'étranger (IDE) dans le cadre d'un processus cumulatif. Ensuite, les États peuvent mener des politiques commerciales. Au XIXe siècle, les pays en retard et notamment l'Allemagne ont utilisé le protectionnisme éducateur : « Le protectionnisme est notre voie, le libre-échange est notre but » (List). Le modèle de développement asiatique, qui a permis l'essor de la Corée et aujourd'hui de la Chine, repose sur la combinaison d'une insertion dans le marché et d'une forte intervention étatique. Un protectionnisme temporaire et sélectif peut être nécessaire pour permettre aux firmes nationales d'acquérir la taille et la maîtrise technique nécessaires à l'affrontement de la concurrence étrangère. Dans les pays développés, les tentations de protectionnisme défensif restent présentes à travers les subventions agricoles ; en 2002, les États-Unis ont également instauré des taxes de 8 à 30% sur les produits en acier, pratique condamnée par l'OMC mais qui a temporairement protégé l'industrie américaine. Enfin, les États peuvent délimiter l'espace de la régulation marchande. Les intégrations régionales, à l'image de l'Union européenne et de l'ALENA, montrent que les lois du marché peuvent être circonscrites. Une union douanière telle que l'Union européenne génère deux effets distincts, soulignés par J. Viner. L'extension du libre-échange et des lois du marché au sein de l'Union crée du trafic, en intensifiant la division du travail entre pays membres. Mais simultanément le tarif extérieur commun engendre un détournement de trafic : des biens et services produits moins cher à l'extérieur de l'Union ne sont pas importés. Cette distorsion n'est pas économiquement efficiente, à court terme du moins, mais résulte du choix politique que représente la préférence communautaire. Malgré le développement du libre-échange et la mondialisation de l'économie, le champ de la régulation marchande peut donc être limité par les États.

Au-delà des États-nations, il existe également un besoin et une capacité de régulation internationale ; en effet, il n'y a pas de marché sans règles. Les lois du marché ont été progressivement institutionnalisées dans le cadre national, ce qui a d'ailleurs permis que se développent des modèles distincts d'économie de marché (M. Albert, *Capitalisme contre capitalisme*). L'essor des relations commerciales internationales dans le cadre de la mondialisation engendre un décalage entre l'espace du marché étendu au monde et l'espace de la régulation qui reste de la compétence des États. L'OMC devient alors une institution clé. Elle doit simultanément créer le marché, l'encadrer et le faire respecter. D'une part, les négociations se poursuivent ainsi au sein de l'OMC pour étendre le champ de la « concurrence loyale », notamment pour les produits agricoles et les services. D'autre part, la Conférence de Doha (2002) a autorisé tous les pays à produire et distribuer des médicaments pour protéger la santé de leur population ; cette décision remet en cause la protection des brevets des firmes multinationales et montre que des règles spécifiques peuvent s'appliquer à certains secteurs d'activité. De même, l'Europe et la France en particulier demandent que l'accord général sur le commerce des services (AGCS) prenne en compte les spécificités des activités culturelles (« exception culturelle »). Enfin, l'Organe de règlement des différends (ORD) permet de faire respecter la loi commune des accords en réglant les conflits entre membres en moins de dix-huit mois (entre trente et cinquante décisions par an depuis 1995). Aux côtés de l'OMC représentant les cent quarante-deux États membres, de nouvelles organisations internationales émanant de la société civile constituent des groupes de pression susceptibles de faire évoluer les règles commerciales internationales (organisations non-gouvernementales et syndicats notamment). L'introduction de règles sociales minimales dans les accords de l'OMC achèverait la transformation de cette institution commerciale en véritable instance de régulation.

Les relations commerciales internationales se situent au carrefour des lois du marché, des stratégies des entreprises et de l'action des institutions publiques nationales et internationales. Leur développement exige d'étendre au-delà des frontières les modes de régulation mis en place depuis le XIXe siècle au sein des économies de marché. L'extension du libre-échange et des lois du marché a pour corollaire le développement de nouvelles instances de régulation.

L'ESSOR des relations commerciales internationales s'inscrit dans le temps long du développement du capitalisme et s'est amplifié récemment avec la mondialisation. Celle-ci peut se définir comme l'extension au monde de l'économie de marché et des lois qui la régulent. Se trouve alors vérifié le phénomène qui définit l'économie de marché : « un espace à l'intérieur duquel les prix fluctuent à l'unisson » (F. Braudel, *La dynamique du capitalisme*). Les lois du marché s'imposent aux agents, ménages, entreprises et États, en orientant leurs comportements. Simultanément, ces agents conservent une capacité de régulation et peuvent acquérir un pouvoir de marché. En ce sens, l'économie de marché est mixte, combinant régulation par les lois du marché et par l'action des institutions privées et publiques.

La « grande transformation » est selon Karl Polanyi le processus d'institutionnalisation du marché, qui en délimite le champ. Il appartient aujourd'hui aux agents, États, citoyens, organisations, de s'engager à l'échelle internationale dans une voie semblable pour concilier efficience économique et objectifs sociaux, en réduisant le caractère destructeur des lois du marché.

IV Commentaires

1 Autre plan possible

La dissertation proposée évite l'un des pièges du sujet : assimiler lois du marché et concurrence pure et parfaite. Elle respecte le programme en intégrant dans le raisonnement une perspective historique; cependant, elle privilégie la période récente de mondialisation. Le plan est finalement de type oui/mais, relativement simple. Un plan en trois parties était également envisageable :

I Les théories du commerce international permettent d'identifier des lois relatives aux échanges entre pays ;

II L'essor du libre-échange a permis le développement de cette régulation, notamment dans le cadre du GATT et de l'OMC ;

III Mais les firmes et les États conservent une capacité d'influence.

2 Sujet connexe

Le sujet ESC (1997) *Le libre-échange, mythe ou réalité depuis 1947 ?* pose une autre question. Il faudrait, sur ce sujet, montrer tout d'abord comment le libre-échange a été progressivement instauré à partir de 1947 : mythe en 1947, il est une réalité dès la fin des années 1980 en ce qui concerne les produits industriels (I). On pourrait ensuite montrer les limites de ce libre-échange qui demeure partiel (II). D'une part, les échanges de produits agricoles et de services ne sont pas encore totalement libres ; d'autre part, malgré le renoncement au protectionnisme, les États disposent toujours de moyens permettant d'avantager les firmes nationales ; enfin, les firmes multinationales peuvent développer leur propre organisation et échapper aux lois du libre-échange.

3 Bibliographie

MONTOUSSÉ, Marc, dir., *50 fiches pour comprendre les débats économiques actuels*, Paris, Bréal, 2003. Se reporter aux fiches 43, « L'OMC », et 44, « La nouvelle gouvernance mondiale ».

RAINELLI, Michel, *L'organisation mondiale du commerce*, Paris, La Découverte, coll. « Repères », n° 193, 1996. Se reporter en particulier au chapitre II, « L'institution GATT » (p. 15–33).

AUBIN, Christian, et NOREL, Philippe, *Économie internationale*, Paris, Seuil, coll. « Points Économie », n° E47, 2000. Se reporter à la première partie, « Commerce international » (p. 17–124).

Dissertation 12
Les pays émergents ont-ils intérêt à accentuer leur ouverture aux échanges internationaux ?

I Analyse du sujet

1 Les mots clés

L'expression « pays émergent » est apparue dans les années 1980, avec le développement des marchés financiers des pays du Sud, à l'exemple de la Malaisie, de Taïwan, de l'Afrique du Sud, de la Corée de Sud ou encore du Brésil. Les pays émergents réunissent selon le CEPII (Centre d'études prospectives et d'informations internationales) trois caractéristiques : leur revenu par tête, inférieur à la moyenne des pays de l'OCDE, est en forte croissance ; leurs exportations de produits manufacturés augmentent à un rythme supérieur à la croissance des échanges mondiaux ; enfin, ces pays attirent les capitaux étrangers. D'une manière générale, sont rassemblés dans cette catégorie tous les pays qui cherchent à se développer en s'ouvrant à la mondialisation. Cette expression souligne l'éclatement du Tiers-Monde : certains pays émergent tandis que d'autres restent enfermés dans le cercle vicieux du sous-développement. Il est alors possible de rapprocher les pays émergents des pays en retard à la fin du XIXe siècle (Allemagne, Russie) qui se sont industrialisés dans le cadre de la première mondialisation.

L'ouverture exprime une volonté d'insertion dans les relations économiques internationales. L'ouverture commerciale se mesure par le rapport de la moyenne des exportations (X) et des importations (M) sur le produit intérieur (PIB) ; le taux d'ouverture est alors égal à

$$\frac{\left(\dfrac{\mathrm{X}+\mathrm{M}}{2}\right)}{\mathrm{PIB}}.$$

L'ouverture financière favorise la mobilité du capital ; elle résulte de la déréglementation qui réduit le contrôle des mouvements de capitaux à court et à long terme.

2 Connaissances à mobiliser

La dissertation devra utiliser les analyses théoriques du commerce international pour expliquer la relation généralement positive entre ouverture commerciale et croissance. L'étude des flux d'investissements directs à l'étranger et les analyses des crises financières des années 1990 permettront de dresser un bilan contrasté de l'ouverture financière. Les exemples historiques montreront que les modalités de l'ouverture jouent un rôle déterminant dans ses effets sur la croissance et le développement.

3 Enjeux et problématique

Dans les années 1960, les pays en développement ont recherché l'indépendance nationale à travers des stratégies différentes : industries industrialisantes, substitution aux importations, promotion des exportations. Les succès des nouveaux pays industrialisés d'Asie (NPIA) ont conduit à une convergence vers le modèle asiatique d'insertion dans les relations économiques internationales. L'augmentation de l'ouverture aux échanges internationaux, d'une part de biens et services, d'autre part de capitaux, peut-elle accélérer la croissance des pays émergents ?

II Plan détaillé

I La forte croissance des pays émergents montre l'intérêt de l'ouverture...

1. ... Aux échanges commerciaux...
2. ... Et financiers

II L'accentuation de l'ouverture engendre cependant des risques

1. Le choc de l'ouverture peut être destructeur...
2. ... Et source d'instabilité

III L'ouverture des pays émergents doit être régulée en s'inscrivant dans une stratégie globale de développement

1. L'ouverture exige des réformes structurelles précisées par le « consensus de Washington »...
2. ... Mais les stratégies nationales des pays émergents s'éloignent souvent de ce cadre libéral

III Dissertation rédigée

L'ENTRÉE EN 2002 de la Chine dans l'organisation mondiale du commerce (OMC) révèle le renversement des stratégies de développement des pays du Tiers-Monde : au « compter sur ses propres forces » de Mao Zedong succède le « socialisme de marché » ouvert aux relations économiques internationales. La Chine suit ainsi la voie qui fit de la Corée de Sud, de Taïwan, de Singapour et de Hong Kong, mais aussi de l'Afrique du Sud, du Brésil et de la Malaisie, des pays émergents.

Les pays émergents semblent rompre le cercle vicieux du sous-développement : l'élévation du PNB par personne résulte de la croissance de leurs exportations et de l'afflux de capitaux étrangers. Leur croissance est donc liée à l'insertion dans les relations commerciales et financières internationales. Mais, à l'image des pays de la seconde vague de la fin du XIXe siècle, l'ouverture extérieure des pays émergents s'écarte souvent des principes du libre-échange pour s'inscrire dans le cadre de stratégies de développement volontaristes. Les pays émergents ont-ils intérêt à accentuer leur ouverture aux échanges internationaux ? L'ouverture est la suppression, ou la diminution, des barrières institutionnelles qui entravent les échanges de biens, de services et de capitaux, mais aussi d'hommes et d'idées.

L'échec des tentatives de développement auto-centré et la forte croissance des pays émergents montrent l'intérêt de l'ouverture aux échanges commerciaux et financiers (I). Les années 1990 ont cependant révélé les risques de l'accentuation de cette ouverture (II) ; elle doit donc être régulée, en s'inscrivant dans une stratégie de développement cohérente (III).

EN 1965, le secteur secondaire ne contribue que pour 10% au PIB de la Corée du Sud et le niveau de vie moyen est proche de celui de l'Inde. Elle s'engage alors dans une stratégie d'insertion dans les relations économiques internationales qui rompt avec les stratégies tiers-mondistes de développement auto-centré. À l'exemple de la Corée du Sud, les pays émergents vont bénéficier des effets dynamiques des relations commerciales (A) et financières (B) internationales.

L'ouverture aux échanges commerciaux favorise la croissance par l'insertion dans la division internationale du travail (DIT). Dans une logique ricardienne, l'ouverture permet un gain d'efficience qui résulte d'une utilisation plus rationnelle des ressources. Les pays émergents ont intérêt à se spécialiser dans les activités intensives en main d'œuvre peu qualifiée et exigeant une forte compétitivité prix. Leur avantage comparatif dynamise les exportations qui permettent en contrepartie de financer les importations nécessaires à l'industrialisation. Le réservoir de main d'œuvre du secteur primaire évite une hausse rapide des salaires et incite au réinvestissement des profits. L'appareil productif évolue ainsi progressivement et, à la fin des années 1980, l'industrie coréenne représentait un tiers du PIB et plus de 80% des exportations du pays. Dans une logique smithienne, l'ouverture accroît la taille du marché et permet une meilleure organisation de la production. L'effet de dimension accroît la taille des firmes, génère des économies d'échelle en amortissant les coûts fixes sur une production de masse, et renforce finalement la compétitivité prix. L'effet de concurrence oblige les entreprises à réduire les coûts, en réalisant notamment des investissements de productivité, et à innover pour préserver leurs débouchés en répondant aux spécificités de la demande. L'appareil productif se modernise progressivement, la spécialisation évoluant de produits à faible valeur ajoutée vers des produits de plus en plus élaborés : chaussure, textile, automobile, électronique, etc. Les avantages à l'exportation des pays émergents leur permettent d'augmenter leur part dans les exportations mondiales, de 10% environ dans les années 1960 à près de 20% en 2000. La demande externe constitue finalement une source privilégiée de la croissance des pays émergents.

L'ouverture aux capitaux étrangers contribue également à rompre le cercle vicieux du sous-développement. Les populations pauvres ne peuvent épargner, ce qui limite l'investissement, la productivité et les revenus : « un pays est pauvre, parce qu'il est pauvre » (Nurkse). L'épargne étrangère peut se substituer à l'épargne locale pour réaliser une première accumulation de capital, source de gains de productivité et à terme d'enrichissement. À la fin du XIXe siècle, l'épargne française et anglaise a ainsi contribué au financement des pays neufs (Russie, Allemagne). Les capitaux étrangers sont prêtés ou investis ; dans le premier cas, ils sont attirés par les taux d'intérêt ; dans le second cas, ils recherchent le profit qui résultera de l'investissement. Pour limiter leur endettement, les pays émergents cherchent à attirer les investissements directs à l'étranger (IDE) en leur garantissant une forte rentabilité. L'ouverture les conduit ainsi à éviter toute mesure qui accroîtrait les coûts de production (avantages sociaux, prélèvements obligatoires) et à créer des « zones franches » : en 2000, la Chine captait 40% des IDE à destination des pays en développement grâce à ses zones économiques spéciales. Les IDE exercent un double effet sur la croissance. De façon directe, ils permettent d'élever le taux d'investissement au-dessus des capacités de financement de l'économie. Ils concourent ainsi au *take off* (Rostow). De plus, l'excédent de la balance des capitaux permet de financer le déficit commercial. De façon indirecte, les IDE favorisent la diffusion du capital technologique et du capital humain : les salariés des entreprises exportatrices acquièrent des compétences et savoir-faire qu'ils peuvent ensuite exploiter dans d'autres activités ; les firmes elles-mêmes accumulent une expérience transférable. Enfin, dans une logique weberienne, l'ouverture aux capitaux étrangers favorise la transformation des mentalités : elle impose une rationalisation de la production, valorise l'esprit d'entreprise et exige des évolutions juridiques et sociales favorables à l'accumulation capitaliste. L'entrée de capitaux étrangers est donc source de changement économique et social.

L'ouverture commerciale et financière des pays émergents stimule leur croissance économique, « augmentation à long terme de la capacité d'offrir une diversité croissante de biens et services » (Kuznets). Mais l'ouverture est également favorable au développement, « combinaison des changements mentaux et sociaux d'une population qui la rendent apte à faire croître durablement son produit réel global » (Perroux).

LA DYNAMIQUE DE L'OUVERTURE rencontre cependant des limites. Le choc provoqué par l'insertion dans les échanges internationaux est destructeur (A) et accroît l'instabilité (B).

L'ouverture aux échanges internationaux constitue un choc qui rompt la division traditionnelle du travail entre le Nord, exportateur de produits manufacturés, et le Sud, exportateur de produits primaires. Les délocalisations organisées par les firmes transnationales (FTN) transfèrent dans les NPI les activités arrivées en fin de cycle de vie du produit, exigeant une forte compétitivité prix. Les gains de productivité obtenus doivent être affectés à la baisse du prix réel des biens exportés pour préserver l'avantage concurrentiel des filiales ateliers des pays émergents. La logique privée des FTN peut alors entrer en contradiction avec les intérêts du pays d'accueil des IDE. Toute hausse des rémunérations, et d'une manière générale des coûts de production, entraînerait le reflux des IDE vers d'autres territoires plus attractifs. La généralisation du modèle d'insertion par promotion des exportations accroît la concurrence entre les pays émergents : les économies de deuxième génération, comme la Thaïlande, la Malaisie, et de troisième génération, comme le Vietnam, se trouvent ainsi confrontées à un environnement concurrentiel plus difficile que celui rencontré par les premiers pays émergents. En outre, la spécialisation dans des activités régressives, où la demande internationale croît moins vite que le revenu, oriente les prix à la baisse ; la croissance peut ainsi devenir « appauvrissante » (Bhagwati). Enfin, l'ouverture accroît le dualisme de l'appareil productif. En Chine, par exemple, les IDE se concentrent dans les zones côtières, tandis que les régions intérieures conservent un mode de production traditionnel et agricole. Les pôles de croissance extravertis ne semblent pas entraîner le développement des régions rurales protégées de l'ouverture. Les petits pays, à l'image des dragons asiatiques ou des pays baltes en Europe, tirent plus facilement avantage de l'ouverture que les grands pays (Inde, Chine, Brésil). En effet, une faible part du marché mondial (ou européen) suffit à diffuser l'industrie sur tout le territoire de Taïwan (22 millions d'habitants), de la Corée (47 millions) ou de l'Estonie (1,3 millions), mais ne permet qu'une industrialisation marginale de l'Inde ou de la Chine. L'ouverture, même si elle reste corrélée positivement avec l'augmentation de l'indicateur de développement humain (IDH), peut donc accroître les inégalités internes, en particulier à l'intérieur des pays fortement peuplés.

Les crises financières des années 1990 montrent que les contradictions entre l'ouverture commerciale et l'ouverture financière augmentent les risques de crise. Sur le plan commercial, la préservation de la compétitivité prix des territoires émergents incite à la sous-évaluation et à la dépréciation de leur monnaie (effet Balassa-Samuelson). Le Japon dans les années 1950–1960 comme la Chine aujourd'hui sont intervenus sur le marché des changes pour éviter l'appréciation du yen et du yuan. Sur le plan financier, les créanciers souhaitent au contraire le maintien voire l'appréciation du taux de change. Encouragés par le FMI et la Banque mondiale, les pays émergents ont donc adopté des politiques d'ancrage monétaire sur le dollar dans les années 1990. Ces politiques devaient renforcer la confiance des offreurs de capitaux et ainsi faciliter le financement de l'économie. En effet, dans un premier temps, les capitaux affluèrent, sous forme d'IDE et d'investissements de portefeuille, mais également de prêts à court terme consentis aux banques. Cette abondance a nourri une bulle spéculative, financière et immobilière, et a conduit les banques à accorder des financements pour des opérations peu rentables. L'appréciation du dollar et les tensions inflationnistes internes remirent en cause la pérennité de l'ancrage et la compétitivité prix des pays. Le renversement des anticipations engendre alors la fuite de capitaux, du Mexique en 1992, des pays asiatiques en 1997, de l'Argentine en 2001. Celle-ci entraîne l'effondrement des monnaies et renforce la crise de confiance. La crise, d'abord financière, se propage à l'économie réelle : les agents qui éprouvent un besoin de liquidités ne peuvent obtenir de financement et sont acculés à la faillite. L'effondrement de l'investissement, les restructurations d'entreprises puis de banques entraînent la montée du chômage et de la pauvreté. De manière générale, l'ouverture apparaît pro-cyclique : les capitaux affluent en période de croissance et entretiennent la spéculation ; ils fuient lorsque les anticipations se renversent et entretiennent la crise. L'ouverture engendre donc un nouveau type de crises financières, caractéristiques du XXIe siècle selon M. Camdessus.

L'ouverture aux échanges internationaux n'est pas une panacée. Elle crée des opportunités mais s'accompagne de risques qu'il convient de réduire.

LE DÉMANTÈLEMENT DES BARRIÈRES institutionnelles limitant les échanges de produits, de services et de capitaux ne suffit pas à définir une stratégie de développement. Une stratégie combine en effet un ensemble cohérent de mesures : l'ouverture doit s'intégrer dans un cadre plus général qui la régule. Le consensus de Washington inscrit l'ouverture dans une logique qui privilégie la régulation marchande (A) ; la réussite des pays émergents asiatiques montre cependant le rôle clé de l'intervention étatique (B).

Les échecs du développement auto-centré et la crise de la dette des pays en développement (1982) ont conduit le FMI et la Banque mondiale à proposer des politiques d'ajustement structurel. Elles se fixent pour objectif de réduire les déséquilibres internes et externes : la contraction de la dépense publique limitera le déficit budgétaire et l'endettement public ; la privatisation des entreprises, la suppression des subventions et la libéralisation des prix restaureront les mécanismes autorégulateurs du marché. Cet assainissement doit accompagner l'ouverture, permise par la réduction ou la suppression négociée des barrières douanières et du contrôle des mouvements de capitaux. Enfin, l'État doit garantir la sécurité des biens et renforcer l'attractivité du territoire par l'affectation de la dépense publique aux infrastructures (moyens de communication par exemple), à l'éducation et à la formation du capital humain. Cet ensemble de mesures constitue une thérapie de choc *a priori* inadaptée aux pays les moins avancés (PMA), mais pouvant être mise en œuvre dans les pays émergents. Les IDE, attirés par cet environnement favorable et les avantages comparatifs, stimulent alors une croissance impulsée par le développement des industries exportatrices.

Les institutions internationales doivent cependant pallier les défaillances des marchés financiers et le risque systémique. En cas de crise, la fuite des capitaux engendre une crise de liquidité : les agents ne trouvent plus les financements nécessaires, même lorsque leur situation économique réelle est saine : ils sont ainsi contraints de vendre leurs actifs à la baisse, ce qui entretient la crise selon un mécanisme déjà décrit par Fisher dans les années 1930. Un prêteur en dernier ressort international doit pouvoir refinancer le système en injectant des liquidités nouvelles, ce que firent la banque centrale américaine et le FMI lors de la crise mexicaine, et le FMI principalement, mais tardivement, lors de la crise asiatique. Ces interventions évitent la propagation de la crise, mais en réduisent peu les effets sur le pays qui la subit. Elles traduisent finalement l'incapacité des marchés financiers à assurer un financement stable de l'économie. Alors que les crises de change de première génération résultaient d'une dégradation initiale des fondamentaux, balance des transactions courantes notamment, c'est le renversement des anticipations qui est à l'origine de la crise asiatique. Dans ce contexte, certains pays ont renoncé à accentuer leur ouverture financière : le Chili, par exemple, a imposé un dépôt non rémunéré d'une durée d'un an et se montant à 30% des capitaux entrants, afin de décourager les mouvements spéculatifs de court terme. Cette mesure lui a permis d'échapper à la crise mexicaine, tandis que la Chine et l'Inde, qui contrôlent les mouvements de capitaux hors des zones franches, échappaient pour leur part à la crise asiatique. L'ouverture des pays émergents aux capitaux spéculatifs fortement mobiles à court terme ne favorise pas leur croissance à long terme et pourrait déstabiliser l'ensemble de l'économie mondiale, opinion développée notamment par P. Krugman (*Pourquoi les crises reviennent toujours*, 2000) et J. Stiglitz (*La grande désillusion*, 2002).

Paradoxalement, de nombreux pays émergents ont suivi des politiques de développement volontaristes qui s'écartent des principes libéraux du consensus de Washington. Déjà les pays de la seconde vague d'industrialisation à la fin du XIXe siècle avaient compensé leur retard en s'appuyant sur l'intervention active de l'État, comme l'a souligné Gerschenkron. Le protectionnisme éducateur est alors présenté comme une phase préalable à l'ouverture : « La protection est notre voie, le libre-échange est notre but » (List). De la même façon, le modèle asiatique coréen repose sur le volontarisme de l'État, associé à l'ouverture extérieure et au dynamisme de l'entreprise. Ainsi, la première phase de l'industrialisation s'est appuyée sur une réforme agraire ; celle-ci libère une main d'œuvre abondante et bon marché embauchée par les firmes exportatrices produisant selon les principes tayloriens. Dans une seconde phase, la politique industrielle, financière et commerciale fait évoluer la spécialisation, selon une logique de remontée des filières. Grâce au protectionnisme éducateur, la demande de biens de productions des firmes exportatrices est satisfaite par les firmes nationales, qui bénéficient en outre de conditions de financement avantageuses. L'expérience acquise sur le marché intérieur et les économies d'échelle permettent aux firmes de construire de nouveaux avantages comparatifs et de conquérir ensuite les marchés étrangers : à l'industrie légère (textile) des années 1960 succèdent les industries lourdes traditionnelles (sidérurgie, construction navale) dans les années 1970, puis l'automobile et l'électronique (semi-conducteurs). De plus, la politique financière impose des accords de *joint ventures* (firmes conjointes) associant le capital étranger à l'épargne locale. Les grands chaebols coréens, Samsung, Hyundai, Daewoo, ont pu ainsi se développer à côté des filiales ateliers des FTN.

Au cours de cette seconde phase de développement, les gains de productivité et l'évolution des produits permettent l'augmentation des salaires réels : le marché intérieur, largement protégé, soutient à son tour la croissance. Les firmes qui reposent sur la compétitivité de la main d'œuvre se délocalisent vers les nouveaux pays émergents (Thaïlande, Vietnam, Chine), la Corée et Taïwan devenant des pays exportateurs d'IDE, y compris vers l'Europe et les États-Unis. Le volontarisme asiatique connaît toutefois des limites. La croissance forte résulte d'une suraccumulation de capital combinée à une main d'œuvre abondante et laborieuse. Le modèle asiatique serait finalement un modèle de croissance extensive, qui devrait buter à terme sur les rendements décroissants (P. Krugman, *Le mythe de la croissance asiatique*, 1994). L'accentuation de l'ouverture pourrait alors, dans une troisième étape du modèle, favoriser l'évolution vers des activités incorporant davantage de capital technologique, ce qui rendrait la croissance plus intensive. L'ouverture commerciale et financière représente une dimension du modèle asiatique, mais ne suffit pas à en expliquer les réussites.

Si l'ouverture participe au processus de développement, elle n'en constitue pas une condition suffisante. La croissance de long terme des pays émergents exige l'organisation de leur ouverture et la régulation des flux commerciaux et financiers. En ouvrant le « cycle du développement », la conférence de Doha devrait permettre aux pays du Sud d'obtenir des contreparties à l'ouverture croissante de leurs frontières.

LA RECHERCHE DE L'INDÉPENDANCE et la lutte contre l'impérialisme justifiaient les politiques de développement auto-centrées des années 1960–1970. Les pays émergents parient au contraire sur les avantages engendrés par l'insertion dans les relations commerciales et financières internationales. Après les succès des NPI asiatiques, l'ouverture extérieure est devenue dans les années 1980 la stratégie de développement dominante. Cependant, les leçons tirées des expériences nationales et la succession des crises financières des années 1990 montrent que l'accentuation de l'ouverture doit être progressive et sélective, afin d'en limiter les risques.

L'Europe, en intégrant les pays baltes, la Hongrie et la République tchèque, va permettre à ces pays émergents de bénéficier des capitaux étrangers dans un cadre régulé qui garantit une certaine stabilité. L'ouverture est alors pleinement profitable pour les pays émergents comme pour les autres membres qui trouvent ainsi de nouvelles sources de croissance.

IV Commentaires

1 Critique de la dissertation

L'intérêt du sujet résulte de la répétition des crises de change des années 1990. Cependant, celles-ci ne pouvaient être présentées (II-B) sans avoir auparavant justifié les politiques d'ouverture (I). Le plan suivi se rapproche ainsi du type « thèse, antithèse, synthèse ». Les exemples privilégient les pays émergents asiatiques et pourraient être plus variés. Enfin, il y a une certaine confusion entre les nouveaux pays industrialisés et les pays émergents ; ceux-ci se caractérisent en principe par l'essor de marchés financiers locaux, mais on peut penser que le jury a utilisé cette expression dans une acception très large.

2 Sujet connexe

La banque ECRICOME a proposé en 1996 un sujet proche : *L'échange international peut-il être toujours considéré comme un facteur de rattrapage ?* Il est cependant plus large puisqu'il concerne tous les pays en retard. L'argumentation exigerait donc de préciser davantage les handicaps spécifiques aux pays les moins avancés (PMA) : échange inégal, dégradation des termes de l'échange, faible attractivité du territoire pour les IDE.

3 Bibliographie

DUFOUR, Jean-François, *Les NPI asiatiques*, Paris, Dunod, coll. « Topos », 1998. Se reporter en particulier, dans le chapitre 2, aux paragraphes « L'ouverture, clé du succès » et « Revers de la médaille et fragilités » (p. 47–63).

FOUQUIN, Michel, « Les grands pays émergents profitent de la mondialisation », *Problèmes économiques*, 16 juin 1999, n° 2621, in cédérom *L'actualité en revues*, Documentation Française et Scéren-CRDP du Languedoc-Roussillon, 2002.

ADDA, Jacques, *La mondialisation de l'économie*, Paris, La Découverte, coll. « Repères », n° 199, 1998. Se reporter en particulier au chapitre VI, « La dialectique de la mondialisation et de la crise » (p. 95–113).

Dissertation 13
L'intégration économique puis monétaire des pays européens a-t-elle favorisé la croissance des pays membres de l'Union ?

I Analyse du sujet

1 Les mots clés

Le sujet se présente sous la forme d'une question explicite, que la définition des mots clés permettra de préciser. Par intégration, il faut entendre un processus d'unification qui conduit des économies distinctes à se fondre dans un ensemble homogène. Bela Balassa distingue cinq niveaux d'intégration, dans une typologie bien adaptée au processus d'intégration européen : la zone de libre-échange, l'union douanière, le marché commun, l'union économique et enfin l'union économique et monétaire.

L'intégration économique conduit à une convergence réelle : convergence des niveaux de production et de productivité, donc également des revenus et des niveaux de vie. L'intégration monétaire exige par contre une convergence nominale préalable des variables monétaires et financières, taux d'inflation et taux d'intérêt notamment. La croissance est, elle aussi, un processus complexe qui permet « l'augmentation soutenue et à long terme d'un indicateur de dimension, pour une nation le produit global en termes réels » (F. Perroux).

2 Connaissances à mobiliser

Le processus d'intégration s'est réalisé par étapes qu'il faudra préciser et analyser. Il conviendra en particulier de bien distinguer l'intégration économique de l'intégration monétaire. Il faut distinguer clairement convergences réelle et nominale. La convergence réelle de la production, de la productivité et des revenus résulte de l'intégration économique ; la convergence nominale des variables monétaires et financières, taux d'intérêt et taux d'inflation notamment, constitue par contre un préalable à l'union monétaire. L'étude des effets d'un marché commun, puis d'un marché unique, exige de bien connaître les grandes orientations du traité de Rome, ainsi que les théories du commerce international et de la régionalisation. La convergence monétaire demande de connaître les principales dispositions du traité de Maastricht, leurs implications pour les politiques économiques et la théorie des zones monétaires optimales.

3 Enjeux et problématique

Les traités instituant l'Union européenne permettent de préciser la problématique. Ils indiquent, en effet, que l'intégration économique puis monétaire a pour but de favoriser la croissance et l'élévation du niveau de vie, en impulsant une dynamique de marché. Chacune des étapes du processus d'intégration constitue un choc pour l'appareil productif. L'intégration économique, en augmentant la taille du marché, en intensifiant la concurrence entre les firmes des pays membres, en exigeant la mise en œuvre de politiques communes, a-t-elle favorisé la croissance par la convergence réelle ? L'intégration monétaire, en exigeant et en organisant la convergence nominale, a-t-elle favorisé la croissance des pays membres ?

II Plan détaillé

I L'intégration économique a favorisé la croissance des pays membres, à travers le processus de convergence réelle

1. Les avantages de la spécialisation au sein d'un marché commun puis unique
2. Les nouvelles théories du commerce international et de la croissance endogène mettent en évidence le rôle des interactions entre agents sur un marché concurrentiel
3. L'ouverture des frontières constitue cependant un choc qu'il faut amortir

II Depuis le début des années 1990, l'intégration monétaire exige une convergence nominale qui a pu contraindre la croissance de certains des États membres

1. L'intégration monétaire fut nécessaire pour préserver la dynamique de l'intégration économique
2. La monnaie unique devrait constituer un atout...
3. ... Mais elle induit également des contraintes qui pèsent transitoirement sur la croissance

III Dissertation rédigée

Bela Balassa distingue cinq niveaux progressifs d'intégration régionale : la zone de libre-échange, l'union douanière, le marché commun, l'union économique et enfin l'union économique et monétaire (*The theory of economic integration*, 1961). Dès 1958, les six pays fondateurs de la Communauté économique européenne (CEE) s'engageaient dans la formation progressive d'un marché commun, institué par le traité de Rome (1957). L'intégration économique fut ensuite approfondie par l'Acte unique (1986), qui permettait de réaliser un véritable marché unique des biens, des services, des capitaux et du travail, achevé en 1993. Parallèlement, l'Union s'élargissait, de six à neuf puis dix, douze, quinze et enfin vingt-cinq membres en 2004, ce qui révèle l'attractivité de la zone. Le traité de Maastricht (1992) a étendu l'intégration à la monnaie et conduit à l'adoption de l'euro par onze (1999) puis douze des pays membres.

Les traités successifs ont organisé une intégration progressive des économies des pays membres, qui connaissent un double processus de convergence. Convergence réelle tout d'abord, en matière de production, de productivité et de niveaux de vie ; convergence nominale ensuite, concernant les phénomènes monétaires et financiers, taux d'inflation, taux d'intérêt, déficits et endettement public notamment. L'intégration économique puis monétaire des pays membres a-t-elle, à travers cette double convergence, favorisé leur croissance ?

La stabilité monétaire internationale liée au système de change fixe de Bretton Woods a permis, dans un premier temps, aux pays de la CEE de s'engager dans le processus d'intégration économique sans s'imposer de contraintes monétaires spécifiques. L'intégration économique a alors favorisé la croissance des pays membres, à travers le processus de convergence réelle (I). Les limites du système monétaire européen conduisirent à un nouvel approfondissement dans les années 1990 : l'union monétaire. À partir de 1993, l'intégration monétaire a exigé une convergence nominale qui a pu contraindre la croissance de certains des États membres (II).

De 1958 aux années 1980, l'intégration économique a tout d'abord favorisé la croissance des pays membres, à travers le processus de convergence réelle. Celui-ci est institutionnalisé par le traité de Rome (1957) puis l'Acte unique (1986). La croissance qui en résulte peut être expliquée, tout d'abord, par les théories traditionnelles du commerce international qui montrent les avantages de la spécialisation (A). Les nouvelles théories du commerce international et de la croissance endogène mettent ensuite en évidence le rôle des interactions entre agents sur un marché concurrentiel (B). L'ouverture des frontières constitue cependant un choc qu'il faut amortir (C).

Dans une logique ricardienne, traité de Rome et Acte unique constituent des chocs d'offre qui impulsent la croissance économique à travers des mécanismes de marché. Ces traités institutionnalisent un marché commun puis unique au sein duquel les marchandises, dès 1968, puis les services, les capitaux (en particulier à partir de 1990) et les hommes circuleront librement. Cet espace économique intégré se caractérise par le libre-échange entre les pays membres, la mise en œuvre de politiques instaurant une concurrence loyale et une politique commerciale extérieure commune qui se concrétise par un tarif extérieur commun (TEC). La formation d'une union douanière influence la croissance à travers deux effets, mis en évidence par J. Viner. La suppression des barrières douanières entre les pays membres et l'instauration d'un TEC génèrent un effet de création de trafic : les pays membres se spécialisent dans les activités où ils disposent d'un avantage comparatif ; ainsi la France accroîtra ses exportations agricoles et de services, tandis que l'Allemagne augmentera ses exportations de biens industriels. La spécialisation génère un gain d'efficience, les facteurs de production se déplaçant des activités peu efficaces vers les plus productives.

Mais, simultanément, le TEC induit des détournements de trafic : les pays membres sont incités (préférence communautaire) à s'approvisionner dans l'Union, même si des pays tiers sont plus performants. L'intégration économique ne favorise donc la croissance des pays membres que dans la mesure où les gains liés à la création de trafic sont supérieurs aux pertes induites par les détournements. Il est possible d'identifier des éléments maximisant les gains et réduisant les pertes : par exemple un tarif initial élevé entre les pays membres et un TEC modéré, une grande proximité géographique entre les pays membres et l'éloignement des pays tiers, des demandes structurellement proches et des offres diversifiées, etc. Selon J. Meade, l'intégration économique européenne était d'une manière générale favorable à la croissance des pays membres. Effectivement, les six pays fondateurs connurent une croissance plus forte que celle de la Grande-Bretagne dans les années 1960. À long terme, la croissance forte des pays de l'Union explique son attractivité et donc son élargissement.

Cependant l'intensité des échanges communautaires intra-branche incite à rechercher d'autres explications à la croissance des pays membres. Dans une logique smithienne, la croissance résulte de la combinaison de trois effets : un effet de concurrence, un effet de dimension et un effet de diversification. Marché commun et marché unique remettent en cause les rentes de situation que les firmes se sont construites sur leur marché domestique. La concurrence loyale les pousse à réduire leurs coûts (concurrence par les prix) ou à innover (concurrence qualité). Les effets de dimension résultent des économies d'échelle : sur des marchés de concurrence oligopolistique ou monopolistique, les rendements sont en effet croissants avec la taille en raison de l'importance des coûts fixes. L'élargissement du marché favorise la concentration et réduit les coûts unitaires des entreprises (économies d'échelle internes). Mais les firmes bénéficient également d'économies d'échelle externes, liées à l'amélioration des performances de leurs fournisseurs, à la réduction du coût des infrastructures et aux externalités positives. Enfin, la croissance ne se réduit pas à la simple augmentation de la production ; elle est aussi synonyme d'une production plus variée, répondant ainsi aux spécificités de la demande. La diversité des besoins des consommateurs explique le développement du commerce intra-branche et intra-produit. En combinant ces trois effets, l'intégration économique permet à l'acheteur de disposer d'une offre moins coûteuse et plus diversifiée, répondant mieux à ses besoins. L'arrivée de nouveaux membres relance régulièrement la croissance en stimulant la concurrence et en ouvrant de nouveaux marchés.

Si à long terme le processus d'intégration économique exerce un effet positif sur la croissance, il induit cependant des coûts transitoires qui ne doivent pas être négligés. L'ouverture des frontières et la concurrence qu'elle instaure constituent des chocs auxquels les agents doivent s'adapter. Dans les années 1960, les entreprises sont incitées à se restructurer et à se concentrer dans un cadre national ; émergeront ainsi des « champions nationaux », à l'image de BSN, Peugeot SA en France, compétitifs à l'échelle européenne, mais également sur le marché mondial. Paradoxalement, les firmes multinationales américaines s'implantent à l'intérieur de l'Europe et deviennent les premières firmes organisées à l'échelle de l'Union (Ford, Opel, IBM, etc). Dans les années 1980–1990, les concentrations s'opèrent davantage à l'échelle européenne et l'Acte unique étend ces restructurations au secteur des services, en particulier à la banque et aux assurances. La modernisation des entreprises et de l'appareil productif concourt à la croissance mais entraîne également des fermetures et des délocalisations. C'est dans cette perspective qu'il faut replacer le discours de Georges Pompidou (1970) sur le caractère désormais « permanent » de la question du chômage : les emplois perdus sont compensés par les emplois créés par la croissance, mais le chômage d'inadéquation s'élève. Le caractère progressif de l'intégration permet tout d'abord d'en réduire le coût social. Le traité de Rome prévoyait en effet une réduction progressive sur douze années des barrières douanières. Des mesures de politique économique et sociale d'accompagnement sont ensuite nécessaires. Elles doivent simultanément traiter socialement le chômage, par exemple avec les pré-retraites, et soutenir l'accumulation de capital humain et technologique nécessaire à la dynamique de l'appareil productif. L'Europe participe à ces politiques avec les fonds structurels qui financent notamment les investissements en infrastructures et biens collectifs des régions en retard. En effet, les investissements risquent spontanément de se concentrer dans les régions les plus riches, qui offrent à la fois les débouchés et des conditions d'offre favorables (externalités positives fortes). D'une manière générale, grâce aux restructurations des entreprises et à la modernisation de l'appareil productif, les pays en retard ont convergé, rattrapant les pays les plus riches, à l'exception de la Grèce. Selon J. Pisani-Ferry l'intégration européenne a finalement servi « d'aiguillon et de paravent » : aiguillon en accélérant les mutations nécessaires de l'appareil productif et en particulier des entreprises ; paravent en protégeant les agents du choc brutal de l'insertion directe dans l'économie mondiale.

L'intégration économique de l'Europe est le produit d'un processus, d'une suite de « petits pas » (J. Monnet). Son caractère progressif a permis aux agents de s'adapter aux nouvelles conditions de l'offre et de la demande, favorisant ainsi à long terme la croissance de tous les membres, dans le cadre d'un jeu à somme positive. Les gains d'efficience générés par la division du travail entre les pays membres et surtout les effets de dimension et de concurrence ont permis une croissance durable et non inflationniste, l'élévation de la productivité et des niveaux de vie, conformément aux objectifs fixés par l'article 2 du traité de Rome. L'Europe est ainsi devenue attractive, les nouveaux membres cherchant à bénéficier de la dynamique européenne.

DANS LES ANNÉES 1970, la crise du système monétaire international et la montée des déséquilibres favorisent l'euroscepticisme. L'intégration monétaire semble nécessaire pour préserver la dynamique de l'intégration économique (A). La monnaie unique devrait constituer un atout (B), mais elle induit également des contraintes qui pèsent transitoirement sur la croissance (C).

Une Europe intégrée économiquement ne pouvait supporter l'instabilité des taux de change qui se développe à partir de 1971. Les changes flottants offrent l'avantage de faire du taux de change une variable d'ajustement qui absorbe les chocs. Mais, en contrepartie, les variations de change modifient brutalement les prix relatifs et la concurrence. Les pays qui entretiennent des relations commerciales intenses et favorisent la libre-circulation des facteurs de production forment une « zone monétaire optimale » (Mundell, 1961) et ont intérêt à conserver un système de change fixe. Le serpent monétaire, puis à partir de 1979 le système monétaire européen (SME), vont tenter de préserver la stabilité des taux de change. Le SME limite ainsi les marges de fluctuation à plus ou moins 2,25% jusqu'en 1993. Mais la globalisation financière intensifie les mouvements de capitaux et réduit la capacité des banques centrales à maîtriser le change. L'intégration monétaire, déjà envisagée dans le rapport Werner (1970), est finalement apparue nécessaire à la préservation des avantages de l'intégration économique. Le principe d'une union économique et monétaire est donc arrêté en 1989 avec l'adoption du rapport Delors, et mis en œuvre avec le traité de Maastricht (1992). L'intégration monétaire se caractérise par la fixité irrévocable des taux de change, la libre circulation des capitaux et la totale convertibilité des monnaies des pays membres. L'union monétaire n'exige pas l'adoption d'une monnaie commune, mais l'abandon des monnaies nationales au profit de l'euro renforce la crédibilité de l'union monétaire européenne, réalisée depuis 1999. Les systèmes européens de change fixe, puis la monnaie unique, ont préservé la dynamique de l'intégration économique engagée depuis 1958.

À long terme, l'union monétaire instaure les conditions d'une croissance durable non inflationniste. Depuis son origine, l'Union européenne tire son dynamisme des mécanismes de marché : « Les États membres... agissent dans le respect du principe d'une économie de marché ouverte où la concurrence est libre, favorisant une allocation efficace des ressources » (article 98 du traité de l'Union européenne). Les avantages de la monnaie unique s'inscrivent dans cette logique : l'euro pourrait simultanément réduire les coûts des entreprises et favoriser l'investissement. À un premier niveau microéconomique, la monnaie unique va jouer sur la compétitivité des entreprises (industrielles et de services) et accroître la concurrence. En supprimant les opérations de change liées aux échanges intra-européens, la monnaie unique réduit les coûts de transaction et supprime la rente de situation dont disposaient les entreprises nationales. Au-delà du coût de conversion, les entreprises supportaient des risques de change contre lesquels elles devaient se prémunir. Enfin, la tarification en euros accroît la transparence du marché, en même temps qu'elle facilite les achats dans les autres pays membres. À un deuxième niveau, en prenant en compte certains phénomènes macroéconomiques, la suppression des risques monétaires et le désendettement des pays adhérents pourraient entraîner une baisse des taux d'intérêt réels, à court et à long terme. Si les détenteurs internationaux de capitaux cherchent à diversifier leur portefeuille, en effectuant des placements dans la zone euro, celle-ci bénéficiera de plus d'une liquidité favorable à la croissance. Enfin l'unification financière devrait également favoriser la mobilisation des capitaux pour les projets les plus performants et permettre un gain d'efficience. La monnaie unique crée donc les conditions financières d'une dynamique de l'investissement. Celle-ci devrait s'accompagner de restructurations des entreprises (opérations de concentration). Si les entreprises ont avantage à la monnaie unique, la dynamique de l'offre ne peut impulser une croissance durable que si elle rencontre une demande active. La baisse des coûts et la concurrence accrue devraient entraîner une baisse des prix et donc la croissance de la demande. L'union monétaire est donc une transformation structurelle qui, à travers des mécanismes de marché, devrait favoriser la croissance des pays membres.

L'union monétaire exerce cependant des contraintes qui pèsent sur la croissance des pays membres. Elle exige en effet des conditions préalables à sa formation et le respect de règles assurant sa pérennité. Pour former une union monétaire des pays doivent en effet au préalable rapprocher leurs performances monétaires, ce qui se concrétise dans les critères de convergence nominale du traité de Maastricht. L'Allemagne n'a accepté d'abandonner le mark qu'à la condition que les autres pays européens s'alignent sur ses objectifs de politique monétaire. Ainsi, d'une manière générale, les cinq critères de convergence privilégient directement ou indirectement l'objectif de stabilité des prix : taux d'inflation inférieur au taux moyen d'inflation des trois pays les moins inflationnistes plus 1,5%, taux d'intérêt de long terme inférieur au taux moyen d'intérêt des trois pays les moins inflationnistes plus 2%, déficit public inférieur à 3% du

PIB et dette publique inférieure à 60% du PIB, auxquels s'ajoute le respect des marges de fluctuation du SME. La réalisation de ces objectifs a imposé dans les années 1990 une politique pro-cyclique (J.-P. Fitoussi, *Le débat interdit*). La réunification allemande justifiait alors des taux d'intérêt élevés, en raison des tensions inflationnistes correspondant à un choc de demande. Mais, pour préserver la stabilité du taux de change de leurs monnaies par rapport au mark, les autres pays européens, et en particulier la France, ont dû aligner leurs taux d'intérêt sur les taux allemands alors que leur situation interne ne le justifiait pas. Simultanément, les soldes publics devaient être réduits, alors que la stagnation de l'activité justifiait de soutenir la demande globale. Ainsi, contrairement aux États-Unis, qui connaissent à partir de 1992 une croissance forte, l'Europe s'enlise dans la croissance molle et le chômage qui culmine en 1997. La marche vers la monnaie unique a donc contraint la croissance des pays membres de la zone euro au moment où la Grande-Bretagne, en laissant flotter la livre sterling, favorisait sa croissance et réduisait son chômage.

Depuis 1999, l'union monétaire est réalisée, mais cela n'a pas levé toutes les contraintes. Le Pacte de stabilité et de croissance (1997) fixe des objectifs de politique économique destinés à assurer la pérennité de la zone monétaire. Il impose aux pays membres d'équilibrer à long terme leurs dépenses publiques, la politique budgétaire se réduisant au jeu des stabilisateurs automatiques. À long terme, ce choix peut paraître cohérent : en effet en système de change flottant (l'euro flotte par rapport au dollar), le modèle IS-LM-BP souligne que la politique budgétaire est inefficace ; à l'inverse la politique monétaire est très efficace. Mais à court terme, le retour à l'équilibre budgétaire exige un budget primaire excédentaire, ce qui réduit la demande et ralentit donc la croissance. Cette politique se révèle donc pro-cyclique dans le contexte conjoncturel défavorable qui suit la crise de 2001. D'une manière plus générale se pose la question de la mise en œuvre de politiques de régulation efficientes au sein de la zone euro. À la différence de la *Fed* (Federal Reserve) qui poursuit un double objectif de stabilité des prix et de plein emploi, le traité de Maastricht assigne à la banque centrale européenne (BCE) un objectif « principal » de stabilité des prix (article 105). La croissance et l'absorption des chocs symétriques reposent donc sur les mécanismes autorégulateurs du marché, le libre jeu des prix en particulier. Une redéfinition des objectifs et des modalités de la régulation macroéconomique pourrait favoriser la croissance en permettant de mener des politiques de régulation comparables à celles mises en œuvre par les États-Unis.

L'intégration monétaire de l'Union européenne fut rendue nécessaire par l'instabilité monétaire internationale qui se développe dans les années 1970. Ses coûts sont élevés à court terme et les gains restent aléatoires, d'autant plus que la zone monétaire de l'euro n'est pas entièrement optimale. La monnaie unique est donc également un pari sur l'avenir. En contraignant les pays membres à harmoniser leurs politiques économiques et sociales, elle devrait favoriser l'approfondissement de l'Union et, à terme, leur croissance.

L'EUROPE ne se fera pas d'un coup, ni dans une construction d'ensemble : elle se fera par des réalisations concrètes créant une solidarité de fait » (R. Schuman, 1950). L'intégration économique et l'intégration monétaire sont les réalisations concrètes qui construisent une solidarité de fait entre les pays membres. Ce processus exige que les gains de la construction européenne soient supérieurs à ses coûts, car chaque avancée constitue un nouveau choc qui vient perturber les agents et les citoyens. L'Europe ne peut donc se construire que si elle profite à tous, grâce à la croissance économique.

L'intégration économique a favorisé la croissance des pays membres à travers les mécanismes de marché. Elle a ainsi participé au rattrapage des États-Unis par les pays européens et à l'élévation du niveau de vie des Européens. L'élargissement à vingt-cinq pays devrait à nouveau stimuler la croissance, mais ces pays structurellement éloignés des pays actuels supporteront des coûts élevés de restructuration (inflation, chômage). En revanche, l'intégration monétaire, bien que nécessaire, s'est révélée jusqu'à présent contraignante. L'Europe gagnerait à utiliser la monnaie comme un instrument au service de la croissance.

IV Commentaires

1 Critique de la dissertation

La dissertation proposée ne prétend pas à l'exhaustivité et reste relativement brève. Une idée directrice structure l'argumentation : l'intégration économique fut plus favorable à la croissance que l'intégration monétaire ; cette idée est synthétisée en conclusion, ce qui donne une cohérence à la dissertation. Par contre ne sont envisagés que les effets de l'intégration sur le niveau de la croissance économique ; les dimensions qualitatives de la croissance sont ignorées : la croissance a-t-elle réduit les inégalités, favorisé la justice sociale ?

2 Sujets connexes

L'ESCP a proposé en 1999 un sujet très proche : *Le processus d'intégration économique et monétaire et la croissance économique des États membres de la Communauté puis de l'Union européenne de 1957 à nos jours.* La conjonction « et » invite cependant à étudier également les conditions dans lesquelles la croissance et les crises ont pu influencer l'intégration. La création de la Communauté économique européenne est en effet une réponse aux difficultés de l'entre-deux-guerres et l'approfondissement de l'intégration dans les années 1980–1990 est en partie lié à la recherche de solutions pour sortir de la crise des années 1970. Le sujet ECRICOME (2001) *L'euro : étape ou aboutissement ?* est davantage ciblé sur l'Union monétaire ; mais celle-ci peut être présentée comme un aboutissement de l'intégration économique. La problématique rejoint alors celle du sujet traité.

3 Bibliographie

SIROËN, Jean-Marc, *La régionalisation de l'économie mondiale*, Paris, La Découverte, coll. « Repères », n° 288, 2000. On trouvera en particulier dans cet ouvrage très clair l'analyse économique de l'intégration régionale (p. 26–56) et celle de l'intégration monétaire de l'Union européenne (p. 94–111).

HAMON, Dominique, et KELLER, Ivan Serge, *Fondements et étapes de la construction européenne*, Paris, PUF, coll. « Major », 1997. On trouvera en particulier les étapes de l'intégration économique, avec des références précises aux traités et à l'histoire économique ; se reporter notamment aux paragraphes « Le marché commun inachevé » (p. 137–155) et « L'espace unique sans frontières », (p. 341–355).

BÉNASSY-QUÉRÉ, Agnès, et CŒURÉ, Benoît, *Économie de l'euro*, Paris, La Découverte, coll. « Repères », n° 336, 2002. Pour l'intégration monétaire, se reporter notamment à l'introduction (p. 3–13) et au paragraphe « La croissance à moyen terme de la zone euro » (p. 32–35).

Dissertation 14
La mondialisation est-elle un jeu à somme positive ?

I Analyse du sujet

1 Les mots clés

Il n'y a pas de consensus précis sur les concepts de mondialisation ou de globalisation (*globalization*). Pour certains, la mondialisation n'est pas un phénomène nouveau : inhérente au capitalisme, elle s'inscrit dans le prolongement de l'internationalisation des économies, liée au recul du protectionnisme et à l'institutionnalisation des relations économiques internationales. Pour d'autres, comme Jacques Adda (*La mondialisation de l'économie*), la mondialisation « traduit une mutation plus qu'une continuité » et correspond à une rupture structurelle. Il est cependant possible de dégager les principaux attributs de la mondialisation économique. C'est tout d'abord un processus de construction de marchés globaux, pour les produits (biens et services), la monnaie (flottement sur le marché des changes) et les facteurs de production (capital et travail). Elle se distingue donc de l'internationalisation qui résulte de l'intensification des relations entre les marchés nationaux cloisonnés. Les nations se trouvent désormais intégrées à un espace économique mondial qui échappe à leur régulation, pour obéir aux mécanismes autorégulateurs de marché (prix, concurrence). Ce processus inachevé et inégal est également protéiforme : il est non seulement économique et monétaire, mais aussi culturel, social et politique.

Dans un jeu à somme nulle, les gains des uns sont les pertes des autres. Les externalités positives et les rendements croissants ont conduit les économistes à privilégier l'étude des jeux à somme positive. En effet, si les interactions entre agents créent un surplus, tous les participants au jeu peuvent être gagnants : ils obtiennent un gain supérieur à leur mise. Cependant, la répartition des gains peut être inégale : si tous peuvent gagner, tous ne gagnent pas toujours.

2 Connaissances à mobiliser

Pour traiter le sujet posé, il faudra montrer et discuter la création d'un surplus par les échanges commerciaux et la libre circulation des capitaux sur des marchés globaux. Il faudra également s'interroger sur la répartition de ce surplus. Ceci exige des connaissances théoriques : théories du commerce international, fonctionnement et dysfonctionnement des marchés de la monnaie et des capitaux, etc. Mais ces connaissances théoriques ne sauraient suffire. Des données précises sur la croissance des différents types de pays depuis le début des années 1980, les crises de change des années 1990, les grandes orientations des investissements directs à l'étranger, doivent également soutenir l'argumentation.

3 Enjeux et problématique

L'expression « jeu à somme positive » fait clairement référence à l'analyse ricardienne du commerce international. Ricardo a en effet démontré que deux pays se spécialisant dans les activités pour lesquelles ils détiennent un avantage comparatif généraient un gain mutuel. D'une manière plus générale, la constitution d'un marché mondial des produits et des capitaux engendre-t-elle un gain collectif, permettant à tous les pays de gagner à la mondialisation ?

II Plan détaillé

I La mondialisation engendre-t-elle un surplus qui pourrait profiter à tous les pays participant à...

1. ... La mondialisation commerciale ?
2. ... La mondialisation financière ?
3. ... La mondialisation monétaire ?

II La mondialisation engendre-t-elle un surplus qui pourrait profiter à tous les agents...

1. ... Des PDEM ?
2. ... Des pays en développement ?

III Les règles du jeu de la mondialisation dépendent finalement des institutions...

1. ... Internationales
2. ... Et nationales

III Dissertation rédigée

L'EUROPE s'est lancée à la conquête du monde dès le XVe siècle et la première mondialisation de la fin du XIXe siècle reste marquée par sa domination commerciale et financière. Ainsi, en 1913, les pays européens détenaient 86% du stock de capital investi à l'étranger (P. Bairoch, *Victoires et déboires*). Depuis le début des années 1980, une nouvelle mondialisation accompagne la croissance vigoureuse des nouveaux pays industrialisés et semble profiter non seulement aux pays dominants mais également aux pays dominés.

La mondialisation économique est un processus complexe qui se caractérise par la formation de marchés globaux des produits (biens et services) et du capital ; les États perdent alors une partie du contrôle qu'ils exerçaient sur les marchés nationaux. Cette extension de la régulation marchande fait reposer la coordination des activités économiques sur les mécanismes de prix et de concurrence. Rompant avec la logique mercantiliste, A. Smith et D. Ricardo ont démontré que, sous certaines conditions de libre circulation des produits et d'immobilité du capital notamment, le commerce générait un gain mutuel, en raison de la spécialisation des territoires et de la division internationale du travail. Le commerce international apparaît alors comme un jeu à somme positive, les gains des uns ne provenant pas des pertes des autres, mais d'un surplus lié à une utilisation plus efficiente des ressources. La constitution d'un marché mondial des produits et des capitaux engendre-t-elle également un gain collectif, permettant à tous les pays de gagner à la mondialisation ?

Pour constituer un jeu à somme positive, la mondialisation doit dégager un surplus qui pourrait profiter à tous les pays (I) et à tous les agents (II). Le marché étant un construit qui connaît des limites et défaillances, ses conditions de formation et de fonctionnement déterminent finalement la nature du jeu mondial (III).

LA MONDIALISATION peut être une « guerre » qui favorise la croissance de certains pays aux dépens des autres, ou un jeu à somme positive, auquel pourraient gagner tous les pays. Les gains peuvent être analysés sur le plan commercial (A), financier (B) et monétaire (C).

La mondialisation commerciale résulte de l'extension du libre-échange dans le cadre du GATT (*general agreement on tariffs and trade*, 1947) puis de l'OMC (Organisation mondiale du commerce, 1995). Un gain direct naît de l'efficience que permet la division internationale du travail. Chaque pays se spécialise dans les activités pour lesquelles il dispose d'un avantage comparatif (Ricardo) ou qui mettent en œuvre des facteurs de production relativement abondants (Heckscher, Ohlin, Samuelson). La croissance des nouveaux pays industriels (NPI), notamment des NPI asiatiques (Corée, Indonésie, Thaïlande, Chine, etc), semble résulter des stratégies d'insertion dans le commerce international en exploitant leurs avantages comparatifs. Simultanément, elle offre des débouchés aux firmes des pays plus avancés exportatrices de biens de production, de technologies et de services aux entreprises. Un gain indirect résulte des effets de dimension et de concurrence engendrés par la formation d'un marché global. La taille du marché mondial permet aux firmes d'augmenter leur dimension et d'obtenir des économies d'échelle. Ainsi les coûts fixes, par exemple les coûts en recherche et développement ou en marketing, sont amortis sur une production plus importante, ce qui diminue les coûts unitaires. Le marché global remet également en cause les rentes de situation des grandes firmes sur leur marché d'origine. Sur les marchés oligopolistiques, les firmes sont contraintes de réduire leurs coûts d'organisation pour préserver leur compétitivité prix ; sur les marchés de concurrence monopolistique, elles sont incitées à l'innovation pour conserver leur compétitivité qualité. Les mécanismes de prix et de concurrence du marché mondialisé stimulent donc la croissance et ouvrent des opportunités à tous les pays. Effectivement, la corrélation entre taux de croissance de l'économie et taux d'ouverture est particulièrement élevée dans les années 1980–1990 (Rapport annuel 1998 de l'OMC) ; symétriquement, les pays les moins avancés (PMA) sont ceux qui ne participent pas à la mondialisation. L'ouverture des pays en développement a permis l'évolution de leur spécialisation, la part des produits bruts dans leurs exportations diminuant de 90% au lendemain de la seconde guerre à 50% en 1990.

Cependant, toutes les spécialisations ne se valent pas et le gain collectif n'est pas équitablement réparti. Dès le XIXe siècle, Stuart Mill a montré que la répartition des gains du commerce international dépendait des prix sur le marché international. Les pays en développement (PED) sont généralement spécialisés dans des activités en fin de cycle de vie international du produit (Vernon) ; elles se caractérisent par une demande régressive, c'est-à-dire à faible élasticité par rapport au revenu. Le prix des biens exportés par les PED augmente donc moins vite (ou baisse), par rapport au prix des biens à demande progressive qu'ils importent : les PED sont victimes de la dégradation des termes de l'échange. Une croissance qui résulterait exclusivement de la spécialisation dans ces activités régressives peut se révéler « appauvrissante » (Bhagwati) : malgré l'augmentation de la production, le revenu par tête stagne ou régresse puisque les gains de productivité sont affectés à la baisse des prix des biens exportés. Le gain obtenu par les États participant à la mondialisation dépend finalement de leur spécialisation ; la mondialisation reste un jeu à somme positive, mais elle ne réduit pas les inégalités de développement.

La mondialisation financière est la réponse apportée dans les années 1980 aux besoins de financement des États et des firmes. Les trois « Dé », mis en évidence par Bourguinat (déréglementation, décloisonnement, désintermédiation), entraînent la formation d'un marché global des capitaux. Les capacités de financement peuvent répondre aux besoins de financement, quel que soit le territoire d'activité des agents. Ainsi en France, en 2002, plus de 40% du capital des grands groupes du CAC 40 est contrôlé par des investisseurs étrangers, tandis que les excédents commerciaux chinois financent les déficits jumeaux des États-Unis. Le stock mondial d'investissements directs à l'étranger, qui était de 700 milliards de dollars au début des années 1980, dépasse 1 800 milliards en 1990 et 6 000 milliards en 2000. Ces transferts de capitaux peuvent briser le cercle vicieux du sous-développement (Nurkse). D'une part, les investissements directs à l'étranger (IDE) ainsi que les prêts pallient l'insuffisance d'épargne de certains pays. À la fin du XIXe siècle, dans le cadre de la première mondialisation, l'épargne des pays les plus avancés a ainsi soutenu le démarrage des pays de la seconde vague comme la Russie (Gerschenkron). D'autre part, les IDE permettent indirectement l'accumulation de capital humain, notamment par le mécanisme de l'apprentissage (*learning by doing*) et la diffusion du capital technologique, les connaissances applicables à la production étant transférables dans d'autres activités. Ceci explique que les NPI asiatiques ont pu développer des stratégies de remontée des filières, en exploitant les acquis retirés des premières spécialisations dans des industries de main d'œuvre. Les pays d'origine des IDE tirent profit des débouchés que la croissance des NPI leur ouvre : ils fournissent les biens de production, les biens intensifs en capital technologique et humain et enfin les services aux entreprises. La mondialisation financière serait donc profitable à tous les pays.

Les flux d'IDE restent cependant très polarisés : 70% environ des IDE sont orientés vers les pays développés (États-Unis, Union européenne) ; les 30% restant se répartissent très inégalement entre les pays en développement, la Chine étant par exemple devenue, dans les années 1990, le second pays d'accueil des IDE après les États-Unis ; par contre, l'Afrique subsaharienne n'a reçu que 1% des IDE environ. Ces écarts sont dus aux différences d'attractivité des territoires. Les capitaux sont attirés par les opportunités de gains, qui dépendent tout d'abord des conditions de l'offre : prix et productivité du travail, présence de capital humain et technologique, qualité des infrastructures. Elles s'expliquent également par les caractéristiques de la demande : importance du marché actuel, perspectives d'évolution. Tous les territoires ne sont pas à égalité dans ces domaines. Les pays les plus attractifs (pays développés, Chine) cumulent attractivité de l'offre et de la demande ; certains NPI ne sont attractifs que par le faible coût de leur main d'œuvre : ils attirent les IDE nécessaires aux filiales-ateliers des firmes transnationales ; enfin les pays les moins avancés ne réunissent aucune condition d'attractivité et restent en marge de la mondialisation du capital. Les pays les plus attractifs évincent les autres des gains de la mondialisation.

Depuis 1973 et les accords de la Jamaïque (1976), les pays peuvent adopter un régime de change flottant. Le marché des changes constituant ainsi un compartiment du marché globalisé des capitaux, la mondialisation revêt une dimension monétaire. Le flottement des monnaies redonne au taux de change une fonction de régulation. En cas de déficit de la balance des transactions courantes, le taux de change doit se déprécier, ce qui restaure la compétitivité prix des firmes nationales et ramène vers l'équilibre des transactions courantes. De plus, la politique monétaire, qui n'est plus affectée à la défense du change, peut être utilisée pour des objectifs internes. Ce système devrait donc favoriser la croissance. Le marché des changes apparaît en effet très dynamique, avec près de 1 500 milliards de dollars de transactions quotidiennes en 2000. Cependant une gestion optimale des monnaies par le marché des changes est soumise à conditions. Le marché doit dégager un taux de change qui soit un « vrai prix » de la monnaie. Si ce prix s'éloigne du taux de change de parité de pouvoir d'achat, ou du taux de change d'équilibre fondamental, il fausse la concurrence entre les pays. Or les fluctuations du dollar depuis 1973 montrent que la financiarisation du change a conduit à des « mésalignements » (Williamson) durables : les variables financières et les anticipations déterminent davantage le taux de change que les variables réelles. Dans ces conditions, les mouvements de capitaux à court terme sur le marché des changes sont source d'instabilité. De nombreux pays qui souhaitent attirer les capitaux étrangers sont incités à ancrer leur monnaie sur des devises fortes, le dollar en particulier. Ils cherchent à rassurer les fournisseurs de capitaux en garantissant un taux de change, mais se soumettent au risque d'une crise de change : crise mexicaine en 1994, crise des pays asiatiques en 1997, crise argentine en 2001. Mouvements spéculatifs à court terme et marché des changes se révèlent pro-cycliques. Les capitaux flottants sont attirés par les fortes croissances et entraînent la surévaluation de la monnaie ; ils nourrissent une suraccumulation (NPI d'Asie) ou une surconsommation (Mexique, Argentine), propices à l'inflation et à la spéculation. Ces mêmes capitaux fuient par contre dès les premiers signes de récession, engendrant alors une crise de liquidités et de change, qui ne peut être enrayée que par l'intervention d'un prêteur en dernier ressort international. En conséquence, la mondialisation monétaire ne semble pas dégager un surplus et s'apparente à un jeu à somme nulle, voire négative. Les États-Unis reprochent ainsi en 2003 à la Chine de sous-évaluer le yuan, pour préserver la compétitivité prix des exportations chinoises, alors qu'au même moment, la dépréciation du dollar par rapport à l'euro avantage les firmes américaines dans leur concurrence avec les firmes européennes.

Les mondialisations commerciale et financière concourent à la richesse globale en générant un surplus ; elles s'apparentent donc à un jeu à somme positive. Mais la répartition du surplus entre les nations par les mécanismes du marché se révèle inégale : les pays perdants sont ceux qui ne réunissent pas les conditions économiques et sociales nécessaires pour participer au jeu. La mondialisation monétaire, porteuse d'instabilité, nuit à la dynamique des relations économiques internationales : la guerre des monnaies est un jeu à somme nulle.

POUR CONSTITUER un jeu à somme positive, la mondialisation doit également engendrer un surplus, qui pourrait profiter à l'ensemble de la population. Comment le surplus de la mondialisation se répartit-il à l'intérieur des pays avancés (A) ou en retard (B) ?

Dans les pays développés à économie de marché (PDEM), la mondialisation est souvent accusée de creuser les inégalités entre actifs. La relation entre inégalités et mondialisation s'effectue par l'intermédiaire du chômage. La concurrence des NPI oblige les firmes vendant des produits banals à se délocaliser ou à substituer du capital au travail. Les emplois créés au Sud seraient détruits au Nord. Au début des années 1990, le rapport Vimont comparait ainsi le contenu en emploi des importations en provenance de Chine avec celui des exportations françaises vers la Chine : au total, le déséquilibre de la balance en emplois du commerce extérieur français se montait à environ 300 000 emplois (pour l'année 1992). Le chômage constitue un coût direct de la mondialisation qui concerne les actifs les moins qualifiés. Le déséquilibre du marché du travail pèse ensuite sur les salaires des actifs peu qualifiés qui stagnent : les inégalités sont un effet indirect de la concurrence avec les pays à bas salaire. P.-N. Giraud distingue ainsi trois catégories d'actifs, en fonction de leur mise en concurrence avec les pays à bas salaire et à capacité technologique (Inde pour les services, Chine pour l'industrie) : les « exposés » produisent des biens et services soumis directement à cette concurrence ; les « protégés » produisent des biens et services non concurrencés, mais subissent indirectement les effets de la concurrence en raison de la montée du chômage qui réduit leurs revenus ; enfin, les « compétitifs » produisent des biens et services que les pays à bas salaires ne sont pas en mesure d'offrir. Cette typologie rejoint celle de R. Reich, qui distingue les travailleurs routiniers, les fournisseurs de services personnels et les « manipulateurs de symboles ». Les actifs compétitifs et les manipulateurs de symboles seraient les seuls actifs gagnants de la mondialisation ; ils rejoignent les détenteurs de capitaux dont le revenu croît plus rapidement que le revenu moyen du travail. Effectivement, l'emploi industriel décline dans les PDEM depuis le milieu des années 1970 et une part significative de la population active est devenue inemployable tandis que sont réapparus les travailleurs pauvres (*poor workers*).

Mais, paradoxalement, les délocalisations peuvent à terme créer des emplois. D'une part, les IDE soutiennent les exportations de biens de production ; d'autre part, la croissance des NPI ouvre de nouveaux marchés. La compensation des emplois perdus par les emplois créés repose sur la qualité de la spécialisation de l'appareil productif et l'accumulation de capital humain et technologique. Ceci justifie les nouvelles formes de politique industrielle destinées à favoriser l'innovation en Europe et en France. Les gains de la mondialisation sont donc inégalement répartis entre les agents des pays avancés, en raison des effets directs et indirects qu'elle exerce sur l'emploi et la répartition des revenus dans les pays développés à économie de marché.

Les actifs des pays en développement insérés dans la mondialisation bénéficient-ils d'une amélioration de l'emploi et des revenus ? La mondialisation favorise l'accumulation de capital humain et technologique dans les pays ouverts, donc l'augmentation de la productivité. Mais les pays en développement disposent d'une réserve de main d'œuvre abondante dans le secteur traditionnel : les migrations internes peuvent alors freiner l'augmentation des revenus, l'essentiel des gains de productivité revenant au capital (Lewis). Les firmes multinationales seraient donc les principales gagnantes de la mondialisation. Cette répartition inégale peut, dans un premier temps, accélérer la croissance en attirant les capitaux. Malgré la forte croissance industrielle, le coût de la main d'œuvre reste ainsi très faible en Chine. Selon la courbe en U renversé de Kuznets, les premières phases de croissance se caractérisent par une augmentation des inégalités, qui se réduisent ensuite lorsque apparaissent des tensions sur le marché du travail. À terme, la mondialisation devrait donc profiter à tous et effectivement les inégalités se réduisent dans les NPI les plus avancés, en Corée par exemple. Cette augmentation des revenus est doublement nécessaire à la dynamique de la mondialisation. D'une part, elle ouvre des débouchés aux firmes des pays développés, d'autre part, elle engendre des délocalisations vers des pays moins avancés qui s'intègrent ainsi au processus. Les IDE suivent en effet une évolution en « vol d'oies sauvages » (Akamatsu) : les filiales ateliers quittent les « dragons » (Corée, Taïwan, etc) pour les « tigres » (Malaisie, Thaïlande, etc), avant de se diriger vers le Vietnam ou la Chine. Cependant la diminution de la pauvreté, mesurée par l'indice de pauvreté humaine (IPH), n'accompagne pas automatiquement la croissance. Sen met en évidence le rôle du système politique et social dans l'accès aux biens et la préservation des capacités individuelles. Le progrès technique et les crises peuvent exclure des ménages de la consommation marchande ; les systèmes démocratiques sont alors les seuls à garantir une redistribution minimale, évitant par exemple les famines. La scolarisation des enfants est également une condition nécessaire à la préservation de l'égalité des chances et à la participation au développement. La mondialisation peut donc constituer à terme un jeu à somme positive pour les habitants des pays en développement insérés. Mais les inégalités internes sont deux fois plus fortes en Amérique du Sud qu'en Asie du Sud, ce qui montre qu'au-delà de la mondialisation d'autres facteurs interviennent et déterminent la répartition des gains.

Dans les pays développés comme dans les pays en développement, la mondialisation ouvre des opportunités mais exige simultanément des restructurations. Certains agents subissent donc son coût et sont les perdants de la mondialisation, si la redistribution des gains n'est pas socialement organisée. L'accès au capital humain devient un enjeu majeur pour réduire à long terme ces inégalités.

En exacerbant la concurrence, la mondialisation peut conduire à une guerre économique où les gains des uns, États ou agents, sont obtenus aux dépens des autres. Des règles édictées par des institutions publiques internationales (A) et nationales (B) sont donc nécessaires pour faire de la mondialisation un véritable jeu à somme positive et en répartir équitablement le gain.

Des institutions internationales de gouvernance de la mondialisation peuvent accroître les gains collectifs qu'elle engendre et organiser leur répartition équitable. La mondialisation commerciale est organisée par le GATT et l'OMC. Elle repose sur des règles instaurant une concurrence loyale : abaissement progressif et négocié des tarifs douaniers, principes de non-discrimination, clause de la nation la plus favorisée et transparence des politiques commerciales. La progressivité des accords a permis d'amortir le choc que constitue l'ouverture et de réduire le coût de la mondialisation. Les négociations déterminent également le champ de la mondialisation : ainsi l'échec de l'accord multilatéral sur l'investissement (AMI) préserve les activités culturelles de la globalisation (« exception culturelle »). Les accords sur la propriété intellectuelle permettent également de concilier celle-ci avec l'accès aux médicaments (malaria, sida) pour les pays les plus pauvres. L'introduction de clauses sociales pourrait de même réduire les effets pervers de la mondialisation dans les pays les plus avancés et transformer la croissance en développement dans les pays en retard. Depuis 1995, les désaccords sont soumis à l'organe de règlement des différents (ORD) qui, dans le cadre de l'OMC, sanctionne le non-respect des règles.

Celles-ci ne sont cependant pas toujours les plus favorables à l'intérêt global. J. Stiglitz (*La grande désillusion*) souligne les dysfonctionnements de la mondialisation dans les années 1990. Le consensus de Washington a imposé aux pays en développement des politiques d'ajustement structurel très coûteuses en termes sociaux et dont le FMI reconnaît aujourd'hui qu'elles n'étaient pas parfaitement appropriées. D'une manière générale les pays du Sud, et en particulier les pays les moins avancés, pourraient bénéficier de conditions préférentielles (non-réciproques) pour profiter davantage de la mondialisation commerciale. Le déficit de régulation est particulièrement important en matière financière et monétaire. L'instabilité monétaire pourrait être réduite par le développement de la coopération entre les trois grandes banques centrales, américaine, européenne et japonaise. La guerre des monnaies a concouru à l'instabilité de l'entre-deux-guerres et affecte la croissance mondiale depuis 1976. Un embryon de coopération a permis de stabiliser le cours du dollar au milieu des années 1980 ; mais depuis, les États-Unis ont à nouveau utilisé le dollar dans leur seul intérêt. Ils n'assument pas, comme dans les années 1945–1955, la charge de la stabilité hégémonique (Kindleberger), mais refusent d'abandonner les privilèges du dollar. Enfin, sur le plan financier, les mouvements de capitaux de court terme qui entretiennent la spéculation et l'instabilité pourraient être contrôlés par des mesures réglementaires ou limités par la taxation (taxe Tobin). Les progrès de la mondialisation ont été plus rapides que ceux de la gouvernance globale : « Le problème n'est pas la mondialisation. C'est la façon dont elle a été gérée » (Stiglitz). Le renforcement et la démocratisation des institutions internationales, le développement de la coopération entre pays permettrait d'améliorer le jeu.

La mondialisation se concrétise dans la formation de marchés globaux que les États ne peuvent plus contrôler. Pourtant, ils peuvent encore mener des politiques qui permettent à leurs agents de tirer parti de la mondialisation. Les fonctions régaliennes de sécurité intérieure et extérieure, la fonction économique de fournisseur de biens collectifs et d'infrastructures, les fonctions de régulation et d'organisation sociale doivent être correctement remplies pour attirer les IDE des firmes étrangères. De nombreux PMA et certains pays en transition souffrent ainsi d'une défaillance de l'État qui nuit à leur insertion dans la mondialisation. De plus, les capitaux humains et technologiques se caractérisent par de fortes externalités positives ; les agents risquent donc de cesser leur accumulation à un niveau qui n'est pas optimal pour la collectivité. Dans ces conditions, il appartient à l'État de prendre en charge une partie au moins du coût d'accumulation, pour amener celle-ci au niveau optimal et rendre tous les agents (actifs, firmes) compétitifs. Le modèle des NPI asiatiques montre également que l'État peut combiner une stratégie d'insertion internationale avec une politique industrielle active. Des mesures inspirées par le protectionnisme éducateur ont permis la remontée des filières, tandis que les *joint ventures* (investissements conjoints) stabilisaient les capitaux étrangers en les combinant avec l'épargne nationale. La Malaisie, le Chili, l'Inde et la Chine ont mis en place des réglementations limitant la mobilité des capitaux, sans pour autant dissuader les investisseurs étrangers. La mondialisation peut donc être compatible avec différents modèles d'économie de marché et de société. La mondialisation encourage le nomadisme des firmes et des actifs, mais les agents tiennent compte dans leurs calculs des avantages que peut offrir un État actif ; la France reste ainsi, malgré le niveau relativement élevé de ses prélèvements obligatoires, un des pays européens les plus attractifs pour les IDE.

Le marché global ne peut entièrement s'autoréguler. Karl Polanyi a montré dans *La grande transformation* qu'un marché non encadré était destructeur : la combinaison du social et de l'économique est nécessaire au bon fonctionnement des économies de marché. De la même façon, la mondialisation remet en cause les régulations économiques et sociales antérieures, mais son bon fonctionnement exige une régulation du marché global et la prise en compte d'objectifs sociaux et collectifs.

LA MONDIALISATION est un processus complexe qui combine les logiques privées des agents, les firmes en particulier, et les logiques publiques des États. Le marché global s'étend progressivement, l'adhésion de la Chine à l'OMC étant un symbole de sa dynamique. La mondialisation apparaît donc comme un jeu à somme positive auquel tous les États souhaitent participer, pour en partager les gains. Cependant, tous les ménages ne sont pas gagnants, car la mondialisation impose des restructurations, des adaptations, que certains actifs ne peuvent maîtriser ; la redistribution interne des gains est alors nécessaire.

Les carences et les dysfonctionnements de la mondialisation nourrissent les ressentiments et la contestation. La définition démocratique de règles plus précises, en particulier en matières monétaire et financière, et la prise en compte d'objectifs sociaux permettraient d'améliorer le jeu, en accroissant le surplus et en le répartissant plus équitablement.

IV Commentaires

1 Critique de la dissertation

La dissertation proposée évite deux pièges. Le premier est celui d'un développement trop théorique, qui exposerait de façon détaillée les principales analyses ; le second est celui d'un discours militant, pro ou antimondialiste. Un autre plan est envisageable, reprenant les arguments présentés dans un ordre différent. Il étudierait la formation d'un surplus à travers les relations commerciales (I), et financières (II), puis s'interrogerait sur la répartition du surplus (III).

2 Sujet connexe

HEC a proposé en 2003 un sujet sur la mondialisation dont la formulation courte rappelle dans la forme le sujet traité : *La mondialisation économique est-elle irréversible ?* Ce sujet était particulièrement difficile. Si la première mondialisation de la fin du XIXe siècle a été réversible, cela ne préjuge en rien du devenir de la mondialisation actuelle si elle n'est pas de même nature. On peut cependant décomposer la question : le processus de mondialisation peut-il s'interrompre comme ce fut le cas dans les années 1930 ? Certains pays peuvent-ils s'extraire, en tout ou en partie, de la mondialisation ?

3 Bibliographie

STIGLITZ, Joseph, *La grande désillusion*, Paris, Fayard, 2002. On pourra se reporter notamment au dernier chapitre, « L'avenir » (p. 279–322), qui présente quelques propositions pour une gouvernance de la mondialisation.

D'AGOSTINO, Serge, *La mondialisation*, Paris, Bréal, coll. « Thèmes et débats », 2003. Se reporter aux chapitres 4, « La mondialisation peut-elle nuire aux pays développés » (p. 37–62), et 5, « La mondialisation est-elle favorable aux pays en développement » (p. 63–75).

FRÉMEAUX, Philippe, « Mondialisation et croissance », *Alternatives économiques*, juillet 2002, n° 53, in cédérom *L'actualité en revues*, Documentation Française et Scéren-CRDP du Languedoc-Roussillon, 2002.

Dissertation 15
La stabilité des prix constitue-t-elle un objectif réaliste des politiques économiques ?

I Analyse du sujet

1 Les mots clés

L'expression « stabilité des prix » doit être précisée. Elle signifie qu'il n'y a ni inflation, ni déflation, donc aucune tendance durable, généralisée et auto-entretenue, à la hausse ou à la baisse des prix. La stabilité des prix préserve le pouvoir d'achat de la monnaie et assure sa stabilité « interne » en évitant les anticipations inflationnistes. La politique économique est un ensemble cohérent de mesures destiné à atteindre les objectifs hiérarchisés que se fixe la puissance publique. L'objectif de stabilité des prix est réaliste s'il est compatible avec les autres objectifs, par exemple ceux qu'énonce le carré magique de Kaldor : croissance, plein emploi et équilibre du commerce extérieur.

2 Connaissances à mobiliser

Sur le plan historique, il est nécessaire de connaître les tendances de l'évolution des prix depuis le début du XIXe siècle : les cycles Kondratieff étaient initialement définis par les vagues longues de prix. Sur le plan économique, il faudra utiliser les analyses mettant en relation prix, croissance et emploi : théories de la monnaie, courbe de Phillips, règle de Taylor.

Le traité de Maastricht fait de la stabilité des prix l'objectif principal de la banque centrale européenne (BCE). Celle-ci a défini la stabilité comme une augmentation des prix à la consommation inférieure à 2%, en tendance et en moyenne. Les prix peuvent donc à court terme s'écarter de la cible et certains pays peuvent connaître une hausse supérieure à 2%, tant que la zone euro reste dans les marges retenues. Enfin il faut pouvoir distinguer stabilité des prix et stabilité monétaire ; celle-ci est synonyme de confiance dans la monnaie : il n'y a alors ni anticipation d'accélération de l'inflation, ni risque déflationniste.

3 Enjeux et problématique

La discussion de l'objectif de stabilité des prix assigné à la BCE donne toute son actualité au sujet posé. La réalisation de cet objectif ne met-il pas en cause les autres objectifs de la politique économique, la croissance et le plein emploi en particulier ? D'une manière générale, la croissance et le plein emploi n'exigent-ils pas une inflation rampante ?

II Plan détaillé

I Les effets pervers de l'inflation semblent justifier l'objectif de stabilité des prix

1. L'inflation se révèle nocive à long terme
2. Les politiques de désinflation des années 1980 montrent le réalisme de cet objectif

II Mais les contraintes et risques de l'objectif de stabilité des prix en montrent les limites

1. La stabilité des prix exerce un effet récessif et peut conduire à la déflation
2. Une hausse modérée des prix est nécessaire à la croissance et au plein emploi

III Dissertation rédigée

LA CONFÉRENCE DE GÊNES en 1922 puis les accords de Bretton-Woods en 1944, en abandonnant l'étalon or, font du XXe siècle « l'âge d'or de l'inflation » (J. Rueff). Après être restés pratiquement stables de 1815 à 1913, les prix sont en effet multipliés par cinq aux États-Unis et par douze en France entre 1950 et 1990. Cependant, la fin du XXe siècle se caractérise par la désinflation et un retour vers la stabilité des prix : l'inflation, qui dépassait 10% en Europe dans les années 1970, est inférieure à 3% dans les années 1990.

La stabilité des prix s'apprécie à long terme ; elle résulte de la disparition des tendances inflationnistes et déflationnistes qui entraînent des évolutions durables, généralisées et cumulatives des prix. Le second choc pétrolier, la réunion du G5 de 1979 et la nomination de Paul Volcker à la présidence de la Réserve fédérale (*Fed*) conduisent à l'adoption de politiques de désinflation, puis de stabilité des prix. Les politiques économiques étant des ensembles cohérents de mesures, destinés à atteindre les objectifs hiérarchisés que se fixent les autorités, l'objectif de stabilité des prix est-il réaliste ?

Les politiques économiques sont soumises à un double impératif de cohérence qui permet d'évaluer leur réalisme. Les instruments doivent permettre d'atteindre les objectifs (cohérence interne) et la politique doit répondre aux besoins de l'économie et de la société (cohérence externe). Les effets pervers de l'inflation semblent justifier l'objectif de stabilité des prix (I). Mais les politiques de stabilisation des prix font peser des contraintes sur la croissance et l'emploi qui révèlent leurs limites (II).

L'inflation peut apparaître à court terme comme une solution. Cependant ses effets pervers se manifestent à long terme et justifient la mise en œuvre de politiques donnant la priorité à la stabilité des prix (A). Le succès des politiques de désinflation des années 1980–1990 montre que l'objectif de stabilité des prix est réalisable (B).

L'inflation permet de surmonter les tensions économiques et sociales. La création monétaire (« planche à billets ») permet de financer la guerre de 1914–1918, de soutenir l'investissement et de redistribuer les revenus durant les Trente Glorieuses. La courbe de Phillips (1958) formalise la relation inverse entre inflation et chômage. Elle complète le circuit macroéconomique keynésien : la réduction du chômage engendre des tensions sur le marché du travail qui entraînent une hausse des salaires nominaux ; les entreprises répercutent l'augmentation du coût salarial sur leurs prix de vente, ce qui engendre l'inflation. Il existe donc un arbitrage entre inflation et chômage, ce qui pose la question de la hiérarchisation des objectifs de la politique économique. Jusqu'à la fin des années 1970, l'objectif de plein emploi prime sur la stabilité des prix : « Mieux vaut l'inflation que le chômage » (G. Pompidou). Mais ce choix se révèle à terme pernicieux. D'une part, l'inflation fausse le calcul des agents. Les ménages sont incités à consommer aujourd'hui les revenus qu'ils gagneront demain ; ils réduisent donc leur épargne dont la rémunération nette, égale au taux d'intérêt réel, est très faible ou négative. Les firmes bénéficient d'un levier financier qui les incite à investir : les gains de l'investissement sont accrus par l'inflation, tandis que le coût des emprunts est réduit. L'inflation favorise ainsi la suraccumulation du capital (Hayek), la crise est fatale : elle détruit le capital excédentaire et réduit les prix par la déflation. À long terme, l'inflation amène la crise, ce qui se vérifie dans les années 1930 et 1970. D'autre part, l'inflation accroît l'incertitude sur l'avenir : elle conduit alors à l'attentisme et favorise les activités de spéculation aux dépens de la production. M. Friedman renouvelle l'analyse de la relation de Phillips. À court terme les agents sont victimes de l'illusion monétaire. Toute hausse des prix est interprétée comme un signe de rareté sur le marché : les salariés accroissant leur offre de travail et les firmes leur offre de produits, le chômage diminue. Mais à long terme, l'illusion monétaire se dissipe et les agents corrigent leurs erreurs (anticipations adaptatives) ; l'offre revient par conséquent à son niveau initial : la courbe de Phillips est verticale. Enfin, dans un contexte d'ouverture croissante des économies, un différentiel d'inflation positif entre un pays et ses partenaires commerciaux, engendre un déficit commercial. La monnaie tend alors à se déprécier, ce qui accroît le prix des produits importés et entretient l'inflation. Ainsi, dans les années 1970, la stagflation et la décomposition de la relation de Phillips montrent que l'inflation n'est plus une solution mais un problème.

Les politiques de désinflation et de stabilité des prix engagées à partir de 1979 vont atteindre leur objectif. Le monétarisme moderne ne considère pas que la monnaie est neutre, puisqu'elle agit à court terme sur les grandeurs réelles. Mais pour assurer la croissance à long terme, il faut rendre la monnaie neutre. La politique monétaire structurelle doit permettre de financer la croissance sans inflation, la masse monétaire croissant en fonction du trend de long terme de l'économie. Cette conception conduit Paul Volcker, nommé président de la *Fed* (Federal Reserve) en 1979, à réduire le rythme de croissance de la masse monétaire. Les taux d'intérêt s'accroissent, atteignant 20% à court terme aux États-Unis, ce qui y génère une récession (1981) et déclenche la crise de la dette des pays en développement (1982). La détermination de la *Fed* rompt les anticipations inflationnistes. En France, le « tournant de la rigueur » (1982–1983) réoriente la politique économique : la désinflation devient un préalable à la baisse des taux d'intérêt qui devrait ramener la croissance et réduire le chômage. Les mesures structurelles, réduction de la dépense publique, désindexation des salaires sur les prix, libéralisation des prix des produits dans un contexte concurrentiel, ancrage du franc sur le mark (à partir de 1986), incitent les entreprises à restaurer leur compétitivité prix en réduisant leurs coûts. Les firmes se restructurent, réalisent des investissements de productivité et l'inflation se réduit, de plus de 9% en moyenne dans les années 1970 à 3% environ à partir de 1986. La désinflation devient compétitive et permet le retour à un excédent structurel de la balance des paiements courants en 1992. Enfin, au sein de l'Union européenne, l'union monétaire exige des réformes structurelles dont l'orientation générale est définie par le traité de Maastricht. La banque centrale européenne, indépendante des gouvernements, est chargée de mettre en œuvre une politique de règle, retenant pour objectif premier la stabilité des prix : « L'objectif principal du SEBC [système européen de banques centrales] est de maintenir la stabilité des prix » (article 105 du traité de Maastricht). Les politiques engagées depuis le début des années 1980 ont réduit durablement l'inflation : dans les années 1990, elle atteint 3% en moyenne dans l'Union européenne et 2,3% aux États-Unis, malgré une croissance soutenue.

L'efficacité des politiques d'inspiration monétariste dans la lutte contre l'inflation perverse des années 1970 montre que la stabilité des prix est un objectif réaliste, dans la mesure où il peut effectivement être atteint. Il faut cependant remarquer que le seul pays qui connaît une stabilité presque parfaite des prix dans les années 1990, le Japon (0,5% de hausse moyenne des prix) est aussi celui où la croissance est la plus faible (1,4%).

LA PRIORITÉ donnée à l'objectif de stabilité des prix contraint la croissance et l'emploi, ce qui en révèle les limites. La lutte permanente contre l'inflation a une contrepartie : elle exerce une influence récessive et peut conduire à la déflation (A). Si la stabilité monétaire est nécessaire, elle n'exige pas une stabilité parfaite des prix (B).

L'assainissement monétaire s'accompagne d'une récession transitoire qui peut être considérée comme un coût nécessaire de la rupture du cercle vicieux inflationniste. Mais il produit également un effet récessif durable. Dans les années 1920, la volonté de la Grande-Bretagne d'effacer l'inflation de guerre pour ramener la livre à la parité or d'avant 1914 a entrainé une augmentation forte des taux d'intérêt réels, la chute de l'investissement et finalement la désindustrialisation et le chômage. Depuis le milieu des années 1980, la politique monétaire contrôle les taux d'intérêt de court terme sur le marché monétaire pour éviter le retour de l'inflation. Elle limite ainsi la création de monnaie par les banques ordinaires. Cependant, cette « rareté monétaire » se traduit par l'augmentation des taux d'intérêt, ce qui pèse sur l'investissement. Cette contrainte est limitée aux États-Unis. En effet, les objectifs de la *Fed* sont « le plein emploi, la stabilité des prix et la modération des taux d'intérêt à long terme ». Les taux d'intérêt européens restent par contre significativement supérieurs à ceux des États-Unis, ce qui pourrait expliquer un taux de chômage supérieur. De plus, la crainte du retour d'anticipations inflationnistes est l'une des justifications du pacte de stabilité et de croissance, qui contraint les politiques budgétaires. Enfin, la désinflation peut dégénérer en déflation. Au XIXe siècle, les contraintes monétaires de l'étalon or assurent une stabilité des prix à long terme, mais la croissance bute régulièrement sur le manque de monnaie et la hausse du taux d'intérêt qu'elle induit : les crises et récessions du cycle Juglar sont la contrepartie de la stabilité des prix à long terme. Au début du XXIe siècle, la déflation monétaire devrait être évitée puisque la masse monétaire croît en fonction du trend de long terme de l'économie et que les liquidités internationales augmentent en raison des déficits américains. Mais une déflation réelle peut résulter des contraintes qui pèsent sur la demande privée et publique : dans un contexte de concurrence régionale et globale, les firmes à la recherche de débouchés pourraient être amenées à réduire leurs prix de vente. Les rabais et soldes consentis dans de nombreux secteurs seraient des signes annonciateurs de ce risque. Enfin, les crises financières peuvent enclencher une déflation financière : l'effondrement de la valeur des titres sur les marchés mobiliers et immobiliers (krachs de 1987, 2001) se propage ensuite à l'économie réelle par l'intermédiaire de la consommation (effet de richesse négatif) et de l'investissement. Or la déflation est un déséquilibre cumulatif, au moins aussi nuisible que l'inflation : la baisse des prix entraîne la faillite d'entreprises, l'arrêt des investissements, la montée du chômage ; la demande se contracte finalement plus vite que l'offre et le marché ne peut se rééquilibrer. Une politique économique ne se réduit pas à un seul objectif et doit utiliser un ensemble cohérent d'instruments. La rupture du cercle vicieux inflationniste a justifié la priorité donnée à la stabilité des prix dans les années 1980. Mais, depuis le milieu des années 1990, le risque inflationniste semble faible, alors que le chômage reste élevé en Europe. Dans ces conditions la recherche prioritaire de la stabilité des prix paraît peu réaliste, dans la mesure où elle ne tient pas compte de la situation macroéconomique dans son ensemble.

L'objectif de stabilité de la monnaie ne doit pas être confondu avec une stabilité parfaite des prix qui se révèle insoutenable à long terme. Keynes distinguait l'inflation « véritable », qui résulte d'un excès structurel de la demande sur l'offre, et les états de « semi-inflation » ou d'inflation de croissance (*Théorie générale*, chap. 21, 1936). La croissance, compte tenu du mode de détermination des salaires dans les PDEM, favorise une hausse des salaires nominaux ; les secteurs à faibles gains de productivité doivent pouvoir répercuter cette hausse dans leurs prix, ce qui permet de réduire l'augmentation des salaires réels. L'indice des prix mesure finalement une évolution « moyenne ». Une inflation nulle signifierait que les hausses de prix de certains secteurs (services notamment) sont compensées par les baisses de prix dans d'autres secteurs (industrie en particulier) ; ces derniers subiraient donc des tendances déflationnistes. D'une manière générale, la croissance s'accompagne d'une hausse des prix rampante ou modérée, qui n'est pas antinomique avec la stabilité monétaire, tant qu'elle n'engendre pas d'anticipations inflationnistes. La stabilité interne de la monnaie correspond pour la BCE a une cible d'inflation comprise entre 0 et 2%, en tendance, c'est-à-dire en éliminant l'effet des variations saisonnières et des chocs, et en moyenne, c'est-à-dire pour l'ensemble des pays de la zone euro. Cette cible reste discutée, certains proposant de retenir une fourchette de 1% à 3%, voire 4%. La *Fed* semble tolérer une hausse des prix supérieure à 2%, puisqu'elle craint davantage la déflation et qu'elle doit rechercher le plein emploi. Elle mène une politique dont rend compte la règle de Taylor. Le taux d'intérêt de court terme sur le marché monétaire est fonction, d'une part, de l'écart entre l'inflation anticipée et la cible d'inflation, d'autre part, de l'écart entre le taux de chômage constaté et le taux de chômage naturel. Les banques centrales indépendantes ont acquis dans les années 1980–1990 une forte crédibilité. Elles pourraient donc relâcher les contraintes monétaires pour soutenir la croissance sans engendrer d'anticipations d'inflation. Une inflation rampante maîtrisée, c'est-à-dire sans risque d'accélération cumulative, compatible avec la stabilité monétaire interne, semble un objectif plus réaliste qu'une inflation nulle.

Dans un système de change flottant, la politique budgétaire est inefficace ; la politique de régulation repose donc sur la politique monétaire. En imposant à la BCE un objectif unique de stabilité des prix, les pays de la zone euro se sont privés du seul instrument de régulation efficace. L'Union européenne semble ainsi préférer la stabilité des prix au plein emploi, objectif politiquement et socialement peu réaliste à long terme. Les États-Unis, plus pragmatiques, mènent une politique monétaire active, qui soutient la croissance sans pour autant ramener l'inflation.

DANS LE CONTEXTE d'une économie ouverte et d'un système monétaire international de change flottant, l'inflation entraîne le déficit extérieur, la dépréciation de la monnaie et donc l'augmentation du prix des importations. Les politiques économiques doivent empêcher la formation de ce cercle vicieux. Mais le souvenir de la Grande Crise rappelle que la déflation est également un risque sérieux, qui peut être amplifié par des politiques monétaires inadaptées. La stabilité monétaire doit donc éviter ces deux écueils, ce qui conduit à retenir l'objectif d'une inflation modérée plutôt que celui d'une stabilité parfaite des prix. Enfin, une politique économique réaliste ne peut se réduire à un seul objectif; le carré magique de Kaldor en retient quatre, qu'il reste à hiérarchiser en fonction des souhaits collectifs : stabilité des prix, plein emploi, équilibre du commerce extérieur, croissance du PIB.

La désinflation n'est pas la seule condition de la stabilité monétaire. Dans un système de change flottant, le taux de change constitue une variable d'ajustement qui permet de compenser les écarts d'inflation entre les pays. Mais les crises de change répétitives et les fluctuations erratiques du dollar montrent que les banques centrales devraient tout de même se fixer un objectif de stabilité externe, notamment en intensifiant leur coopération.

IV Commentaires

1 Critique de la dissertation

La dissertation proposée est de type ESC. Elle est donc relativement brève, et certains arguments pourraient être développés davantage pour d'autres concours. La relation entre stabilité des prix et croissance au XIXe siècle a été simplement évoquée : les prix suivent des mouvements longs Kondratieff et accompagnent la croissance; les politiques de stabilisation des Trente Glorieuses (Pinay, Giscard d'Estaing) n'ont pas été présentées; la relation entre déficit budgétaire, endettement public et risque inflationniste n'a pas été explicitée. Une dissertation courte doit rester précise et argumentée : il ne faut pas chercher à dire tout ce que l'on sait en survolant le sujet, mais privilégier les raisonnements essentiels.

2 Sujet connexe

Inflation, désinflation, déflation fournissent la matière de nombreux sujets. Le sujet ECRICOME (1999) est relativement facile à traiter : *Alors que, pendant les quarante années qui ont suivi la seconde guerre mondiale, la plupart des pays capitalistes développés ont connu de fortes tendances inflationnistes, à l'heure actuelle, la déflation paraît de nouveau possible. Comment expliquez-vous cette évolution ?* Un plan chronologique est envisageable :

1. L'inflation a été une solution pour préserver une croissance sans cycle dans les années 1950–1960...

2. ... Avant de devenir un problème conduisant à la mise en œuvre de politiques de désinflation...
3. ... Qui, dans le contexte de mondialisation et de change flottant, peuvent dégénérer en déflation.

Mais on peut préférer un plan analytique : les structures monétaires et financières déterminent la nature du risque :

1. Risque d'inflation dans une économie d'endettement administrée;
2. Risque déflationniste dans une économie de marché financier ;
3. La stabilité monétaire exige un arbitrage entre ces deux risques.

3 Bibliographie

MAJNONI D'INTIGNANO, Béatrice, *L'instabilité monétaire*, Paris, PUF, coll. « Que sais-je ? », n° 3687, 2003. Se reporter en particulier aux chapitres II, « Inflation et désinflation » (p. 21–44), et IV, « La stabilité interne » (p. 59–74).

QUILÈS, Jean-José, « Déflation », et WAQUET, Isabelle, « Politique économique », *Les cahiers français*, janvier 1997, n° 279 ; BEITONE, Alain, « La politique monétaire », *Les cahiers français*, janvier 1998, n° 284, in cédérom *L'actualité en revues*, Documentation Française et CRDP du Languedoc-Roussillon, 2002.

QUILÈS, Jean-José, *Le coût actuel et passé de la désinflation*, Ecoflash, CNDP, n° 139, juin 1999.

Dissertation 16
Peut-on considérer que le chômage contemporain, dans les pays développés à économie de marché, résulte des déséquilibres du marché du travail ?

I Analyse du sujet

1 Les mots clés

La formulation du sujet incite à être particulièrement attentif au sens des termes et expressions utilisés. Ainsi, le thème central du sujet n'est pas le chômage en général mais le « chômage contemporain », c'est-à-dire celui qui concerne les PDEM depuis le milieu des années 1970. On précisera ses caractéristiques dans l'introduction : c'est tout d'abord un chômage de masse qui atteint son niveau maximum, 36 millions de chômeurs dans les pays de l'OCDE au milieu des années 1990 ; c'est ensuite un chômage durable, près d'un chômeur sur deux en Europe est chômeur depuis plus d'un an dans les années 1990 ; enfin le chômage contemporain est discriminant ou inégalitaire, le risque chômage variant en fonction inverse de la qualification et selon les caractéristiques d'âge, de sexe, d'origine ethnique et sociale des offreurs de travail. Le « marché du travail » désigne simultanément le lieu de rencontre des offres et demandes de travail et le mécanisme d'ajustement par les prix des offres et demandes de travail. Des déséquilibres et dysfonctionnements pourraient empêcher la régulation de ce marché par les prix et expliquer le chômage.

2 Connaissances à mobiliser

Ce sujet exige une bonne connaissance des explications traditionnelles et modernes du chômage. Dans la perspective keynésienne, le chômage n'est pas un déséquilibre du marché du travail, mais un déséquilibre macroéconomique. Keynes s'opposait ainsi à la vision néo-classique, qui considère que le chômage est volontaire et résulte du refus de travailler au prix qui équilibrerait le marché. Le monétarisme moderne a donné un fondement théorique aux déséquilibres persistants du marché du travail, en introduisant le concept de « chômage naturel ». Les nouveaux économistes keynésiens, notamment avec la théorie du salaire d'efficience, expliquent au contraire comment les dysfonctionnements du marché du travail engendrent un « chômage d'équilibre ». Ce débat théorique doit être enrichi par la prise en compte de l'histoire économique depuis le début des années 1970 ; elle montre que certains modèles d'emploi sont plus efficaces que d'autres dans la recherche du plein emploi.

3 Enjeux et problématique

Le chômage de masse est un fléau économique et social qu'il faut réduire. Il convient donc d'identifier ses causes. Deux perspectives sont envisageables. Dans une perspective microéconomique, les déséquilibres du marché du travail résultent d'obstacles, exogènes ou endogènes, à son ajustement par les prix. Suffisent-ils à rendre compte des spécificités du chômage contemporain ? D'un point de vue macroéconomique, le chômage est envisagé comme le produit de déséquilibres pouvant intervenir sur les marchés des biens, du capital et de la monnaie. Dans quelle mesure ces déséquilibres peuvent-ils se propager au marché du travail ? Enfin, les politiques de régulation économique et sociale dépendent du diagnostic porté sur la nature du chômage.

II Plan détaillé

I Des contraintes exogènes peuvent éloigner le marché du travail de l'équilibre et expliquer une partie du chômage contemporain

1. Le chômage volontaire...
2. ... Détermine le taux de chômage naturel

II Les déséquilibres endogènes du marché du travail sont une autre source du chômage contemporain

1. Le chômage involontaire...
2. ...Détermine le taux de chômage d'équilibre

III Les déséquilibres macroéconomiques peuvent également se propager au marché du travail

1. Les chocs d'offre et de demande déséquilibrent le marché du travail...
2. ...Où se cumulent chômage conjoncturel et structurel
3. Les politiques économiques peuvent également entretenir ou aggraver ces déséquilibres

III Dissertation rédigée

Le Conseil d'Analyse Économique s'interrogeait en 2000 sur la possibilité d'un retour au « plein emploi » (J. Pisani-Ferry). Depuis le milieu des années 1970, les pays de l'OCDE connaissent en effet un chômage à la fois massif, durable et discriminant : massif puisqu'il concerne 36 millions de chômeurs dans les pays de l'OCDE au milieu des années 1990 ; durable, près d'un chômeur sur deux en Europe étant au chômage depuis plus de un an ; sélectif et discriminant, le risque chômage variant fortement en fonction de la qualification, de l'âge, du sexe, de l'origine ethnique et sociale du demandeur d'emploi.

Keynes et Pigou incarnent les controverses sur la nature du chômage des années 1920–1930. L'argumentaire néo-classique repose sur les vertus autorégulatrices du marché du travail : un chômage persistant ne peut être que volontaire ou résulter d'entraves exogènes au bon fonctionnement du marché du travail. La *Théorie générale* montre au contraire qu'il peut exister un équilibre macroéconomique de sous-emploi : la demande de travail dépend de la consommation et des investissements, tandis que l'offre de travail est peu sensible aux variations du prix réel du travail. Les apports du monétarisme moderne et des théoriciens des anticipations rationnelles d'une part, de l'école des équilibres à prix fixes et des nouveaux keynésiens d'autre part, renouvellent le débat. Ils permettent de s'interroger sur la nature du chômage contemporain des PDEM : dans quelle mesure résulte-t-il de déséquilibres du marché du travail ?

Les analyses microéconomiques du comportement des offreurs et demandeurs de travail proposent une première explication du chômage : les déséquilibres du marché du travail peuvent naître de contraintes exogènes (I) ou endogènes, c'est-à-dire inhérentes au marché du travail (II). Mais le chômage contemporain résulte également de déséquilibres macroéconomiques (III).

Dans la perspective libérale, des contraintes d'origine exogène handicapent les mécanismes autorégulateurs du marché du travail. L'augmentation du chômage contemporain serait due au chômage « volontaire » et frictionnel (A). Le taux de chômage naturel exprime l'ampleur des déséquilibres (B).

Dans une logique walrasienne, le libre jeu des prix sur des marchés concurrentiels permet l'équilibre simultané de tous les marchés et donc le plein emploi. Le comportement des actifs (offreurs de travail) peut engendrer un chômage volontaire. Dans un premier temps, le chômage peut être « frictionnel » : il résulte des délais nécessaires à l'ajustement de l'offre et de la demande de travail ; ceux-ci peuvent s'allonger en raison du comportement des actifs au chômage. En effet, la recherche d'emploi par les chômeurs présente un coût, lié à la perte de rémunération, mais peut également procurer un gain, si elle permet d'obtenir un emploi mieux rémunéré. La théorie du *job search* (G. Stigler) établit qu'il existe une durée optimale de recherche, qui égalise le coût marginal et le gain marginal. L'indemnisation du chômage, en réduisant le coût de la recherche d'emploi, incite à allonger sa durée. Cette analyse justifie la dégressivité de l'indemnisation du chômage ainsi que les mesures destinées à améliorer la transparence du marché, par exemple, en France, la création de l'Agence nationale pour l'emploi (ANPE, 1967) et le Plan d'aide au retour à l'emploi (PARE, 2000).

Cette analyse ne semble cependant pas pouvoir expliquer le caractère durable du chômage contemporain. En effet, le non-emploi entraîne la destruction du capital humain, en raison de la perte de savoir-faire notamment ; le chômage de longue durée conduit ainsi à la perte d'employabilité, ce qui devrait inciter à réduire la durée de la période de recherche d'emploi. Dans un second temps, le chômage volontaire peut résulter des réglementations qui ont progressivement encadré, au cours des Trente Glorieuses, la relation de travail et en particulier la relation salariale. L'existence de salaires minima (en France le SMIG puis le SMIC) et les conventions collectives rendent le salaire rigide à la baisse. En cas de choc récessif, le chômage n'entraîne pas la diminution du prix du travail ; au contraire, lors de la stagflation des années 1970, la part des salaires dans la valeur ajoutée s'est accrue. Le chômage contemporain peut donc être considéré comme « volontaire », dans la mesure où il résulte du refus, individuel ou collectif, de travailler au prix qui équilibrerait le marché du travail. Ce déséquilibre du marché du travail s'auto-entretient, les firmes étant incitées à substituer du capital au travail (investissements *labor saving*) ou à se délocaliser. C'est dans cette perspective que le rapport Malinvaud (1998) proposait de diminuer les charges sociales sur les bas salaires afin d'améliorer l'emploi des actifs peu qualifiés. Cependant, les politiques de désindexation des salaires sur les prix et de déréglementation, entreprises dans les années 1980 sous l'impulsion de M. Thatcher et R. Reagan, ont eu des effets incertains : le chômage britannique est à son niveau maximum en 1986 (11,8%) et à nouveau supérieur à 10% au début des années 1990 ; malgré une réduction à la fin des années 1980, le chômage européen dépasse à nouveau les 10% de 1993 à 1998.

Le taux de chômage naturel permet de mesurer le poids des contraintes qui entravent le bon fonctionnement du marché du travail. Ce taux serait nul si le marché fonctionnait parfaitement. Son niveau est stable à court terme ; toute politique conjoncturelle cherchant à réduire le chômage en dessous de son taux naturel conduit à l'inflation. Il correspond donc au NAIRU (*non accelerating inflation rate of unemployement*), taux de chômage compatible avec une inflation nulle. Dans la lecture friedmanienne de la courbe de Phillips, les agents sont victimes de l'illusion monétaire : à court terme, ils interprètent la hausse des prix comme le signe de tensions réelles sur le marché et accroissent leur offre, de travail pour les salariés, de produits pour les firmes. L'inflation peut donc réduire le chômage. Mais, à plus long terme, les agents corrigent leurs erreurs : constatant que les prix relatifs sont inchangés, ils ramènent leur offre à l'équilibre initial. Le NAIRU est donc un taux de chômage incompressible à court terme ; il est naturel dans la mesure où il caractérise le marché du travail et, d'une manière plus générale, la régulation par le marché de l'ensemble de l'économie. Cependant, à long terme, ce taux peut être réduit par des politiques structurelles adaptées. La libéralisation du prix du travail, la diffusion des informations sur le marché du travail, l'incitation à l'accumulation du capital humain permettent de réduire le taux de chômage naturel. Le processus est cumulatif ; la croissance, en diffusant des savoir-faire et en favorisant l'acquisition de compétences, entretient la baisse du taux de chômage naturel. Ce processus expliquerait la faiblesse du chômage américain des années 1990 : il atteint 4 % en 2000, sans qu'apparaissent pour autant des tensions inflationnistes.

Dans la problématique libérale, le chômage contemporain exprime les déséquilibres du marché du travail. Les entraves aux mécanismes autorégulateurs du marché engendrent un chômage naturel, incompressible à court terme. Les chocs successifs d'offre et de demande, qui ont frappé les PDEM depuis les années 1970, ont élevé transitoirement le chômage au-dessus de son niveau naturel. En conséquence, une libéralisation des marchés devrait permettre de réduire le chômage contemporain, mais ne saurait suffire dans la mesure où des déséquilibres endogènes sont également en cause.

LES DÉSÉQUILIBRES DU MARCHÉ du travail peuvent également être d'origine endogène. Dans la perspective néo-keynésienne, le chômage contemporain résulterait des défaillances du marché du travail qui ne peut dégager un prix d'équilibre de plein emploi. Les comportements rationnels des agents, offreurs et demandeurs de travail, engendrent un chômage involontaire (A) et déterminent un taux de chômage d'équilibre (B).

Le marché du travail connaît des défaillances endogènes. Celles-ci sont liées aux asymétries d'information entre offreurs et demandeurs d'emploi. En raison de l'incertitude sur les caractéristiques des offreurs de travail, il devient rationnel pour l'entreprise d'offrir un salaire attractif. En effet, au prix du marché, elle risque de ne pas attirer les travailleurs les plus productifs, qui considèrent que leurs aptitudes justifient un salaire plus élevé. Inversement elle attire les actifs les moins productifs : il y a anti-sélection. Recevant un salaire supérieur au prix de marché, l'actif embauché souhaite conserver son emploi ; il ne peut adopter un comportement de « tire-au-flanc » et doit accroître sa productivité. Ce n'est plus le niveau de productivité qui détermine le niveau de salaire, mais l'inverse (salaire d'efficience). Cependant, à ce prix, les firmes rationnent l'offre de travail en adoptant une combinaison productive *labour saving*, ce qui induit un chômage structurel. L'existence de coûts de rotation est à l'origine d'un second dysfonctionnement du marché du travail : les actifs occupés (*insiders*) bénéficient d'une rente de situation. Le remplacement d'un actif par un chômeur (*outsiders*) entraîne des coûts de formation et une baisse de productivité en raison du manque d'expérience du nouvel embauché. D'une part, les entreprises cherchent à réduire les rotations en versant une prime à leurs *insiders*, d'autre part, les *insiders* peuvent revendiquer un salaire (S_i) supérieur au salaire d'équilibre du marché (S^*) ; la rente des *insiders* est au maximum égale au coût de rotation (C_r) : $S^* \leqslant S_i \leqslant (S^* + C_r)$. Ici encore, le prix du travail devient supérieur au prix d'équilibre du marché. Le chômage contemporain résulterait ainsi des comportements rationnels des offreurs et demandeurs de travail qui, dans un contexte d'information imparfaite, ne conduisent pas à la détermination de prix d'équilibre de plein emploi (*market clearing*) et induisent un rationnement de l'offre d'emploi qui génère un chômage permanent.

Les transformations de l'appareil productif et de l'emploi depuis les années 1970 ont pu étendre le nombre des salariés bénéficiant de salaires supérieurs au prix d'équilibre. En effet, l'organisation taylorienne et fordiste du travail permettait un contrôle du travail, réglé par les cadences collectives, et exigeait un apprentissage minimal. La montée des services et de l'immatériel, la recherche par les entreprises d'une compétitivité qualité, l'exigence dans certains secteurs d'une qualité totale, rendent nécessaire la sélection des actifs et accroissent les coûts de rotation. L'écart entre le salaire d'équilibre et le salaire pratiqué s'est donc creusé, augmentant le rationnement de l'emploi et le chômage. Ce processus est analysé par le modèle WS-PS (*Wage Schedule-Price Schedule*) qui formalise le processus de détermination des salaires en concurrence imparfaite, notamment lorsqu'il y a asymétries informationnelles et pouvoirs de marché. Le modèle définit un chômage d'équilibre involontaire : il y a équilibre puisque les agents employeurs et employés ne souhaitent pas modifier le prix du travail; le chômage est involontaire car les chômeurs accepteraient de travailler au prix du marché, mais ne trouvent pas d'emploi à ce prix. Le taux de chômage d'équilibre était évalué à environ 8% pour la France à la fin des années 1990 (Rapport J. Pisani-Ferry du Conseil d'analyse économique, 2000). La réduction de ce chômage exige des politiques de l'emploi ciblées sur les catégories d'actifs ne réunissant pas les conditions pour accéder aux emplois offerts par les entreprises.

La problématique néo-keynésienne conclut à l'existence d'un chômage structurel d'équilibre, inhérent aux défaillances du marché du travail. Cette analyse permet d'expliquer le caractère durable et inégal du chômage, les actifs les moins performants se trouvant exclus de l'emploi. Cependant le taux de chômage constaté et le taux d'emploi varient fortement entre les pays européens, alors que les conditions de formation des salaires sont relativement proches. D'autres déterminants interviennent donc.

LE CHÔMAGE est un phénomène pluriel, cumulant les déséquilibres. Les relations macroéconomiques peuvent également expliquer son évolution, en propageant les chocs d'offre et de demande (A) ou en engendrant un chômage structurel (B). Le chômage contemporain peut enfin être aggravé par des politiques pro-cycliques (C).

Le chômage contemporain peut être analysé comme la résultante de chocs macroéconomiques qui se succèdent depuis le début des années 1970. Les chocs engendrent des déséquilibres qui se propagent et définissent deux types de chômage selon la théorie des équilibres à prix fixes (Clower, Malinvaud). Un choc, tel le choc pétrolier, peut affecter la rentabilité de l'offre; les firmes réduisent alors leur activité, leurs investissements et leur emploi. Les prix étant rigides à la baisse, l'ajustement s'opère par les quantités : le chômage « classique » se développe, les firmes renonçant à produire alors qu'il existe une demande sur le marché des biens. Cette situation aurait perduré en France jusqu'au milieu des années 1980. Les politiques de restauration de l'offre permettent ensuite de réduire ce type de chômage. Mais un nouveau déséquilibre apparaît alors sur le marché des biens. Les mesures salariales, la maîtrise des dépenses sociales et des revenus de transfert, la montée de l'épargne de précaution contraignent la demande des ménages. La réunification allemande entraîne l'augmentation des taux d'intérêt, ce qui constitue un choc négatif de demande pour tous les pays européens (excepté l'Allemagne). Faute de demande, les entreprises donnent la priorité à la recherche de gains de productivité et rationnent leurs offres d'emploi : le chômage « keynésien » succède au chômage classique et caractérise les années 1990. Les deux types de chômage peuvent coexister dans des secteurs d'activité différents, ce qui rend particulièrement difficile la définition d'une politique économique. Le choc de la « nouvelle économie » est par contre positif, il améliore simultanément la rentabilité de l'offre et les revenus des demandeurs, ce qui permet une hausse significative de l'emploi : le chômage régresse à la fin des années 1990, pour atteindre moins de 8% en Europe et de 9% en France.

Le chômage contemporain semble également lié aux changements structurels qui perturbent les relations macroéconomiques depuis le début des années 1970. Les Trente Glorieuses se caractérisent par une relation dynamique entre offre et demande, entretenue par un partage des gains de productivité entre les salariés, les propriétaires du capital, les consommateurs et l'État-providence. Le ralentissement des gains de productivité rompt cette dynamique, malgré l'essor des nouvelles technologies (paradoxe de Solow). La perte d'efficacité du fordisme pèse sur les profits, ce qui ralentit l'accumulation du capital, et sur les revenus des ménages, ce qui réduit leur consommation : la croissance fléchit de plus de 5% dans les années 1960 à moins de 2,5% dans les années 1980–1990 en Europe, et le chômage s'élève. L'analyse régulationniste souligne que la dynamique de la croissance résulte de la combinaison efficiente de cinq institutions interdépendantes : rapport salarial, formes de la concurrence, État, monnaie et relations économiques internationales. Le chômage contemporain résulterait de l'incapacité à mettre en place une nouvelle configuration harmonieuse de ces institutions. Dans un contexte de concurrence exacerbée par la mondialisation, les entreprises mènent des stratégies de réduction de leurs coûts de production : elles se désendettent pour réduire leurs charges financières, privilégient les investissements de productivité, délocalisent les activités intensives en main d'œuvre. Elles assainissent ainsi leur situation, leurs titres s'apprécient sur les marchés financiers, mais simultanément elles limitent la demande, et donc leurs débouchés. L'économie retrouve à la fin du siècle la situation d'équilibre de sous-emploi identifiée par Keynes dans les années 1920 en Grande-Bretagne : l'investissement reste durablement inférieur au niveau qui assurerait le plein emploi. La rareté des offres d'emploi met les actifs en concurrence et segmente le marché. Le marché primaire offre des emplois stables et bien rémunérés (logique du salaire d'efficience) : les actifs courent un risque chômage faible et de courte durée (chômage frictionnel). Le marché secondaire propose des emplois instables, précaires et des rémunérations faibles : les actifs connaissent alors un chômage récurrent. Enfin, un segment d'exclusion réunit les actifs qui alternent emplois aidés (CES — Contrat Emploi Solidarité — par exemple) et chômage de longue durée. L'équilibre de sous-emploi est affecté par les évolutions cycliques de l'activité : les récessions réduisent la demande de travail et augmentent le nombre d'exclus, qui perdent leur employabilité. Le retour de l'expansion s'accompagne d'un phénomène d'hystérésis : en situation d'asymétrie d'information, le chômage de longue durée est interprété comme un signe de défaillance du demandeur d'emploi qui n'est donc pas embauché : il y a stigmatisation des chômeurs de longue durée. Le chômage contemporain est donc pluriel dans sa forme et dans ses origines : le cercle vicieux de l'équilibre de sous-emploi s'auto-entretient.

Des politiques économiques efficaces ont pu rompre le cercle vicieux du sous-emploi, tandis que d'autres se révélaient pro-cycliques. La définition de politiques efficaces de lutte contre le chômage est d'autant plus difficile que ce phénomène est pluriel. Les politiques de régulation peuvent réduire le chômage conjoncturel et keynésien ; les politiques structurelles sont par contre les seules efficaces contre le chômage classique et naturel. La politique américaine combine pragmatiquement ces deux volets. Sur le plan structurel, la politique de l'emploi américaine est d'inspiration libérale, la restauration de la rentabilité des firmes étant considérée comme la meilleure solution pour atteindre le plein emploi. Elle repose également sur la flexibilité des prix qui préserve l'emploi des actifs peu productifs sur le marché secondaire, au risque d'en faire des *poor woorkers*. Enfin, le marché primaire concentre les « manipulateurs de symboles » (R. Reich) qui se caractérisent par une forte accumulation du capital. La réduction du chômage américain dans les années 1990 résulterait de l'adaptation de la main d'œuvre aux besoins de l'appareil productif, tandis que le chômage européen sanctionnerait une accumulation insuffisante ou inadaptée de capital humain. Mais, simultanément, la banque centrale américaine (*Fed*) mène une politique monétaire conjoncturelle qui a soutenu la croissance des années 1990 ; dans les années 1980, et à nouveau depuis le choc récessif de 2001, la politique budgétaire est également mobilisée pour soutenir l'activité et l'emploi. Au contraire, les pays européens engagés dans le processus d'unification monétaire, en ayant accepté les critères de convergence puis le pacte de stabilité et de croissance, ne disposaient pas des mêmes marges de manœuvre. Lors des récessions de 1993 et 2002, les gouvernements ont été contraints de réduire les déficits budgétaires et donc la demande globale. Ces politiques pro-cycliques ont accru le chômage conjoncturel et engendré un chômage keynésien. Le Royaume-Uni, qui ne supportait pas ces contraintes et a laissé la livre sterling se déprécier, bénéficie d'un chômage très inférieur à celui des pays de la zone euro. Les politiques structurelles et conjoncturelles, parce qu'elles privilégient d'autres objectifs, peuvent contribuer à la persistance et à l'aggravation du chômage.

Le chômage contemporain est lie aux déséquilibres macroéconomiques entre offre et demande globale. Les chocs se répercutent finalement sur le marché du travail ; l'ajustement, ne pouvant s'opérer par les prix, s'effectue par les quantités, à travers le chômage. Les politiques pro-cycliques menées en Europe ont entretenu l'équilibre de sous-emploi et rappellent les effets pervers de la politique ramenant la livre sterling à la parité or d'avant-guerre, dans les années 1920.

Le chômage est à la fois un gaspillage économique, puisqu'il correspond au non-emploi d'une partie des actifs disponibles, et un fléau social. L'identification des causes et processus à l'origine du chômage contemporain constitue un préalable à la mise en œuvre de politiques efficaces pour le résoudre. Le chômage apparaît finalement comme un phénomène complexe et pluriel. Chômage naturel et d'équilibre naissent sur le marché du travail et semblent constituer un niveau incompressible à court terme. Des politiques structurelles peuvent cependant rendre la croissance plus riche en emplois et élever le taux d'emploi. Mais le chômage contemporain résulte également de déséquilibres macroéconomiques, qui se propagent au marché du travail et qu'il ne peut réduire. Le chômage conjoncturel et notamment le chômage « keynésien » viennent alors élever le taux de chômage au-dessus de son niveau naturel.

Les politiques structurelles, engagées dans les pays de l'OCDE depuis la fin des années 1970, visent à rendre le marché du travail plus flexible. Elles ont permis de réduire le chômage sans ramener véritablement au plein emploi. Les nouvelles formes d'emploi à l'image du CDD ou du temps partiel ont brouillé les frontières entre chômage, emploi et inactivité. Le chômage contemporain se différencie par conséquent du chômage des années 1930 en prenant des formes larvées, masquées par le « mal-emploi ». Les données statistiques, notamment celle obtenues à partir de la définition du chômage retenue par le Bureau international du travail (BIT), ne mesurent ni la diversité des chômages ni le « halo » des actifs en sous-emploi.

IV Commentaires

1 Critique de la dissertation

Ce sujet est particulièrement difficile et exige un bon niveau de connaissance. Il ne faut pas s'écarter du sujet posé : il n'est pas demandé d'expliquer le chômage en général, mais de discuter l'explication par les déséquilibres du marché du travail. La dissertation présentée privilégie une approche théorique en l'illustrant par des données factuelles et quelques références historiques ; on aurait pu chercher davantage à expliquer les différences de taux de chômage entre les pays. Il faut remarquer que la distinction entre « chômage naturel » et « chômage d'équilibre » permet de structurer la réflexion, mais qu'elle n'est pas aussi systématique dans les analyses théoriques.

2 Sujets connexes

Le chômage fait l'objet de nombreux sujets, souvent difficiles. Le sujet posé par l'ESSEC (2000) se rapproche de la dissertation traitée : *Dans quelle mesure la hausse progressive du taux de chômage observée après 1970 résulte-t-elle d'une hausse du taux de chômage d'équilibre ou de la lenteur et de la complexité des dynamiques d'ajustement enclenchées par une succession de chocs négatifs ?* Il fallait en particulier pouvoir définir le concept de chômage d'équilibre et le distinguer du chômage produit par les chocs. Le sujet HEC de 1996 est plus simple dans sa formulation : *À la lumière de l'histoire récente des économies occidentales, en quoi la montée du chômage peut-elle être considérée comme un déséquilibre ?* Il suffit ici de décliner les différents déséquilibres qui apparaissent sur le marché du travail ou à l'échelle macroéconomique.

3 Bibliographie

Freyssinet, Jacques, *Le chômage*, Paris, La Découverte, coll. « Repères », n° 22. Se reporter à la deuxième partie, « L'affrontement des théories », p. 60–92.

Alternatives économiques, le cédérom, 7e édition, co-édition *Alternatives économiques*-SCEREN (CRDP du Languedoc-Roussillon), 2003. Se reporter plus particulièrement aux articles de Denis Clerc : « La théorie économique face au chômage », et « Le coût du travail au cœur du débat » (1999). On trouvera également de nombreuses données statistiques.

Chamblay, Dominique, Montoussé, Marc, et Renouard, Gilles, *50 fiches pour comprendre les débats économiques actuels*, Paris, Bréal, 1999. Se reporter aux fiches 24, « Les causes du chômage actuel en France », et 31, « Le chômage est-il volontaire ou naturel ? ».

« Les nouvelles questions de l'emploi », *Cahier français*, La Documentation Française, septembre-octobre 2001, n° 304. Se reporter en particulier à l'article de Olivier Passet, « Le marché du travail : aspects et évolutions. Modèle américain versus modèle européen », p. 10–16.

Dissertation 17

Politique budgétaire et croissance économique des pays développés à économie de marché (PDEM), depuis la fin du XIXe siècle.

I Analyse du sujet

1 Les mots clés

Le budget de l'État présente l'ensemble de ses recettes et dépenses. Tout État a donc une politique budgétaire, si l'on entend par là un ensemble cohérent de mesures destiné à financer ses activités. Le libéralisme prône une politique budgétaire orthodoxe, équilibrant les dépenses par les recettes, et neutre, sans effets sur la situation et les choix des autres agents. Mais le budget peut au contraire être utilisé pour influencer l'économie réelle. Dépenses, recettes, solde du budget sont alors les instruments d'une politique budgétaire active, qui doit permettre d'atteindre les objectifs que se fixent les autorités. Ces objectifs peuvent être de court terme : la politique budgétaire participe alors à la régulation conjoncturelle. La recherche d'une croissance optimale de long terme justifie également les politiques budgétaires structurelles. La croissance doit par conséquent être envisagée selon diverses dimensions : la politique budgétaire peut en effet agir sur le taux de croissance, mais aussi sur les déséquilibres internes et externes (inflation, déficits de la balance des transactions courantes, chômage, inégalités) qui l'accompagnent.

2 Connaissances à mobiliser

Il est nécessaire d'illustrer l'argumentation par des exemples de politiques budgétaires effectivement mises en œuvre. Si les fondements de la politique budgétaire ont été précisés par le keynésianisme de la synthèse (Haavelmö, Musgrave, Samuelson, Mundell), les politiques réelles laissent une large place au pragmatisme, hier comme aujourd'hui, et une argumentation exclusivement théorique ne peut suffire. Les différents multiplicateurs permettront d'expliquer les effets et les conditions d'une politique active de régulation budgétaire. Les effets pervers de ces politiques, notamment les effets d'éviction, devront également être précisés.

Ce serait une erreur grave de réduire la politique budgétaire à la dimension conjoncturelle ; les théories de la croissance endogène montrent le rôle clé de la politique budgétaire structurelle dans l'accumulation du capital et la croissance à long terme. Enfin, l'efficacité de la politique budgétaire étant liée au contexte monétaire et financier dans lequel elle s'exerce, celui-ci devra être systématiquement précisé au cours de l'argumentation.

3 Enjeux et problématique

Depuis la fin du XIXe siècle, les déséquilibres de la croissance ont-ils déterminé l'orientation de la politique budgétaire ? En retour, celle-ci a-t-elle favorisé une croissance équilibrée ? Ce sujet porte sur une longue période, au cours de laquelle les réponses à ces deux questions et les relations entre politique budgétaire et croissance ont évolué. Ceci justifie un plan chronologique. Les périodes sont délimitées par les deux grandes crises du capitalisme qui entraînèrent une redéfinition du rôle et de la place de la politique budgétaire.

II Plan détaillé

I Du XIXe siècle aux années 1920 : politique budgétaire et croissance économique, dans le cadre du capitalisme concurrentiel

1. Les dépenses publiques et les prélèvements obligatoires doivent être réduits...
2. ... Et le budget équilibré, ce qui rend la politique budgétaire pro-cyclique
3. Mais les budgets réels s'écartent fréquemment du modèle orthodoxe

II Les Trente Glorieuses : politique budgétaire et croissance économique, dans le cadre du capitalisme monopoliste

1. L'État, par sa politique budgétaire, assume la fonction de régulation...
2. ... Et agit sur les structures
3. Cependant la politique budgétaire se heurte aux dilemmes de politique économique

III Depuis le début des années 1980 : retour de la régulation marchande et redéfinition des relations entre politique budgétaire et croissance

1. La double remise en cause des politiques budgétaires actives et discrétionnaires
2. La politique budgétaire semble s'effacer devant la politique monétaire
3. Mais à long terme les dépenses publiques continuent d'affecter la croissance

III Dissertation rédigée

L'ÉTAT MODERNE REMPLIT, outre ses obligations régaliennes, trois fonctions identifiées par Musgrave (*Théorie des finances publiques*, 1959) : fonctions d'allocation, de redistribution et de régulation. Il doit pour cela conduire des politiques économiques, ensembles de mesures cohérentes destinés à atteindre les objectifs hiérarchisés que se fixent les autorités. L'État dispose notamment de l'instrument budgétaire : la politique budgétaire agit par l'intermédiaire du montant et de la structure des recettes et des dépenses, et par le solde budgétaire. La politique budgétaire dépend du diagnostic porté sur la croissance. Les variables clés du carré magique de Kaldor caractérisent une situation conjoncturelle qui permet de définir une politique budgétaire ; celle-ci influence en retour la croissance, « augmentation de la capacité d'offrir une diversité croissance de biens et services » (S. Kuznets). Quelle est l'importance de la relation entre politique budgétaire et croissance économique, dans les pays développés à économie de marché (PDEM), depuis la fin du XIXe siècle ? Si la *Théorie générale* et le *New Deal* ont apporté une réponse qui rompait avec l'orthodoxie financière du XIXe siècle, la crise des années 1970 et les théoriciens des anticipations adaptatives et rationnelles ont renouvelé l'interrogation. De plus, l'efficacité de la politique budgétaire est conditionnée par le contexte monétaire interne et international, par les autres composantes de la politique économique et par la prise en compte des effets pervers éventuels.

Depuis la fin du XIXe siècle, politique budgétaire et croissance économique sont étroitement liées dans les PDEM, ces relations caractérisant le mode de régulation du capitalisme. Politique budgétaire et croissance peuvent être étudiées tout d'abord dans le cadre du capitalisme concurrentiel, jusqu'aux années 1920 (I). Le capitalisme monopolistique apparaît ensuite, jusqu'aux années 1970, comme l'âge d'or de la politique budgétaire (II). Enfin, le retour, dans les années 1980, à une régulation par les marchés dans un système de change flottant conduit à redéfinir les relations entre politique budgétaire et croissance économique (III).

LE XIXE SIÈCLE et le début du XXe, jusqu'en 1933, sont dominés par l'orthodoxie financière caractéristique du capitalisme concurrentiel. Les dépenses publiques et les prélèvements obligatoires doivent être réduits (A), et le budget équilibré, ce qui rend la politique budgétaire pro-cyclique (B). Mais les budgets réels s'écartent fréquemment du modèle orthodoxe : la réduction des prélèvements obligatoires engendre des déficits et certains États mènent des politiques budgétaires actives (C).

La gestion orthodoxe des finances publiques recherche l'équilibre budgétaire par la réduction des dépenses. L'État gendarme doit remplir ses fonctions régaliennes (police, justice, armée) sans interférer avec la sphère marchande régulée par les prix de marché et la recherche de gains individuels. Les dépenses doivent donc être minimales, même si conformément à l'analyse de Smith elles s'étendent aux infrastructures, notamment celles liées à la construction du réseau ferré. Les prélèvements eux-mêmes doivent rester neutres ; il est significatif sur ce point que l'impôt sur le revenu des personnes physiques ne deviendra en France une réalité qu'avec la première guerre mondiale. Bien avant Laffer, Jean-Baptiste Say considère qu'« une diminution d'impôts, en multipliant les jouissances du public, augmente les recettes du fisc » (*Traité d'économie politique*, 1803). Jusqu'en 1914, la part des dépenses publiques dans le PIB reste ainsi stable, inférieure à 15% en France.

Dans l'orthodoxie financière, l'État doit non seulement minimiser ses dépenses, mais il doit également les équilibrer par ses recettes courantes. En effet, dans le cadre d'un système monétaire dominé par la logique de l'étalon or, tout déficit public provoque un effet d'éviction : financé par l'emprunt il absorbe une partie de l'épargne privée qui n'est plus disponible pour l'investissement privé. Financé par l'émission monétaire, ce qui fut le cas lors de la guerre de 1914–1918, il génère l'inflation, voire l'hyper-inflation en Allemagne. La seule politique économique concevable est alors la déflation. Elle est engagée au Royaume-Uni dans les années 1920 pour restaurer la convertibilité or de la livre sterling à la parité d'avant-guerre. Sur le plan budgétaire, elle exige un excédent qui permet de rembourser les dettes et ainsi de détruire une partie de la monnaie émise pour financer la guerre. En France, la déflation Laval (1934–1936) vise à restaurer la compétitivité prix des entreprises en réduisant leurs coûts. Les dépenses de l'État sont diminuées, notamment les rémunérations des fonctionnaires, les pensions (réduites de 10%) et les travaux de construction de la ligne Maginot sont suspendus. Ces politiques ont pour objectif l'assainissement de la croissance ; ce sont des politiques d'environnement plus que de régulation : elles doivent créer les conditions d'une croissance non inflationniste, la dynamique de la croissance reposant sur les mécanismes de marché. Cependant, elles exercent un effet récessif que dénoncera Keynes. En réduisant la demande, elles aggravent les difficultés conjoncturelles et sont donc largement pro-cycliques. Elles se heurtent en particulier à la transformation de la relation salariale qui, en devenant collective, en passant « du contrat au statut » (R. Castel), rend les salaires rigides à la baisse.

Si l'orthodoxie financière exige une politique budgétaire neutre, c'est-à-dire sans effet sur la croissance, cette orthodoxie ne se concrétise pas toujours dans les faits, tout d'abord parce que les objectifs de la politique budgétaire orthodoxe sont difficilement conciliables : la volonté de restreindre les prélèvements fiscaux peut paradoxalement faire apparaître un déficit. Ainsi le service de la dette, représentant le coût de l'endettement, est le premier poste de la dépense publique, avec la dépense nationale, jusqu'aux années 1920 : il représente environ un tiers du budget en 1890 et encore un cinquième dans les années 1920. Le besoin de financement de l'État s'exerce donc en partie aux dépens du financement privé : les rentiers préfèrent les bons du Trésor aux obligations des entreprises et encore plus à leurs actions. Par l'effet d'éviction, la politique budgétaire aurait donc freiné la croissance. Mais on peut aussi considérer que la dépense publique stimule l'activité ; c'est notamment le cas avec le plan Freycinet (1879) en France. En maintenant la demande alors que l'industrie du chemin de fer épuisait ses effets d'entraînement, il a pu retarder l'entrée de l'économie française dans la grande dépression. D'autre part, dans les pays de la seconde vague, selon le schéma décrit par Gerschenkron, en Allemagne et au Japon en particulier, la dépense publique a pu pallier les carences de l'initiative privée. La révolution Meiji (1868) permet de financer les investissements industriels (industries textiles et d'armement, chantiers navals) par l'impôt foncier, avant de les privatiser ; simultanément l'école publique gratuite et obligatoire fournissait la main d'œuvre qualifiée. Le Japon rattrape ainsi une grande partie de son retard industriel en une quarantaine d'années. La gestion réelle s'est ainsi souvent éloignée des règles de l'orthodoxie. Après la Grande

Guerre, l'effet de cliquet ou de déplacement (Peacok et Wiseman) élève le seuil de tolérance fiscale. La loi de « l'extension croissante de l'activité publique » (loi de Wagner) est ainsi vérifiée : l'État doit prendre en charge des dépenses croissantes, liées au niveau de développement, dépenses d'administration d'une part, dépenses sociales et d'éducation d'autre part. Le montant et la structure des dépenses sont donc fonction du niveau de développement qui induit de nouveaux besoins.

Jusqu'aux années 1920 la dépense publique est donc généralement considérée comme un handicap pour la croissance, et la régulation concurrentielle de l'économie appelle un budget équilibré. Les politiques déflationnistes mises en œuvre en Grande-Bretagne (1924) et en France (1934) s'inscrivent dans cette logique. Mais les dépenses publiques semblent s'accroître inexorablement, vérifiant ainsi la loi de Wagner.

LE CAPITALISME MONOPOLISTIQUE se développe à partir du *New Deal* (1933) et bouleverse les relations entre politique budgétaire et croissance économique : l'État, par sa politique budgétaire, devient un acteur économique central. Il assume la fonction de régulation (A) et agit sur les structures (B). Cependant, la politique budgétaire se heurte aux dilemmes de politique économique (C).

Les mesures budgétaires pragmatiques du *New Deal*, politique de grands travaux, politique sociale, subventions à l'agriculture et à l'industrie, marquent la rupture avec l'orthodoxie budgétaire. La dépense est stimulée et engendre un déficit croissant : il fait plus que doubler entre 1933 et 1936, passant de 2,2 milliards de dollars à 4,9 milliards. Alors que l'augmentation de la dépense avec un budget équilibré exerce un effet limité (théorème de Haavelmö), une dépense financée par le déficit peut, dans certaines conditions, exercer un effet plus que proportionnel sur le revenu national. Il faut pour cela que l'économie soit peu ouverte, condition remplie dans les années 1950, et que l'offre soit élastique à la demande (sous-emploi des facteurs de production). La politique budgétaire permet alors de supprimer les récessions cycliques de type Juglar, en rapprochant la croissance réelle de la croissance potentielle. La relance Kennedy-Johnson de 1963 illustre cette logique. Au début des années 1960, les États-Unis sont dans la phase récessive du cycle conjoncturel, ce qui se traduit par une montée du chômage et un déficit passif (involontaire) des finances publiques, lié à la baisse des recettes induite par la récession. Pour combler le *gap* d'Okun, c'est-à-dire l'écart entre croissance réelle et potentielle, W. Heller propose d'accroître le déficit pour stimuler la demande (déficit actif). La politique choisie sera une politique budgétaire de réduction des impôts (*tax cut*), combinée avec une politique monétaire favorable aux investissements. La croissance repart et le chômage décline. Le modèle IS-LM-BP permet de formaliser les relations entre politique budgétaire et croissance. Dans un système de change fixe, à l'image de celui de Bretton Woods, la politique monétaire est affectée à la stabilité du change ; la régulation interne dépend alors de la politique budgétaire. Le risque principal est l'effet d'éviction (ou effet de retour financier) qui peut être évité de deux façons : soit par l'emprunt à l'étranger, l'éviction étant alors exportée ; soit par la création monétaire. La politique budgétaire permet donc de « supprimer les dépressions et [de] maintenir en permanence une situation voisine du boom » (Keynes, *Théorie générale*).

D'autre part, sur le plan structurel, l'économie de marché se caractérise par un risque permanent de sous-emploi, en raison des défaillances de la régulation marchande : le niveau de l'investissement, composante essentielle de la demande globale, n'assure pas spontanément le niveau d'activité de plein emploi. La dépense publique doit alors prendre le relais : « une large socialisation de l'investissement s'avèrera le seul moyen d'assurer approximativement la plein emploi » (Keynes, *Théorie générale*, 1936). Cette socialisation se combine avec le dirigisme, pour donner à l'État un rôle clé dans la reconstruction des pays européens après 1945. En France, par exemple, la politique budgétaire s'inscrit dans le cadre plus général de la planification indicative qui manifeste le volontarisme de l'action publique (premier plan Monnet de 1947 à 1952) : la part des dépenses régaliennes décline au profit des dépenses sociales et d'action économique. L'État en s'appuyant sur l'instrument budgétaire participe à la modernisation de l'appareil productif ; le Commissariat à l'énergie atomique est créé en 1945 et enclenche le développement de la filière nucléaire, la Compagnie du Bas-Rhône-Languedoc transforme l'agriculture de cette région. La politique budgétaire participe ainsi à la fonction d'allocation : l'État met en œuvre directement les facteurs de production dans la production des biens collectifs, dans les services publics et les entreprises nationalisées, et influence les entreprises par les subventions et commandes publiques. L'État-providence assure également la stabilité de la consommation finale des ménages à travers la socialisation des revenus. La couverture des risques sociaux (santé, vieillesse, chômage, famille) est financée par le budget dans les systèmes beveridgiens (Royaume-Uni) ; elle soutient structurellement la demande des ménages, puisque la socialisation des risques permet de réduire l'épargne de précaution et de s'endetter. La redistribution stimule également la consommation lorsqu'elle opère des prélèvements sur les ménages à haut revenu et faible propension à consommer, pour financer les revenus de transfert des ménages pauvres à forte propension à consommer. La croissance économique est donc liée à la fois à l'acceptation des déficits publics, au volume de la dépense publique ainsi qu'à sa structure.

Cependant, les dilemmes de politique économique limitent le champ d'action de la politique budgétaire. Il y a dilemme lorsque les objectifs internes de la politique budgétaire, croissance forte et plein emploi, entrent en contradiction avec les objectifs externes défendus par la politique monétaire : équilibre de la balance des transactions courantes et stabilité du taux de change. Pour les pays contraints, comme la Grande-Bretagne et la France, toute politique de relance budgétaire (politique de *go*) stimule l'activité et réduit le chômage, mais engendre également l'augmentation des importations et le déficit de la balance des transactions courantes. Les spéculateurs anticipent alors une dévaluation et vendent la monnaie nationale, ce qui remet en cause le taux de change. La banque centrale doit racheter sa monnaie en puisant dans ses réserves et relever les taux d'intérêt. L'effet positif de la relance budgétaire est alors annulé par la politique de refroidissement (politique de *stop*). Seuls les pays non contraints, c'est-à-dire les États-Unis parce que le dollar permet les déficits jumeaux du budget et de la balance des paiements, l'Allemagne et le Japon parce qu'ils présentent un excédent structurel de leur balance des transactions courantes, peuvent en permanence stimuler la croissance par la dépense publique. En France, la conjugaison du déficit extérieur et d'une tendance inflationniste justifie les plans de stabilisation Pinay de 1950–1952 et Pinay-Rueff de 1958 : dans les deux cas, la dévaluation se combine avec une politique budgétaire de retour à l'équilibre grâce à la compression des dépenses, à l'augmentation des recettes, tandis que des emprunts, indexés sur l'or, contribuent à réduire la demande. L'assainissement permet ensuite un retour de la croissance. Ces contradictions conduiront Valéry Giscard d'Estaing à mener une politique orthodoxe, le budget de l'État étant pratiquement à l'équilibre de 1964 à 1974.

L'arme budgétaire est donc largement utilisée durant les Trente Glorieuses ; elle permet à la fois de lisser le cycle et de stimuler la croissance. Mais les conditions structurelles de son efficacité ne sont pas présentes dans tous les PDEM. Très paradoxalement, dans un contexte de croissance forte pour des raisons structurelles liées aux gains importants de productivité, à l'essor du commerce international et à l'affirmation de la

Communauté économique européenne, les pays contraints utilisent plus souvent le budget pour limiter la croissance en période de surchauffe que pour la stimuler.

DANS LES ANNÉES 1980, le retour à la régulation marchande dans un contexte de changes flottants et de globalisation financière redéfinit les relations entre politique budgétaire et croissance. L'échec des politiques d'inspiration keynésienne devant la stagflation remet en cause les politiques budgétaires discrétionnaires (A). Dans le nouveau *policy mix* des années 1980–1990, la politique monétaire semble dominer la politique budgétaire (B). Cependant, la politique budgétaire structurelle apparaît toujours comme une condition de la croissance à long terme (C).

Les politiques budgétaires actives d'inspiration keynésienne font l'objet d'une double remise en cause à la suite de la crise des années 1970. D'une part, elles se révèlent inefficaces face à la stagflation ; d'autre part, elles sont confrontées à des critiques théoriques. La conjonction du ralentissement de la croissance et de l'augmentation du chômage crée un nouveau dilemme que la politique budgétaire ne peut résoudre. En France, l'austérité (premier plan Chirac, 1974) entretient la stagnation et le chômage sans réduire l'inflation ; la relance (deuxième plan Chirac, 1975) amplifie l'inflation et dégrade les comptes extérieurs, sans réduire le chômage. Seule une relance concertée, envisagée en 1978 dans le cadre du G5 et menée par les pays non contraints (Allemagne, Japon), aurait pu stimuler la croissance mondiale. La relance isolée menée en France en 1981–1982 combine des mesures structurelles et conjoncturelles : la dépense publique croît et le déficit s'élève à 2% (1981) puis 2,5% (1982) du PIB. La croissance est effectivement stimulée et le chômage régresse ; mais le déficit extérieur devient insoutenable, car il remet en cause l'appartenance du franc au système monétaire européen (SME). En 1983 la France rejoint donc les politiques de désinflation engagées par les PDEM. Depuis 1979, Paul Volcker mène aux États-Unis une politique monétaire d'assainissement, en limitant le rythme d'expansion de la masse monétaire. Cette politique induit une récession (1981) liée à l'envolée des taux d'intérêt, mais brise la spirale inflationniste. Parallèlement, Ronald Reagan réduit les impôts de 25% tout en augmentant les dépenses militaires, ce qui génère un déficit important (5,6% du PIB en 1983). Ce *policy mix* divergent, combinaison d'une politique monétaire restrictive et d'une politique budgétaire expansionniste, exerce un effet positif sur la croissance, simultanément forte (+7,3% en 1984) et non inflationniste

(+3,7% d'inflation en 1984). Cependant les effets pervers se manifestent en 1984–1985. En effet, un déficit budgétaire engendre une hausse des taux d'intérêt. Celle-ci, en change flottant avec libre circulation des capitaux, provoque l'appréciation de la monnaie ; le taux de change du dollar par rapport au franc est ainsi multiplié par 2,5 entre 1978 (1 dollar pour 4 francs) et 1985 (1 dollar pour 10,40 francs). Cette hausse du taux de change réduit la compétitivité prix des firmes américaines et affecte leur activité : l'effet de relance de la politique budgétaire bute sur l'éviction par le taux de change.

Dans les années 1980, la priorité accordée à la désinflation donne le rôle premier à la politique monétaire et le système de change flottant limite l'efficacité de la politique budgétaire. Impuissante face à la stagflation, la politique budgétaire est également confrontée à un faisceau convergent de remises en cause théoriques. Friedman et les monétaristes modernes contestent tout d'abord le mécanisme du multiplicateur. Si la consommation des ménages dépend du revenu permanent, somme actualisée des revenus anticipés, elle n'est plus affectée par le supplément de revenu injecté par la relance budgétaire : il n'y a plus d'effet multiplicateur. De plus, à court terme, la relance accroît l'inflation. Les agents, alors victimes de l'illusion monétaire, interprètent la hausse des prix comme un signe de pénurie de l'offre et accroissent leur offre ; en conséquence, le revenu global croît. Mais, à long terme, ils corrigent leur erreur et reviennent à leur offre initiale : la courbe de Phillips devient alors verticale, la stagflation étant la conséquence des politiques keynésiennes de relance. Les théoriciens des anticipations rationnelles montrent que des agents rationnels anticipent les effets pervers des politiques budgétaires, ce qui les rend inefficaces (critique de Lucas). Ainsi selon le théorème d'équivalence de Ricardo-Barro, le financement de la dépense publique par l'impôt ou par l'emprunt est équivalent. Lorsque le déficit est financé par l'emprunt, des agents rationnels anticipent les impôts futurs et accroissent leur épargne ; il n'y a donc plus d'effet multiplicateur. Enfin les économistes de l'offre soulignent, avec la courbe de Laffer, que des prélèvements obligatoires élevés peuvent exercer un effet désincitatif sur l'offre (de biens ou de travail). Le prélèvement opère un double effet : l'effet revenu incite l'agent à accroître son offre pour compenser la perte due au prélèvement ; l'effet de substitution incite l'agent à remplacer le travail moins rémunérateur par le loisir ou l'entreprise à se délocaliser. Au-delà d'un seuil optimal, l'effet substitution l'emporte sur l'effet revenu et, paradoxalement, « trop d'impôt tue l'impôt ». Ce seuil aurait été franchi dans les PDEM à la suite du développement de la dépense publique.

Dans ces problématiques libérales, l'État et les politiques budgétaires actives ne sont plus des solutions mais le problème (Reagan). L'échec des politiques budgétaires actives devant la stagflation et les critiques théoriques du keynésianisme conduisent à l'abandon de ces politiques au début des années 1980.

Les nouveaux objectifs que constituent la stabilité des prix et le désendettement, dans un contexte de change flottant et de libre circulation des capitaux, conduisent à une redéfinition de la politique budgétaire. Mais cette redéfinition suit en Europe et aux États-Unis des modalités et des calendriers différents. Depuis le changement de régime monétaire de 1979 et le passage de l'économie d'endettement à l'économie de marchés financiers, les taux d'intérêt sont supérieurs au taux de croissance de l'économie (écart critique négatif). Or les charges financières de la dette croissent au rythme du taux d'intérêt, alors que les recettes fiscales et sociales augmentent selon le taux de croissance de l'économie. Par conséquent, la dette s'auto-entretient, les charges de l'endettement générant de nouveaux déficits qui alimentent à leur tour la dette. La part de la dette publique dans le PIB s'accroît ainsi de 15% en 1980 à 60% environ en 1998, aussi bien en France qu'en Allemagne. Le désendettement public devient alors une priorité qu'expriment, par exemple, les critères de convergence de Maastricht. Une dette de 60% du PIB, avec un taux d'intérêt de 5%, génère spontanément une charge financière égale à 3% du PIB ($5\% \times 60\% = 3\%$). Mais le désendettement exige un excédent du budget primaire, c'est-à-dire du budget hors charges financières de la dette. Cet excédent primaire signifie que les prélèvements sont supérieurs aux dépenses non financières et exerce donc, à court terme au moins, un effet récessif. La politique budgétaire mise en œuvre en Europe dans les années 1990 est donc pro-cyclique, ce qui explique en partie l'ampleur de la récession de 1993 et la croissance molle jusqu'en 1997 (J.-P. Fitoussi, *Le débat interdit*).

L'assainissement des finances publiques a donc un coût élevé et ralentit la croissance européenne. Le pacte de stabilité et de croissance (1997) fixe aux pays membres de la zone euro un objectif d'équilibre budgétaire à long terme. Si les stabilisateurs automatiques continuent de jouer, les États voient leur capacité de mener une politique budgétaire discrétionnaire fortement limitée par cette règle de finances publiques. Dans la mesure où la politique monétaire européenne est commune, la politique budgétaire reste pourtant le seul instrument de régulation disponible pour lutter contre un choc asymétrique, c'est-à-dire un choc affectant différemment les pays membres de la zone euro. Les États-Unis mènent une politique budgétaire plus souple, qui se révèle favorable à la croissance. Au cours des années 1980, tout d'abord, la politique budgétaire a amorti le choc désinflationniste de la politique monétaire. La *Fed* (*Federal Reserve*) a ainsi acquis une forte crédibilité dans la lutte contre l'inflation. À partir de 1992, Alan Greenspan va pouvoir affecter la politique monétaire au soutien de la croissance et de l'emploi, selon des modalités décrites par Taylor (règle de Taylor). La croissance ainsi soutenue de 1992 à 2001 accroît automatiquement les recettes publiques et permet un assainissement des finances publiques sans effet récessif. Le solde budgétaire américain, déficitaire de plus de 5% du PIB en 1992, devient excédentaire en 2000, tandis que la dette diminue de 75% du PIB à moins de 60%. Cet assainissement budgétaire donne des marges de manœuvre, que l'administration Bush utilise ensuite pour lutter contre la récession de 2001. La politique budgétaire américaine des années 1980–1990 est donc à la fois adaptée à l'environnement monétaire et financier international et pragmatique. En effet, en change flottant avec libre circulation des capitaux, seule la politique monétaire est efficace à moyen terme. En laissant flotter le dollar, les États-Unis peuvent affecter la politique monétaire à la croissance interne. Mais lors des récessions (1981 et 2002), ils utilisent également l'arme budgétaire. Ils financent alors leurs déficits jumeaux par l'appel aux capitaux extérieurs. Depuis le début des années 1980, la politique budgétaire n'est plus l'instrument central de la politique conjoncturelle. Elle reste cependant utilisée de façon pragmatique aux États-Unis et pour répondre aux chocs asymétriques dans l'Union européenne.

Le déclin du rôle conjoncturel de la politique budgétaire ne signifie pas qu'il n'y a plus de politique budgétaire ; une politique budgétaire structurelle est doublement nécessaire. Tout d'abord, dans une logique ricardienne, la réduction de l'endettement public et l'équilibre des recettes et dépenses publiques permettent la baisse des taux d'intérêt de long terme, ce qui favorise l'investissement, la consommation et la croissance, d'où l'importance des politiques de maîtrise des dépenses publiques, y compris des dépenses sociales. À défaut de réduire les dépenses, leur stabilisation apparaît comme un objectif réalisable. Les théories de la croissance endogène réhabilitent quant à elles le rôle de l'État dans la croissance à long terme. Le marché connaît des défaillances liées à des externalités et à la fourniture des biens publics. La structure des dépenses, au-delà de leur montant, devient alors essentielle : il ne faut pas seulement moins d'État, mais mieux d'État. En particulier, l'accumulation des capitaux publics, technologiques et humains, conditionne le rythme de croissance. Approfondissant la logique de Laffer, le modèle de Barro montre qu'il existe un niveau optimal de prélèvements obligatoires, qui maximise les intérêts individuels, l'accumulation et donc la croissance. De façon symétrique, une croissance élevée permet d'accroître les ressources affectées par l'État à l'accumulation des capitaux publics, technologiques et humains, ce qui entretient la croissance en instaurant un processus cumulatif reposant sur des rendements croissants. La rationalité et l'efficience de la dépense publique deviennent des clés de la croissance à long terme. Pour prendre en compte la double relation, conjoncturelle et structurelle, entre croissance et politique budgétaire, deux composantes du budget peuvent être distinguées : un programme budgétaire pluriannuel finance les dépenses structurelles, en tenant compte des objectifs sociaux que se fixe la nation ; un volet conjoncturel modulable contribue à la régulation. La difficulté pour l'État est alors de conjuguer diminution ou stabilisation des prélèvements obligatoires et réduction du déficit, sans sacrifier les dépenses nécessaires. Le processus de rationalisation et d'assainissement des finances publiques est d'autant plus facilité que le pays connaît une forte croissance ; en même temps il est la condition de la croissance future. Les politiques budgétaires privilégiant l'offre ne peuvent se réduire au « moins d'État » ; elles exigent également « mieux d'État ».

« L'ÉTAT N'EST PAS LA SOLUTION, l'État est le problème » : Ronald Reagan condamnait ainsi les politiques budgétaires de dépense publique, alors même que le déficit qui accompagne sa propre politique a probablement stimulé la croissance américaine des années 1980 ! Cet exemple, ainsi que le plan Freycinet, le *New Deal* ou les plans Pinay, souligne que le pragmatisme a souvent été efficace en matière de politique budgétaire. Les règles de la politique budgétaire doivent donc être, simultanément, assez souples pour laisser des marges de manœuvre, et suffisamment contraignantes pour éviter les dérapages de l'endettement incontrôlable et de l'inflation.

Dans la perspective keynésienne, la politique budgétaire était un instrument fondamental de régulation, agissant quantitativement sur le niveau de la demande globale. Les politiques budgétaires sont aujourd'hui passées au second plan dans la régulation conjoncturelle, qui repose essentiellement sur la politique monétaire. Cependant, elles restent une source clé de la croissance de long terme, en raison de leurs effets sur l'offre. *In fine*, la structure de la dépense importe tout autant, sinon plus que son montant.

IV Commentaires

1 Critique de la dissertation

Ce sujet de long terme, de type HEC, ne doit pas conduire à un exposé encyclopédique. Il ne faut pas accumuler les références mais plutôt choisir les arguments historiques et économiques, en prenant le temps de les exposer clairement. Bien sûr, certains choix sont alors discutables. Ainsi le rôle redistributif du budget, à travers les prélèvements (impôt progressif) et la redistribution, a été négligé. Le plan retenu permet de classer l'argumentation ; en particulier il explique pourquoi et comment la politique budgétaire a été redéfinie à deux reprises. La troisième partie est cependant plus longue que les deux précédentes, ce qui crée un déséquilibre.

2 Sujets connexes

Le sujet ECRICOME (2002) *À la lumière de l'expérience historique, pensez-vous que l'équilibre budgétaire doive être un objectif des politiques économiques ?* est à la fois plus précis et plus large. Plus précis, puisqu'il se limite à l'interrogation sur l'équilibre budgétaire ; mais plus large, car cet objectif d'équilibre peut être recherché par d'autres politiques que la politique budgétaire. Le plan chronologique de la dissertation pourrait cependant être repris. La dissertation ESC (2003) *Les controverses relatives au mixage des politiques conjoncturelles dans les pays de la zone euro au cours de la mise en place de cette zone depuis les années 1980* renvoie aux arguments de la partie III-B.

3 Bibliographie

GÉNÉREUX, Jacques, *Introduction à la politique économique*, Paris, Seuil, coll. « Points Économie », n° E35, 1999. Se reporter au chapitre 7, « Politique budgétaire » (p. 195–233), et au chapitre 8, « La mutation des stratégies politiques des années 1950 aux années 1990 » (p. 235–290).

VORNETTI, Patricia, « Politique budgétaire », *Les cahiers français*, janvier 1998, n° 284, in cédérom *L'actualité en revues*, Documentation Française et CRDP du Languedoc-Roussillon, 2002. Cet article propose une synthèse très claire qui rappelle les connaissances essentielles.

Dissertation 18

Vous analyserez les relations entre évolutions démographiques et croissance économique, dans les pays européens, depuis la fin du XVIIIe siècle.

I Analyse du sujet

1 Les mots clés

Il convient tout d'abord de s'interroger sur les deux expressions que le sujet met en regard. Il s'agit d'étudier les évolutions démographiques : le pluriel n'est pas neutre. On peut distinguer les évolutions quantitatives comme le taux d'accroissement naturel et le solde migratoire qui déterminent les évolutions du nombre d'habitants. Mais il faut également prendre en compte les évolutions structurelles et qualitatives : répartition par âge, sur le territoire et entre secteurs d'activité, évolution du stock de « capital humain ».

Si la question actuelle du vieillissement de la population ne doit bien sûr pas être oubliée, on ne peut réduire la dissertation à cette seule dimension. La croissance économique est, selon Kuznets (1973), « une augmentation à long terme de la capacité d'offrir une diversité croissante de biens ». C'est un phénomène moderne qui s'accélère avec les révolutions industrielles des XVIII–XIXe siècles.

2 Connaissances à mobiliser

La révolution démographique, et plus particulièrement le modèle de la « transition démographique », montrent que les évolutions quantitatives et qualitatives sont liées aux autres transformations économiques et sociales. Il faudra donc dégager les grandes périodes de cette transition. Pour traiter le sujet, il conviendra de dépasser le débat théorique entre malthusiens et populationnistes en analysant les évolutions historiques. On notera que le sujet exclut les États-Unis, qui ont connu une évolution démographique originale, et les pays en développement (PED), qui n'ont pas achevé leur transition démographique.

3 Enjeux et problématique

Le sujet demande d'analyser les relations entre évolutions démographiques et croissance économique. Le modèle de la transition démographique permet de les préciser : elles sont réciproques. Depuis la fin du XIXe siècle la croissance économique a-t-elle induit des évolutions démographiques, quantitatives ou qualitatives ? Réciproquement, les évolutions démographiques ont-elles influencé la croissance économique ? Si les deux phénomènes interagissent, n'est-ce pas parce qu'ils s'inscrivent dans le même processus de changement économique et social, et participent donc d'une même dynamique ?

II Plan détaillé

I Les relations entre évolutions démographiques et croissance économique sont réciproques

1. La croissance économique contribue aux évolutions démographiques quantitatives...
2. ... Et qualitatives
3. Les évolutions démographiques influencent la croissance économique

II À long terme, les relations entre évolutions démographiques et croissance économique s'inscrivent dans la dynamique de la transition démographique et du changement économique et social

1. Le changement social intègre les relations entre régime démographique et régime de croissance
2. Le processus de croissance, tel que l'analysent les nouveaux modèles de croissance, intègre les évolutions démographiques
3. Le développement durable, nouvel enjeu

III Dissertation rédigée

DANS la perspective mercantiliste française du XVIIIe siècle, « il n'est de richesse que d'hommes » (J. Bodin). Au contraire Malthus, dans son *Essai sur le principe de population* (1798), cherche à démontrer que l'augmentation de la population tend à réduire le produit par personne et engendre la pauvreté : « il n'y a pas de place pour tous au grand banquet de la nature ». Le débat sur les relations entre évolutions démographiques et croissance économique est donc ancien. L'analyse de ces relations dans les pays européens depuis la fin du XVIIIe siècle permettra de préciser leur sens et leur nature.

La croissance économique est « une augmentation à long terme de la capacité d'offrir une diversité croissante de biens » (S. Kuznets). Les évolutions démographiques peuvent être quantitatives, variations du solde naturel ou migratoire, et qualitatives, modification de la structure par âge ou de la répartition géographique et sectorielle. Depuis la fin du XIXe siècle, la croissance économique des pays européens a-t-elle induit des évolutions démographiques ? Réciproquement, les évolutions démographiques ont-elles influencé, directement ou indirectement, la croissance économique de ces mêmes pays ? Si les deux phénomènes interagissent, n'est-ce pas parce qu'ils s'inscrivent dans le même processus de changement économique et social, dans la même dynamique ?

Les relations entre évolutions démographiques et croissance économiques sont réciproques (I). Mais la dynamique de la transition démographique et des changements socio-économiques détermine finalement la nature de ces interactions (II).

ANALYSER les relations entre évolutions démographiques et croissance économique demande dans un premier temps d'expliciter la façon dont chacun des deux phénomènes influence l'autre. La révolution démographique ayant précédé la révolution industrielle, il est logique de s'interroger tout d'abord sur les effets des évolutions démographiques quantitatives (A) et qualitatives (B) sur la croissance économique. Mais la croissance économique a également, depuis la révolution agricole du XVIIIe siècle, profondément modifié les comportements démographiques (C).

Quantitativement tout d'abord, le rythme de la croissance démographique peut agir sur le rythme de croissance économique. Si l'augmentation de la population absorbe le surplus de production fourni par la croissance, elle engendre la stagnation ou la diminution du revenu par personne (Malthus). Ricardo reprend cette analyse en étudiant l'impact de la croissance démographique sur la répartition des revenus. D'une part, l'augmentation du nombre des travailleurs réduit leur salaire réel au niveau de subsistance selon la « loi d'airain des salaires ». Ceci serait bénéfique aux détenteurs de capitaux et pourrait expliquer le niveau élevé de l'autofinancement au début de la révolution industrielle. Mais, d'autre part, l'augmentation de la population renchérit le prix des denrées alimentaires car elle exige la mise en culture de terres peu productives. Elle entraîne ainsi une hausse des salaires nominaux et des coûts de production des entreprises et, à terme, la contraction des profits et de l'investissement. Les propriétaires fonciers sont, avec l'augmentation de la rente foncière, les seuls gagnants dans ce jeu à somme nulle. À ce pessimisme classique répond l'optimisme de E. Boserup et d'A. Sauvy, qui privilégient d'autres relations. L'augmentation du nombre des habitants exerce une « pression créatrice » favorable aux innovations. Ainsi les Pays-bas à forte densité aux XVII–XVIIIe siècles sont aussi le pays d'origine de la révolution agricole. De plus, une population en croissance incite à l'investissement public (écoles, infrastructures) et privé (construction) et soutient ainsi la demande. Le baby-boom suivant la seconde guerre mondiale a donc contribué à la forte croissance des Trente Glorieuses. Le rythme de l'accroissement démographique détermine lesquelles de ces relations vont l'emporter. Le raisonnement malthusien semble approprié pour des pays pauvres, confrontés à une explosion démographique. Par contre, les pays européens connurent une croissance démographique modérée ne dépassant pas 1% par an au milieu du XIXe siècle, et qui fut donc, selon le raisonnement des populationnistes, favorable à la croissance économique. Dans cette perspective, la stagnation démographique et le vieillissement précoce de la population française auraient, selon Sauvy, freiné sa croissance. En effet, à partir de la fin du XIXe siècle le renouvellement des générations n'est plus assuré, ce qui conduit à une quasi-stagnation de la population française entre les deux recensements de 1901 et 1911. Certes le marché rural français, protégé par les tarifs Méline, reste relativement soutenu jusqu'en 1914, mais la comparaison avec l'Allemagne tend à valider la thèse d'une relation positive entre croissance modérée de la population et essor économique. Les évolutions démographiques influencent par conséquent la croissance économique. Il faut cependant tenir compte de leur rythme et du contexte dans lequel elles se produisent.

Les évolutions démographiques qualitatives ou structurelles peuvent également influencer la croissance économique. La densité tout d'abord, rapport entre le nombre d'habitants et la superficie du territoire, joue un rôle important. Une densité élevée réduit de nombreux coûts en générant des économies d'échelle. Les infrastructures par exemple sont d'autant moins coûteuses qu'elles sont davantage utilisées. La baisse des coûts rend le territoire attractif, ce qui attire les investissements et nourrit la croissance. D'une manière générale une population nombreuse est une condition de la division du travail et donc de la rationalisation du processus de production qu'elle induit (A. Smith). Ce processus explique par exemple la concentration de la population et de la richesse en Europe autour de l'axe Londres-Milan et la nécessité de mener des politiques structurelles soutenant le développement des régions périphériques de l'Union européenne. La densité peut également concerner les relations sociales, ce que traduit le concept de « densité morale » (Durkheim) : une forte densité morale est nécessaire à l'intégration sociale. La structure par âge enfin peut influencer la croissance économique. Elle détermine le ratio de dépendance, rapport entre la population inactive (jeune et âgée) et la population active. Cependant les effets des variations de ce ratio sont ambigus. Un ratio de dépendance élevé exige une forte productivité des actifs et par conséquent une croissance intensive ; celle-ci permet les transferts intergénérationnels dans le cadre familial ou par l'intermédiaire de l'État-providence. L'élévation du ratio de dépendance pèsera sur la croissance si les actifs sont désincités au travail par le poids de ces transferts, dont ils ont été ou seront eux-mêmes bénéficiaires. Le vieillissement actuel des pays européens n'est donc pas obligatoirement un handicap pour leur croissance. Il pourrait cependant affecter les comportements d'épargne si ceux-ci obéissent à la logique du cycle de vie (Modigliani). En effet, si les inactifs âgés désépargnent pour maintenir leur niveau de consommation, les taux d'intérêt pourraient s'accroître, ce qui pénaliserait l'accumulation, donc la croissance. Dans le même temps, l'importance des prélèvements sur les actifs pourrait réduire leur capacité d'épargne. Finalement, le vieillissement fait courir un risque de conflit social intergénérationnel sur le partage de la richesse plutôt qu'un risque de crise purement économique. Les structures démographiques influencent le rythme et les modalités de la croissance. Cependant il n'y a pas de déterminisme démographique ; le contexte structurel, le progrès technique ainsi que les choix de politique économique et sociale jouent fortement sur les relations entre évolutions démographiques et croissance économique.

La croissance économique suscite en retour des évolutions démographiques : elle concourt en effet à l'évolution du taux d'accroissement naturel et du solde migratoire. Les révolutions industrielles et agricoles puis la croissance économique participent à la révolution démographique (A. Landry) et au processus de transition démographique. En Europe, à partir du XVIIIe siècle, les rendements agricoles s'élèvent, ce qui permet une réduction de la mortalité, amplifiée au XIXe siècle par une amélioration de l'hygiène consécutive par exemple à la substitution de vêtements de coton aux vêtements de laine et à la diffusion du savon. La mortalité s'abaisse ainsi de 35‰ environ à 25‰ au milieu du XIXe siècle. Après 1850 l'élévation progressive du niveau de vie, conjuguée avec les progrès de l'hygiène et de la médecine (vaccination par exemple), permet d'abaisser la mortalité à 11,5‰ en Europe en 2000. L'espérance de vie, de l'ordre de 33 ans en 1750, atteint 75 ans environ dans les pays européens à la fin du XXe siècle. Cette baisse de la mortalité rompt l'équilibre démographique traditionnel et engendre une augmentation de l'accroissement naturel, qui atteint environ 1% en Grande-Bretagne en 1850. Le mouvement migratoire va jouer le rôle de « soupape », en particulier lors des crises économiques comme celle de 1845 en Irlande ou de 1873 dans l'ensemble de l'Europe; il soutiendra de plus l'expansion coloniale du Royaume-Uni et de la France. Mais la croissance économique influence également la fécondité, dès le début du XIXe siècle en France, à partir du milieu du XIXe siècle en Angleterre et dans les autres pays européens. Les enfants considérés jusque là comme une ressource apparaissent progressivement comme une charge, ce qui exige d'en réduire le nombre. Cette charge est financière dans la mesure où les transformations de l'appareil productif exigent un allongement de la durée de formation : en France la scolarité devient obligatoire en 1880 (lois scolaires de Jules Ferry) et les lois sociales réglementent effectivement le travail des enfants en Grande-Bretagne en 1878. La charge est également affective et sociale : « l'enfant roi » (Ph. Ariès) devient le centre de la famille et exige que les parents réduisent leur fécondité pour mieux s'en occuper. En France ce mouvement est accéléré par des comportements malthusiens qui visent à éviter dans les familles bourgeoises et de propriétaires agricoles le morcellement du patrimoine lors de l'héritage. La transition démographique entre alors dans sa deuxième phase : le taux de natalité diminue plus rapidement que le taux de mortalité et l'accroissement naturel se réduit au cours du XXe siècle. Ces évolutions de la natalité et de la mortalité se répercutent sur la structure par âge : la pyramide des âges se déforme et se rapproche d'une structure en « meule » caractéristique des pays vieillissants.

La croissance économique a donc bouleversé l'équilibre démographique naturel qui prédominait jusqu'au XVIIIe siècle. Cependant, les évolutions démographiques des différents pays européens, si elles sont de même sens, varient fortement dans leur rythme et leur ampleur. Réciproquement, les évolutions démographiques quantitatives et qualitatives influencent par la croissance économique. Toutefois, seuls les « chocs » démographiques importants, révolution démographique, baby-boom, papy-boom, ont une influence marquée. Il y a donc interaction entre les deux phénomènes, qui s'inscrivent finalement dans une même dynamique.

À LONG TERME, la prise en compte des évolutions historiques permet de remarquer que les interactions entre les phénomènes démographiques et la croissance ont changé de nature. La combinaison des régimes démographiques et des modalités de croissance définit différentes configurations d'interactions (A). L'intégration des évolutions démographiques dans le processus de croissance (B) permet de s'interroger sur sa durabilité (C).

La théorie de la transition démographique analyse le passage d'une démographie primitive (subie) à une démographie moderne (contrôlée). Quatre configurations économiques et démographiques vont ainsi se succéder. Dans un premier temps, jusqu'au milieu du XVIIIe siècle, stagnations démographique et économique se combinent. Les interactions entre évolutions démographiques et croissance obéissent à la logique malthusienne, elles sont négatives : toute croissance démographique réduit les ressources par habitant. En effet, de nouvelles terres peuvent être mises en culture, mais elles seront moins fertiles (loi des rendements décroissants). L'incapacité à dégager un surplus de production agricole conduit à des crises de surmortalité cycliques. Ce cercle vicieux disparaît avec la révolution agricole, donc dès le XVIIIe siècle en Grande-Bretagne et en France, mais au milieu du XIXe siècle dans les pays méditerranéens et dans les régions en retard. Paradoxalement, ce cycle cesse grâce aux progrès agricoles et industriels, à l'époque où Malthus formulait sa thèse : il « naît trop tard dans un monde trop neuf » (E. Le Roy Ladurie). Un second processus se met alors en place. L'expansion démographique progressive se combine à une croissance extensive jusqu'à la première grande crise (1873). L'abondance de main d'œuvre maintient les salaires au minimum de subsistance mais favorise l'accumulation du capital et, par conséquent, la croissance. Les interactions sont positives d'un point de vue macroéconomique mais s'avèrent socialement négatives. À partir de la fin du XIXe siècle l'émigration et la chute de la fécondité raréfient la main d'œuvre qui va bénéficier progressivement de l'institutionnalisation de la relation salariale. Les gains de productivité permettent une hausse des salaires réels et le développement progressif des transferts liés au statut de salarié (Robert Castel, *Les métamorphoses de la question sociale*). Dans le contexte d'une croissance intensive, une augmentation modérée de la population est positive car elle incite à l'investissement et à l'innovation, selon une logique de pression créatrice. À l'intérieur des pays développés, on constate ainsi une corrélation positive au XXe siècle entre croissance démographique modérée et croissance économique. Cependant avec la fin de la transition apparaît dans les années 1970 une situation nouvelle. D'une part, le taux de fécondité n'assure plus « naturellement » la reproduction des générations : il dépend des valeurs sociales et des modes de vie, et devient en Europe tendanciellement inférieur au seuil de renouvellement des générations (même s'il varie d'un pays à l'autre). D'autre part, tous les pays sont confrontés au problème du vieillissement, qui s'accentuera à partir de 2010–2015. La nature des interactions entre cette évolution démographique et la croissance dépend de la capacité d'une population vieillissante à entretenir une croissance intensive nécessaire au financement des transferts intergénérationnels. Si les actifs âgés sont réfractaires aux changements technologiques, ils ralentiront l'accumulation de capital physique, humain et technologique, et donc la croissance. L'interaction entre démographie et croissance économique redeviendrait négative. De la même façon que l'émigration au XIXe siècle avait amorti le risque de surpopulation, l'immigration au XXIe siècle pourrait limiter les effets du vieillissement.

Évolutions démographiques et croissance économiques doivent donc être replacées dans le cadre structurel où elles se produisent, qui détermine la nature et les formes de leurs interactions. Les modèles de croissance économique ont pris en compte ces interactions. Dans les modèles néo-classiques (Solow) l'augmentation de la population exerce des effets contradictoires. Elle appelle de nouveaux investissements, ce qui en fait une source de croissance exogène ; mais simultanément elle ralentit le rythme de l'accumulation de capital par tête. Carré, Dubois et Malinvaud montrent que les migrations sectorielles (exode rural) et l'élévation de la qualification contribuent également à la croissance française des Trente Glorieuses. Ces deux évolutions qualitatives sont en effet sources de gains de productivité et de croissance intensive. Les théories de la croissance endogène vont rompre totalement avec la logique malthusienne en établissant une relation dynamique entre évolution démographique et progrès technique. Ainsi le déclin de la fécondité raréfie la main d'œuvre et accroît son prix, ce qui incite les firmes à modifier leur combinaison productive en substituant du capital au travail : la croissance devient alors intensive. Dans ce contexte la contribution du travail à la croissance se modifie : plus que le nombre des hommes c'est leur qualité, leur dotation en capital humain qui devient déterminante. Or cette accumulation a un coût qui conduit les parents à réduire le nombre des enfants et renforce le déclin de la fécondité. Ce raisonnement « en boucle » exprime un processus ou chaque élément est tour à tour conséquence (produit) et cause (déterminant). Il est donc possible d'endogénéiser les comportements démographiques, si l'on accepte le principe d'une rationalité et d'un comportement optimisateur des agents. Ainsi, la hausse des revenus féminins encourage les filles à l'accumulation de capital humain, puis les dissuade d'avoir plus d'un ou deux enfants, car cela nuirait à la valorisation de leur capital. De même l'âge de la retraite devient une variable endogène : la croissance induit des progrès du bien-être et de la médecine, qui permettent de prolonger la durée de la vie active et donc d'augmenter le taux d'emploi des actifs âgés et la croissance. Cependant, en matière de fécondité les valeurs jouent aussi un rôle clé et les comportements démographiques peuvent s'éloigner de la rationalité de l'*homo œconomicus*. Un haut niveau de vie est actuellement lié à un indice de fécondité faible (1,6 en moyenne en 2000 pour les pays développés) ; mais ceci ne permet pas de conclure définitivement que, à l'avenir, la fécondité restera inférieure au seuil de renouvellement des générations.

Les théories de la croissance endogène semblent valider dans les sociétés modernes une relation positive entre une croissance modérée de la population et la croissance économique, parce qu'elles privilégient deux dimensions qualitatives : d'une part, la densité optimale qui maximise les économies d'échelle et les effets externes positifs ; d'autre part, la formation de capital humain qui détermine les innovations et le niveau de la productivité. On peut cependant se demander si cette relation restera positive à très long terme : une expansion démographique est-elle compatible avec la croissance durable ? Ce concept introduit dans le rapport final de la Commission mondiale sur l'environnement et le développement que présidait le Premier Ministre norvégien G. H. Brundtland (*Our common future*, 1987), définit le développement durable comme « permet[tant] la satisfaction des besoins présents, sans compromettre la capacité des générations futures à satisfaire les leurs ». Or les activités économiques et la croissance démographique exercent une pression sur les ressources non renouvelables, ce qui réactualise l'analyse malthusienne. Cependant l'endogénéisation du progrès technique ouvre une solution. Économiquement la production est le produit de la combinaison des capitaux naturels, physiques, humains et technologiques. L'épuisement des ressources naturelles ne nuit à la croissance que si ces facteurs ne sont pas substituables ; dans le cas contraire la raréfaction des ressources naturelles orienterait le progrès technique vers la recherche de substituts. La croissance démographique est donc soutenable si le rythme d'accumulation du capital compense les prélèvements sur la nature. L'accumulation de capital humain et technologique pourrait ainsi compenser les prélèvements liés à l'accroissement démographique mondial et lever les contraintes liées à l'épuisement des ressources naturelles. Il semble cependant que les coûts de substitution (entre capitaux naturels, humains et technologiques) soient suffisamment élevés pour peser sur la croissance future et que certaines ressources naturelles ne puissent être remplacées par des capitaux produits par l'activité humaine.

La relation entre évolutions démographiques et croissance économique n'est pas stable ; elle se transforme au cours du processus de développement et en fonction du contexte structurel. Le modèle de la transition démographique analyse ces transformations entre le XVIIIe et le XXe siècle : elles résultent simultanément d'arbitrages économiques rationnels et de comportements socioculturels.

LA CONCORDANCE historique entre les évolutions produites par la transition démographique et la croissance économique engendrée par la révolution industrielle est suffisamment nette pour penser que ces deux phénomènes sont étroitement liés. Mais corrélation n'est pas causalité. Les interactions entre évolutions démographiques et croissance économique s'inscrivent finalement dans la dynamique du changement économique et social, qui détermine leur nature et leur intensité. Ainsi l'augmentation de la population a pu favoriser la croissance extensive jusqu'à la fin du XIXe siècle, tandis que des évolutions qualitatives, augmentations du capital humain par exemple, accompagnent la croissance intensive.

Si le débat ancien concernant les relations entre évolutions démographiques et croissance économique ne peut être définitivement tranché, il existe tout de même des points d'accord. Depuis la conférence de l'ONU sur la population à Mexico (1984), la plupart des pays en développement ont adopté des politiques d'inspiration malthusienne, destinées à accélérer la transition démographique. Ces pays ont ainsi tenu compte des spécificités de leur situation et en particulier du taux élevé d'accroissement naturel, deux à trois fois plus fort que celui des pays européens au milieu de leur transition démographique. Finalement, le XXIe siècle sera celui du vieillissement de la population mondiale.

IV Commentaires

1 Autre plan possible

Le plan suivi est analytique. Un plan chronologique est également envisageable. Il étudierait les interactions au cours des différentes phases de la transition démographique : de la fin du XVIIIe au milieu du XIXe siècle, puis jusqu'aux années 1960, et enfin depuis les années 1970. Il permettrait de montrer que la nature des interactions varie en fonction du régime démographique, économique et social. Ce plan est cependant délicat car les pays européens, la France notamment, ont connu des évolutions démographiques différentes, qui les distinguent du « modèle » britannique.

2 Sujets connexes

Les sujets portant sur la démographie sont récurrents mais peuvent relever de problématiques différentes. Ainsi le sujet ECRICOME 2002, *Les déséquilibres démographiques mondiaux et leurs conséquences sur le développement*, interroge sur une relation univoque, tandis que le sujet ici traité demandait d'analyser une relation réciproque. Ce sujet exigeait également de bien définir les « déséquilibres » démographiques.

3 Bibliographie

BAIROCH, Paul, *Victoires et déboires*, Paris, Gallimard, coll. « Folio histoire », 3 volumes. Voir, tome 1, pages 87–90 ; tome 2, pages 154–185, et tome 3, pages 346–372.

Conseil d'Analyse Économique, *Démographie et économie*, Paris, La Documentation Française, 2002. Voir en particulier l'analyse des conséquences du vieillissement, p. 71–119.

MONTOUSSÉ, Marc, D'AGOSTINO, Serge, et FIGLIUZZI, Arcangelo, *100 fiches pour comprendre l'histoire économique contemporaine*, Paris, Bréal, 2000. Se reporter en particulier aux fiches 71 (« La transition démographique ») et 72 (« L'évolution démographique en France depuis 1914 »).

VERLEY, Patrick, *La Révolution industrielle*, Paris, Gallimard, coll. « Folio histoire », 1997. Se reporter au chapitre « Démographie et révolution industrielle », p. 238–245.

Dissertation 19
Depuis 1945, l'État-providence a-t-il réduit les inégalités économiques et sociales dans les principaux pays développés à économie de marché (PDEM) ?

I Analyse du sujet

1 Les mots clés

L'État-providence se distingue de l'État gendarme par ses fonctions économiques et sociales. Interventionniste et omniprésent, il remplit les fonctions de régulation conjoncturelle et de redistribution des richesses. Pour atteindre ses objectifs, il combine les négociations et accords entre partenaires sociaux, l'action législative et réglementaire et les politiques économiques et sociales volontaristes, conjoncturelles et structurelles.

Les inégalités économiques sont d'abord des inégalités de revenu et de patrimoine, qui peuvent être corrigées par la redistribution. Les inégalités sociales sont des inégalités dans l'accès aux positions dominantes et devant les risques sociaux : maladie, accidents, vieillesse, chômage... Les inégalités de consommation, de niveau de vie et de conditions de travail réunissent des dimensions économiques et sociales.

2 Connaissances à mobiliser

L'État-providence, ou État social, est inséparable de l'objectif de justice sociale qui se précise progressivement à partir de la seconde moitié du XIXe siècle. Les rapports Beveridge, *Social insurance and allied services* (1942) et *Full employment in a free society* (1944), définissent les deux objectifs majeurs de l'État-providence : protéger contre les risques sociaux et assurer le plein emploi. Il faudra distinguer les différentes formes nationales d'État-providence et illustrer par des exemples précis leur action sur les inégalités. Les diverses dimensions de la crise de l'État-providence, depuis les années 1970, et les difficultés liées à la montée de nouvelles inégalités devront enfin être analysées. Des données sur l'évolution des inégalités seront nécessaires pour soutenir l'argumentation.

3 Enjeux et problématique

Au XIXe siècle, la propriété et le patrimoine protégeaient le bourgeois contre les risques ; cette forme de sécurité restait inaccessible aux prolétaires. L'État-providence est une réponse à la question sociale : il doit concilier régulation marchande et justice sociale. Dans quelle mesure a-t-il atteint cet objectif en réduisant les inégalités économiques et sociales ? La recrudescence des inégalités depuis le début des années 1980 est-elle une conséquence de la crise de l'État-providence, ou la manifestation de ses limites ?

II Plan détaillé

I Dans le contexte des Trente Glorieuses, l'État-providence a concouru à la réduction des inégalités économiques et sociales

1. L'État-providence concourt à la réduction des inégalités de revenu, de patrimoine et de niveau de vie
2. L'État-providence réduit principalement les inégalités devant les risques sociaux
3. Les résultats varient fortement d'un PDEM à l'autre, en fonction des formes institutionnelles nationales de l'État-providence

II La crise des années 1970 révèle les limites et les effets pervers de l'État-providence

1. La remise en cause de l'État-providence favorise une résurgence des inégalités
2. L'efficacité de l'État-providence est compromise par le développement de nouvelles inégalités...
3. ... Qui justifient une redéfinition de ses objectifs et de ses moyens

III Dissertation rédigée

AU XIXE SIÈCLE, de Malthus à Émile Ollivier, les libéraux dénoncent la prétention de l'État à se substituer à la « divine providence » et à l'ordre naturel du marché. Karl Polanyi montre au contraire le caractère socialement destructeur de la régulation marchande, considérée comme une « fabrique du diable » (*La grande transformation*). Progressivement, avec les lois sociales de Bismarck (1883) et, en France, la loi sur les accidents du travail (1898), les économies de marché concilient l'économique et le social. L'État-providence, ou État social, devient ainsi un acteur économique et social à part entière, dont les missions sont définies par les rapports Beveridge, *Social insurance and allied services* (1942) et *Full employment in a free society* (1944).

L'État-providence se distingue de l'État gendarme par l'ampleur de son action économique et sociale. Il conjugue les trois fonctions d'allocation des facteurs de production, de (re)distribution des revenus et de régulation macroéconomique, pour atteindre ses objectifs : justice sociale et plein emploi. L'État-providence apparaît ainsi comme une réponse à la question sociale. Depuis 1945, dans quelle mesure a-t-il répondu aux attentes en réduisant les inégalités économiques et sociales ? Les inégalités sont plurielles et protéiformes : inégalités de revenus et de patrimoine, de niveau de vie et de conditions de travail, inégalités des chances et devant les risques sociaux (maladie, accident, vieillesse, chômage). La recrudescence des inégalités, depuis le début des années 1980, est-elle une conséquence de la crise de l'État-providence, ou la manifestation de ses limites ?

Dans le contexte dynamique des Trente Glorieuses, l'État-providence a concouru à la réduction des inégalités économiques et sociales (I). Depuis la fin des années 1970, l'émergence d'une nouvelle question sociale et la crise de l'État-providence révèlent les limites de son intervention (II).

LA PENSÉE ÉCONOMIQUE KEYNÉSIENNE et les politiques mises en œuvre pour lutter contre la crise des années 1930 permettent à W. Beveridge de préciser les objectifs et les moyens d'action de l'État-providence. Dans un contexte de forte croissance, l'État-providence concourt à la réduction des inégalités de revenu, de patrimoine et de niveau de vie (A) ; il réduit principalement les inégalités devant les risques sociaux (B). Cependant, les résultats varient fortement d'un PDEM à l'autre, en fonction des formes institutionnelles nationales que revêt l'État-providence (C).

L'État-providence peut réduire les inégalités économiques, de revenu, de patrimoine et de niveau de vie. Il répond ainsi à une première dimension de la question sociale, celle de la pauvreté. Dans une économie de marché, la répartition primaire des revenus obéit au principe de justice commutative : il est juste que les agents reçoivent un revenu proportionnel à leur productivité, c'est-à-dire à leur contribution à la production. Cependant, la redistribution permet de corriger la dureté de ce mécanisme, en prenant en compte des critères sociaux : il est juste que tous les ménages puissent accéder à une consommation minimale. La redistribution est « pure » si elle ne modifie pas le prix relatif des facteurs de production, travail et capital ; c'est notamment le cas si elle est financée par l'impôt. La redistribution « efficace » a pour ambition de corriger les inégalités et, simultanément, d'améliorer le fonctionnement du marché. Ainsi, dans une logique keynésienne, la redistribution, en prélevant sur les revenus élevés à forte propension à épargner, pour financer les revenus de transfert des ménages défavorisés à forte propension à consommer, accroît la demande de consommation des ménages mais aussi le multiplicateur ; l'écart entre PIB réel et PIB potentiel se réduit, ce qui rapproche du plein emploi. D'une manière générale, les inégalités de revenus disponibles diminuent durant les Trente Glorieuses sous le double effet des prélèvements progressifs, qui pèsent davantage sur les ménages aisés, et des revenus de transferts, qui bénéficient aux plus défavorisés. La courbe des inégalités suit une évolution en U renversé analysée par Kuznets : dans les premières phases de croissance, les inégalités se creusent en raison de la prégnance des mécanismes de marché ; dans un second temps, à partir de la fin du XIXe siècle et plus particulièrement de 1945, elles se réduisent grâce aux gains de productivité et à la redistribution. En ce qui concerne la France par exemple, Jean Fourastié (*Les Trente glorieuses ou la Révolution invisible*) et Henri Mendras (*La seconde Révolution française*), analysent comment les normes de consommation et les genres de vie tendent à s'homogénéiser, les classes sociales se fondant progressivement dans une vaste constellation moyenne. Les inégalités de patrimoine restent plus intenses que les inégalités de revenu et de consommation, mais se réduisent également ; selon Thomas Piketty, l'impôt progressif sur le revenu a empêché les plus riches de reconstituer le patrimoine qu'ils détenaient avant la grande crise et la guerre (*Les hauts revenus en France*). Enfin, l'instauration dans de nombreux pays de minima de salaire réduit le risque de paupérisation de la main d'œuvre. L'État-providence, jusqu'à la fin des années 1970, concourt donc à une répartition équitable des fruits de la croissance, ce qui réduit les inégalités économiques.

La précarité constitue la seconde dimension de la question sociale. L'État-providence, en socialisant les risques sociaux, va réduire les inégalités devant la maladie, les accidents, la vieillesse et le chômage. Le système bismarckien s'inscrit dans une logique d'assurance : les droits à protection sont acquis par le travail et les cotisations qu'il engendre ; les allocations versées varient en fonction du montant des cotisations. Ce système réduit prioritairement les inégalités horizontales, entre malades et bien-portants, inactifs âgés et actifs jeunes, chômeurs et actifs occupés, etc. Par contre, il reste sans effet notable sur les inégalités verticales de revenu et de patrimoine. Le système beveridgien repose sur un principe de solidarité et obéit à la règle des trois U : c'est un système universel, qui protège tous les citoyens par des prestations uniformes, financées par un prélèvement fiscal unique. Ce système assure une protection minimale pour tous, *from cradle to grave*, en faisant financer cet effort par les catégories les plus favorisées. La sécurité sociale se combine ainsi avec la redistribution verticale mais la protection reste réduite, ce qui incite à une couverture complémentaire par des systèmes d'assurance ou de capitalisation. La protection contre le risque chômage résulte également de la mise en œuvre de politiques conjoncturelles contra-cycliques. La relance Kennedy-Johnson (1962–1963) a pour objectif de rapprocher la croissance réelle de la croissance potentielle en stimulant la demande. D'une manière générale, la socialisation des risques sociaux permet aux salariés de se projeter dans l'avenir et de consommer à crédit : en stabilisant la demande, l'État-providence garantit les débouchés de la grande entreprise fordiste, soutient l'investissement, la croissance et l'emploi. La protection sociale est une composante à part entière de la dynamique fordiste. Elle fournit une sécurité supérieure à celle qu'offrait la propriété au bourgeois du XIXe siècle : le salariat devient un statut privilégié au sein de la société salariale (R. Castel, *Les métamorphoses de la question sociale*).

Cependant le mouvement de réduction des inégalités économiques et sociales reste fortement influencé par les caractéristiques nationales de l'État social. Gosta Esping-Andersen (*Les trois mondes de l'État-providence*) distingue trois types idéaux d'États-providence. L'État-providence libéral, représenté durant les Trente Glorieuses par les États-Unis, offre une couverture minimale : il réduit les inégalités, qui demeurent cependant fortes, environ 20% de la population restant en dessous du seuil de pauvreté. Malgré un élargissement de la protection sous l'administration Johnson, avec la création du système d'assurance maladie pour les personnes âgées (Medicare) et pour les pauvres (Medicaid), une partie importante de la population ne bénéficie d'aucune protection. Le *welfare state* américain privilégie les programme ciblés, notamment en direction des minorités raciales. Au Japon, la solidarité familiale traditionnelle doit suppléer l'insuffisance de la protection contre les risques vieillesse et chômage. À l'opposé, l'État-providence social-démocrate (Suède, Danemark, etc) offre une protection universelle élevée ; l'impôt progressif qui finance le système réduit les inégalités primaires de revenus et la proportion de pauvres est inférieure à 10%. L'Allemagne et la France occupent une position intermédiaire : le système d'assurances obligatoires réduit les inégalités horizontales devant les risques sociaux, mais les cotisations sociales, généralement calculées en pourcentage du salaire brut, ne réduisent pas les inégalités de revenu. Ainsi la France fait figure d'exception en étant le seul PDEM où les inégalités de revenu croissent durant les Trente Glorieuses. Selon Piketty, l'écart entre les déciles extrêmes (D9/D1) augmente de 3,5 à 4,2. Le SMIG (salaire minimum interprofessionnel garanti) protège en effet les salariés contre l'inflation, mais augmente moins vite que le salaire moyen. Il faudra attendre les accords de Grenelle (1968), avec un relèvement du SMIG de 35%, puis la création du SMIC (salaire minimum interprofessionnel de croissance, 1970) pour que les salaires les plus faibles profitent de la croissance et de l'augmentation des gains de productivité.

De 1945 aux années 1970, l'État-providence se généralise en conservant des formes nationales spécifiques. Il contribue à la diffusion du bien-être et du progrès social ; il réduit d'une manière générale les inégalités, notamment en matière de protection contre les risques sociaux. Cependant, dans certains pays, les personnes âgées, les travailleurs indépendants, certaines minorités sociales, ethniques ou raciales, restent mal protégés.

LA CRISE DES ANNÉES 1970 révèle les limites de l'État social. Les effets pervers de l'État-providence conduisent à sa remise en cause, ce qui favorise une résurgence des inégalités (A). L'efficacité de l'État-providence est compromise par le développement de nouvelles inégalités (B) qui justifient une redéfinition de ses objectifs et de ses moyens (C).

À la fin des années 1970 et au début des années 1980, les effets pervers de l'État-providence justifient sa remise en cause, tout d'abord en Grande-Bretagne (M. Thatcher) et aux États-Unis (R. Reagan), puis dans la plupart des PDEM. Les politiques économiques d'inspiration keynésiennes sont accusées d'engendrer la crise en favorisant à long terme l'inflation et en évinçant la dépense privée aux profits de la dépense publique. Les rigidités du marché du travail imposées par l'État régulateur, combinées à l'augmentation du prix du travail engendrée par les prélèvements obligatoires, incitent les entreprises à substituer du capital au travail ; simultanément, l'existence de salaires minima détruit les emplois peu productifs. Ces deux effets réduisent le contenu en emploi de la croissance et excluent du marché du travail les actifs peu qualifiés. Les économistes de l'offre sont les premiers à souligner les désincitations au travail : l'augmentation de la fiscalité nécessaire au financement de l'État interventionniste engendre un effet de revenu et de substitution (courbe de Laffer). D'une part, les offreurs sont sanctionnés par les prélèvements obligatoires ; d'autre part, les revenus de transfert renforcent la préférence pour le loisir et l'assistance. Les actifs les plus défavorisés sont victimes du phénomène de « trappe à pauvreté » : l'exercice d'une activité professionnelle leur procurerait un gain net inférieur aux revenus d'assistance, en raison des coûts inhérents à l'exercice d'une activité professionnelle et des prélèvements obligatoires. « L'État n'est pas la solution, c'est le problème » (Reagan) : les pays les plus libéraux s'engagent dans un démantèlement de l'État-providence qui permet une réduction des prélèvements obligatoires. Ceci améliore l'emploi et réduit le risque chômage, les États-Unis retrouvant un quasi plein emploi à la fin des années 1990. Mais celui-ci reste soumis aux variations conjoncturelles et, d'une manière générale, les inégalités économiques et sociales augmentent. L'évolution tendancielle en U renversé de la courbe de Kuznets s'inverse : pour les vingt-sept pays de l'OCDE, le coefficient de Gini diminue régulièrement jusqu'en 1975, puis, après un palier, s'accroît de nouveau modérément depuis 1982. Simultanément, le développement des marchés financiers augmente les disparités de patrimoine. Les pays les plus avancés dans la remise en cause de l'État-providence (États-Unis, Grande-Bretagne) connaissent ainsi une croissance supérieure, mais se caractérisent par de fortes inégalités : en 2000, les salariés pauvres, dont le salaire est inférieur aux deux tiers du salaire médian, représentaient 30% des salariés américains et 15% des salariés français. Le recul de l'État social dynamise la régulation marchande mais ne profite pas aux actifs les moins productifs : il engendre donc une augmentation des inégalités économiques et sociales.

Cependant, l'État-providence est également confronté au développement de nouvelles inégalités, révélant *La nouvelle question sociale* (Rosanvallon, 1995). Trois risques sociaux caractérisent la crise de fin du XXe siècle : le développement du chômage de longue durée, la montée des exclusions et de nouvelles formes de pauvreté. Le système assurantiel protège en effet les actifs contre le chômage conjoncturel de courte durée, mais se révèle inefficace devant un chômage durable : les chômeurs en fin de droits, les jeunes n'ayant jamais travaillé se retrouvent sans protection. L'exclusion résulte d'un cumul de difficultés qui écartent l'individu, ou le ménage, des réseaux d'échanges, marchands, sociaux et affectifs (X. Emmanuelli). Chômage, divorce, maladie, perte de logement, etc, conduisent à la rupture du lien social et, paradoxalement, à la perte des droits sociaux. Enfin, la « nouvelle pauvreté » est une dimension de la « disqualification sociale » qui caractérise la relation d'interdépendance entre les pauvres et le reste de la société (S. Paugam) : « l'empêchement » concerne les jeunes qui ne peuvent accéder aux emplois stables, le « basculement » frappe les actifs qui ne retrouvent pas d'emploi après un licenciement. L'État social répond à ces nouvelles inégalités en définissant de nouvelles prestations.

En France, le revenu minimum d'insertion (RMI, 1988, RMA, 2004) permet d'éviter le développement de la pauvreté absolue et devrait favoriser une « requalification sociale » ; les emplois aidés (TUC, CES, CEJ, etc) restaurent l'employabilité des actifs peu productifs ; la couverture maladie universelle (CMU, 1999) garantit l'accès aux soins des plus démunis, tandis que l'allocation personnalisée d'autonomie (APA, 2001) prend en charge un nouveau risque de dépendance lié au vieillissement de la population. Ces mesures exigent de nouveaux financements : la cotisation sociale généralisée (CSG, 1990) taxe l'ensemble des revenus et rompt avec la logique assurantielle en privilégiant un principe de solidarité. En 2000, les cotisations sociales (employeurs et employés) représentaient encore les deux tiers du financement de la protection sociale, mais la CSG dépassait les 10%, le complément relevant de financements publics à caractère fiscal (droits sur l'alcool et le tabac par exemple). Le financement croissant de l'État-providence par l'impôt augmente la redistribution verticale. Les inégalités entre les salariés à temps complet se réduisent ainsi en France depuis le début des années 1980, en raison des hausses continues du SMIC et de l'augmentation tendancielle des prélèvements obligatoires sur les plus hauts salaires (Piketty). L'emploi à temps partiel (non désiré), le chômage et l'exclusion apparaissent comme les sources principales de l'inégalité : à la fin des années 1990, 4,2 millions de personnes, dont un million d'enfants, sont en situation de pauvreté. Simultanément, les revenus de la propriété augmentent plus vite que ceux du travail et les inégalités de patrimoine se creusent. Depuis le début des années 1980, l'extension de l'État social limite le développement de nouvelles inégalités, mais ne peut les réduire.

Les difficultés financières de l'État-providence et son inefficacité devant les nouveaux risques sociaux pourraient justifier la redéfinition de ses objectifs et des ses modalités d'action. Dans les pays européens, l'État social s'est développé selon un principe d'égalité, garantissant à tous les ayants-droits la même protection. Une première redéfinition privilégierait le principe d'équité en concentrant les moyens sur les personnes ayant le plus besoin de protection, les *outsiders*. La création des zones d'éducation prioritaire (ZEP) s'inscrit dans cette logique, de même que l'APA. Les politiques actives de prévention en ce qui concerne la santé, de formation du capital humain en ce qui concerne l'emploi et la pauvreté, sont privilégiées par rapport aux politiques passives d'assistance. Les petits risques resteraient alors à la charge des ménages qui devraient se protéger par l'épargne ou l'assurance privée. L'amélioration de la situation des plus défavorisés réduirait les inégalités, mais celles-ci resteraient fortes entre *insiders*. Les classes moyennes pourraient toutefois considérer illégitime un tel système, qu'elles financeraient sans en bénéficier. Une seconde redéfinition porte sur la nature des inégalités à réduire. Les inégalités économiques de revenu et de patrimoine peuvent être acceptées si elles maximisent le gain collectif ou profitent aux plus défavorisés (principe de maximin, maximisation du minimum).

L'apport théorique de Rawls permet de préciser les critères de justice. Tout d'abord, l'accès aux positions dominantes doit être ouvert à tous, ce qui exige une démocratisation du processus d'accumulation du capital humain et une plus forte mobilité sociale. Ensuite, les citoyens doivent définir les niveaux justes de rémunération primaire ou de transfert sous un voile d'ignorance, c'est-à-dire sans savoir à l'avance quelle place ils occuperont dans le système. Dans cette perspective la recherche de l'efficacité se substitue à l'objectif de réduction des inégalités. Enfin, la protection individuelle peut remplacer la protection collective. Selon Rosanvallon, les risques sont de mieux en mieux connus par les agents. Les plus favorisés sont aussi ceux qui bénéficient de la meilleure espérance de vie et de la plus forte employabilité ; ils sont donc incités à remettre en cause la solidarité collective instituée par l'État social. Ces agents pourraient préférer des systèmes d'assurance, adaptant la protection aux risques et aux préférences individuelles : par exemple, le système de retraite par capitalisation leur semble plus légitime que le système de répartition. Les inégalités pourraient alors fortement croître, en même temps que le lien social diminuerait. La redéfinition radicale des objectifs et des moyens d'action de l'État-providence signifie finalement une transformation du contrat social. La figure de l'État social renvoie à une conception organique de la solidarité (Durkheim), caractéristique des sociétés modernes, dans lesquelles certaines inégalités doivent être réduites pour préserver le lien social. L'individualisme, la préférence pour l'assurance privée et l'épargne privée, l'acceptation des inégalités marqueraient le passage à la post-modernité. La crise des années 1970 a confronté l'État-providence à de nouveaux enjeux et révélé les limites de son action. En tant que réponse socialement construite à la question sociale, il appartient aux citoyens de définir les objectifs de justice sociale et les modalités de leur réalisation, de distinguer les inégalités injustes qui doivent être réduites et les disparités acceptables.

L'ÉTAT-PROVIDENCE est une réponse, historiquement construite, aux inégalités socialement destructrices qui accompagnent la régulation marchande. Il est donc inséparable de la dynamique de l'économie de marché, à laquelle il participe en stabilisant les revenus, et dont il réduit les effets pervers. L'efficacité de l'État social dans la réduction des inégalités dépend du contexte dans lequel il agit. Sur le plan social et politique, il appartient aux citoyens de distinguer inégalités justes et injustes, c'est-à-dire de s'entendre sur les objectifs sociaux. Le rôle du gouvernement consiste alors à retenir, parmi les différentes politiques réalisables, celles qui sont les plus efficaces ; *a good way of governing is to agree on objectives, discover what is possible, and to optimize* (J. A. Mirrlees, *The theory of optimal taxation*).

Les États-providences nationaux, qui se différencient par leurs objectifs et leurs moyens d'action, se distinguent également par leurs résultats en matière de réduction des inégalités. Le modèle libéral anglo-saxon exprime une forte tolérance pour les inégalités ; le modèle français a longtemps privilégié la redistribution horizontale ; le modèle scandinave offre une sécurité maximale aux plus défavorisés. L'harmonisation des politiques sociales en Europe n'exige pas la mise en place d'un modèle social européen unique, mais une convergence des objectifs économiques et sociaux.

IV Commentaires

1 Critique de la dissertation

Le plan chronologique retenu permet de clarifier l'argumentation mais n'est pas obligatoire. La distinction entre inégalités économiques et sociales est évidemment un peu artificielle mais permet de différencier redistribution horizontale et verticale. Les théories de la justice sociale, qui sous-tendent les différents types d'États-providence, auraient pu être davantage précisées.

2 Sujets connexes

Le sujet HEC 1998, *Développement économique et inégalités sociales dans les pays occidentaux depuis la fin du XIXe siècle*, demande d'étudier les interactions : le développement économique réduit certaines inégalités sociales, mais en engendre de nouvelles; les inégalités en retour favorisent-elles ou handicapent-elles le développement ? Le sujet ESSEC 1997 demande de discuter la légitimité de la redistribution : *Redistribuer les revenus, est-ce un objectif légitime des gouvernements des pays industrialisés développés ?* Il faut alors distinguer les différents types de redistribution (verticale et horizontale, pure et efficace), puis mobiliser l'histoire économique et les théories de la justice sociale, pour montrer dans quelles conditions elles apparaissent légitimes.

3 Bibliographie

Cahiers français, La documentation française : MICHEL, Alain, « État-providence », janv.-fév. 1997, n° 278, p. 64–67; PALIER, Bruno, « État-providence, crise ou mutation ? », nov.-déc. 2002, n° 311, p. 63–68; MERRIEN, François-Xavier, « L'État social et la réduction des inégalités », mai–juin 2003, n° 314, p. 3–10.

MERRIEN, François-Xavier, *L'État-providence*, Paris, PUF, coll. « Que sais-je », n° 3219, 1997. Se reporter en particulier aux chapitres IV, « Modèles d'États-providence » (p. 80–103), et V, « Les États-providence face aux défis des années 1990 » (p. 104–125).

PIKETTY, Thomas, *L'économie des inégalités*, Paris, La Découverte, coll. « Repères », n° 216, 1997. Se reporter plus particulièrement à la sous-partie « L'évolution historique des inégalités » (p. 18–24), et au chapitre IV, « Les outils de la redistribution » (p. 95–116).

Dissertation 20

Peut-on parler à juste titre d'un « modèle social européen » ?

I Analyse du sujet

1 Les mots clés

Le social émerge au milieu du XIXe siècle sous la forme de la « question sociale » qui naît du « contraste entre l'égale souveraineté politique de tous et la tragique infériorité de la condition civile de certains » (J. Donzelot, *L'invention du social*, p. 67). À partir de la fin du XIXe siècle, l'économie de marché va répondre à la paupérisation et à la précarité de la condition salariale. Progressivement, des systèmes sociaux nationaux vont protéger contre les risques sociaux : vieillesse, maladie, accident, chômage ; ce processus aboutit dans les années 1960 à la « société salariale » (R. Castel) qui offre aux salariés une sécurité supérieure à celle que la propriété garantissait au bourgeois du XIXe siècle.

Un « modèle » en sciences sociales est d'abord une représentation stylisée de la réalité ; les systèmes sociaux des pays européens réunissent-ils suffisamment de points communs pour constituer un « modèle » ? Un modèle constitue également, dans le sens courant du terme, un exemple à reproduire ; dans la compétition entre les différents types de capitalismes, la combinaison européenne d'économie de marché et de social est-elle « exemplaire » ?

2 Connaissances à mobiliser

Pour traiter ce sujet, il est nécessaire de connaître les grandes étapes historiques de la construction du social : lois sociales de Bismarck, formation de l'État-providence. Il faut également pouvoir définir les grands types de protection sociale, bismarckien, beveridgien, mixte. Il faut enfin connaître les dispositions sociales du traité sur l'Union européenne.

Sur le plan analytique, ce sujet renvoie aux relations entre l'économique et le social. Le social peut apparaître, à travers l'augmentation des coûts et des réglementations, comme une entrave à la croissance (logique libérale) ; au contraire, en favorisant la consommation et la paix sociale, il peut être considéré comme une condition de cette croissance (logique keynésienne et beveridgienne).

3 Enjeux et problématique

L'État social est un construit historique qui accompagne l'essor des économies de marché. Les pays européens ont d'abord résolu dans un cadre national la question de la relation entre l'économique et le social. Les traités de Rome et de Maastricht ont repris cet héritage commun qui se trouve ainsi intégré à l'Union européenne. Cependant, les systèmes sociaux des pays membres de l'Union européenne restent dominés par des caractéristiques nationales qui limitent les possibilités d'harmonisation. Dans ces conditions, constituent-ils un véritable « modèle social » ?

II Plan détaillé

I Les pays européens confrontés à la question sociale

1. Ont développé des systèmes sociaux nationaux suffisamment proches
2. Pour fournir les bases d'un modèle spécifique
3. Inscrit par les traités dans le processus d'intégration régionale

II Cependant, à la fin du XXe siècle, le « modèle social européen » révèle sa fragilité

1. L'hétérogénéité des systèmes nationaux pourrait conduire à l'implosion du modèle
2. Les arguments libéraux et les difficultés financières justifient sa remise en cause...
3. ... Et pourraient entraîner sa redéfinition

III Dissertation rédigée

À LA FIN DU XVIIIE SIÈCLE, sous l'impulsion physiocrate, les mécanismes autorégulateurs du marché remplacent progressivement les réglementations. Les corporations en France ou les lois sur les pauvres en Grande-Bretagne sont abolies en même temps que disparaissent les formes traditionnelles de solidarité mécanique. La société de marché se réduit aux interactions qui résultent de la poursuite des intérêts individuels : « Ce n'est pas de la bienveillance du boucher, du marchand de bière ou du boulanger que nous attendons notre dîner, mais du soin qu'ils portent à leur intérêt » (A. Smith, *Recherches sur la nature et la cause de la richesse des nations*, 1776). La question sociale naîtra, dans ce contexte, du décalage entre l'égalité juridique instituée entre les hommes par l'État moderne et les inégalités de fait qui se concrétisent par la misère et la précarité ouvrière; le marché se révèle socialement destructeur. À partir de la fin du XIXe siècle les pays européens vont progressivement rechercher une combinaison efficiente de l'économique et du social, réalisant ainsi *La grande transformation* (K. Polanyi).

Un « modèle » est, en sciences sociales, une représentation stylisée de la réalité ; mais il constitue également, au sens courant du terme, un exemple à reproduire. Les pays européens ont-ils apporté à la question sociale une réponse suffisamment homogène et efficace pour parler à juste titre d'un « modèle social européen » ? La proximité des histoires sociales des pays membres permet d'envisager une harmonisation des systèmes sociaux nationaux au sein d'un modèle européen. La combinaison du social et de l'économique définirait alors un type de capitalisme européen, en compétition avec le modèle américain (*Capitalisme contre capitalisme*, M. Albert).

Confrontés depuis le XIXe siècle à la question sociale, les pays européens ont développé des réponses nationales dont les acquis, repris par les traités de Rome et de Maastricht, constituent les bases d'un « modèle social européen » original (I). Cependant, à la fin du XXe siècle, ce modèle est confronté à une double crise qui, révélant ses limites, pourrait conduire à sa redéfinition (II).

À PARTIR DE LA FIN du XIXe siècle, les effets socialement destructeurs du marché conduisent à l'encadrer par des lois sociales. Malgré la diversité des systèmes sociaux nationaux, les objectifs poursuivis dans les pays européens sont suffisamment proches (A) pour fournir les bases d'un modèle social spécifique (B). Les traités européens reprennent cet héritage et inscrivent le « modèle social européen » dans le processus d'intégration régionale (C).

Les travaux de Engels en Grande-Bretagne et de Villermé en France mettent en évidence la misère ouvrière du début du XIXe siècle. La première véritable réponse à la question sociale sera apportée par Bismarck :

lois créant un système obligatoire d'assurances protégeant les ouvriers de la maladie (1883), des accidents du travail (1884), de la vieillesse et de l'invalidité (1889) ; cet ensemble est repris dans le Code des assurances sociales de 1911. Le « modèle bismarckien » repose sur une logique assurantielle : les droits à protection sont acquis en contrepartie de cotisations obligatoires assises sur le salaire. L'Angleterre victorienne reste libérale, de l'abolition des *poor laws* (1834) au début du XXe siècle : un système d'assurance ouvrière contre la maladie et le chômage est créé en 1911. Le *welfare state* se développe ensuite et s'impose comme un projet économique et social global après la seconde guerre mondiale. Le « modèle beveridgien » présente trois caractéristiques principales (les trois « U ») : universel, il protège toute la population ; unifié et centralisé, il est financé par l'impôt ; uniforme, il offre les mêmes prestations (revenu de remplacement) à tous les bénéficiaires. En France, la loi de 1841 interdit le travail des enfants de moins de huit ans, mais la première véritable loi sociale porte sur les accidents du travail (1898) : elle définit l'accident du travail comme un risque social, la victime étant indemnisée même lorsque son employeur n'a commis aucune faute. Le système de sécurité sociale (1945) généralise la couverture contre les risques santé, vieillesse, invalidité et famille ; un véritable système d'assurance chômage ne sera offert qu'en 1958, avec la création des ASSEDIC. Le « modèle français » est hybride. Il s'inscrit dans la logique assurantielle puisque la protection est acquise par le travail qui permet de cotiser ; les prestations sont proportionnelles aux cotisations dans les limites de certains plafonds. Mais il offre également une protection financée par l'impôt aux non-assurés : minimum vieillesse (1956), revenu minimum d'insertion (RMI, 1988), couverture maladie universelle (CMU, 1999).

Quel que soit le système mis en place, il repose sur une conception dynamique des relations entre activités économiques, dominées par les lois du marché, et protection sociale, reposant sur le principe de solidarité. Durant les Trente Glorieuses en particulier, la croissance et l'élévation des gains de productivité permettent de financer les régimes sociaux ; réciproquement, la stabilité des revenus soutient la demande, réduit les conflits et entretient la croissance. L'État doit également assumer sa fonction de stabilisation en menant des politiques contra-cycliques. Politiques économiques et sociales se rejoignent finalement dans la recherche du plein emploi et le partage des fruits de la croissance. La politique sociale n'est pas un handicap pour l'économie ; elle concourt, dans une logique keynésienne, à son efficacité. Ainsi, la redistribution pèse sur les revenus les plus élevés, à forte propension à épargner, pour augmenter le pouvoir d'achat des ménages défavorisés, caractérisés par une forte propension à consommer ; elle stimule ainsi la demande globale, l'investissement, la croissance et l'emploi. Au cours du XXe siècle, les pays européens ont donc répondu à la question sociale en mettant en place des systèmes de socialisation des risques et des politiques favorables au plein emploi. Malgré la diversité des systèmes sociaux, cette communauté d'objectifs constitue un préalable favorable au développement d'un modèle social européen.

Le traité de Rome (1957) reprend cet héritage et les traités de Maastricht (1992) puis d'Amsterdam (1997) développent la dimension sociale de l'Union européenne : la Communauté doit promouvoir une croissance durable et non inflationniste, mais également « un niveau d'emploi et de protection sociale élevé, l'égalité entre les hommes et les femmes, (...) le relèvement du niveau et de la qualité de vie, la cohésion économique et sociale » (Traité sur l'Union européenne, article 2). La Charte des droits sociaux fondamentaux (1989) montre que les pays de l'Union, à l'exception notable du Royaume-Uni qui a obtenu une clause dérogatoire (clause d'*opting out*), partagent les mêmes valeurs sociales et la conviction que progrès social et croissance économique sont étroitement liés. Cependant, la protection sociale ne constitue pas une compétence exclusive de l'Union. Elle est donc soumise au principe de subsidiarité : « dans les domaines qui ne relèvent pas de sa compétence exclusive, la Communauté n'intervient (...) que si et dans la mesure où les objectifs poursuivis ne peuvent pas être réalisés de manière satisfaisante par les États membres. » Ceci permet de concilier la diversité des systèmes nationaux de protection avec la définition d'objectifs sociaux communautaires. Par ses règlements et directives, l'Union impose le respect de normes et de « prescriptions minimales » que les États membres mettent en œuvre dans leurs systèmes respectifs. Cette voie permet d'élargir progressivement les contours de l'Europe sociale. Dans un premier temps, la mobilité du travail, à l'intérieur du marché commun puis unique, exige que les ressortissants européens bénéficient du même traitement social que les nationaux ; le Fonds social européen (FSE) concourt également à cette mobilité à travers le financement de la formation de la main d'œuvre et de la reconversion des entreprises et secteurs en difficulté. La montée du chômage conduit ensuite à privilégier la politique de l'emploi, définie dans le Titre VIII du Traité d'Amsterdam : chaque État membre reste maître de sa politique, mais des objectifs annuels communautaires sont définis par le Conseil européen ; la Communauté contribue à la mise en œuvre de ces politiques et encourage la coopération entre les

États membres. De l'acquis social communautaire se dégage finalement un embryon de « modèle social européen ». D'une part il se distingue du reste du monde, et en particulier des États-Unis, par la reconnaissance d'une relation dynamique entre croissance économique et progrès social. D'autre part, il se concrétise par la définition d'objectifs sociaux communautaires ; ceux-ci constituent des minima, auxquels les États ne peuvent déroger mais qu'ils peuvent dépasser. Cette méthode pourrait servir de référence pour introduire des clauses sociales dans les négociations économiques internationales.

Le modèle social européen du début des années 1990 apparaît comme un produit historique. À très long terme, il se dégage de l'histoire sociale des pays membres dont il reprend les objectifs fondamentaux : réduction des inégalités devant les risques, recherche du plein emploi. À moyen terme, sa construction progressive accompagne le processus d'intégration, respectant les principes définis par Robert Schuman : « L'Europe ne se fera pas d'un coup, ni dans une construction d'ensemble : elle se fera par des réalisations concrètes créant d'abord des solidarités de fait » (1950). La méthode utilisée assure une convergence sociale minimale tout en préservant la diversité des systèmes nationaux.

Cependant, les limites du « modèle social européen » révèlent sa fragilité. L'hétérogénéité des systèmes nationaux pourrait conduire à l'implosion du modèle (A), tandis que les arguments libéraux justifient sa remise en cause (B) ; ces difficultés pourraient entraîner une rédéfinition du modèle (C).

L'Acte unique (1986–1993) a supprimé les frontières économiques et accru la concurrence entre les pays membres. La fermeture par Renault de l'usine belge de Vilvorde (1997) a révélé l'interdépendance croissante entre les économies des pays membres et ses implications sociales. Pour attirer les entreprises et les actifs les plus productifs, les États peuvent s'engager dans des politiques de réduction des prélèvements obligatoires. Ceux-ci varient ainsi fortement au sein de l'Union ; l'Irlande, le Royaume-Uni et l'Espagne ont des taux voisins de 35%, tandis que la Suède, le Danemark et la Finlande atteignent 50% (pour un taux moyen de 42,5% en 2000). Les politiques de moins-disant s'inscrivent dans un jeu à somme nulle : les investissements et les emplois gagnés par les uns sont perdus par les autres. La généralisation de telles politiques est donc vaine : elle conduirait à une situation sous-optimale en accroissant les difficultés financières de l'État social. Mais la théorie des jeux montre que ce choix est « dominant » en situation de concurrence : quel que soit le choix des autres partenaires, il maximise le gain ou minimise les pertes. Seule une solution coopérative, c'est-à-dire l'harmonisation des politiques sociales au sein d'un modèle social communautaire, conduirait à l'optimum collectif. L'adoption d'une monnaie unique renforce le besoin d'harmonisation sociale. Pour être viable, une union monétaire doit rassembler des pays qui forment une « zone monétaire optimale » (Mundell) se caractérisant par la libre circulation des facteurs de production. L'hétérogénéité des systèmes sociaux constitue une entrave à la mobilité du travail malgré les dispositions garantissant la conservation des droits sociaux. L'approfondissement de l'Europe sociale semble donc nécessaire à la poursuite du processus d'intégration régionale. Elle devra relever les défis que représentent le vieillissement, la montée de nouvelles formes de pauvreté et la concurrence mondiale ; elle exige donc une modernisation des systèmes nationaux. Enfin, l'harmonisation des systèmes sociaux, convergeant dans un « modèle social européen », réduirait les inégalités entre pays et régions ; ce modèle servirait alors de référence pour les nouveaux entrants et les candidats à l'Union.

Cependant, l'approfondissement de l'harmonisation bute sur la remise en cause des objectifs sociaux fondamentaux par les pays libéraux et notamment la Grande-Bretagne. Après l'élection de M. Thatcher en 1979, le Royaume-Uni a rompu avec l'idéologie beveridgienne : le social est de nouveau considéré comme une entrave à l'économie. D'une part, son financement pénalise les entreprises et les ménages productifs : « trop d'impôts tue l'impôt », il faut réduire les prélèvements et donc les dépenses. D'autre part, le système social désincite au travail : les politiques actives de l'emploi (*workfare*) doivent remplacer les politiques passives et l'épargne privée doit être encouragée, notamment pour financer les retraites (régime de capitalisation). De leur côté, les pays du Sud (Espagne, Portugal, Grèce), relativement en retard sur le plan économique, souhaitent limiter le développement de la protection sociale pour préserver leur avantage comparatif lié à une main d'œuvre bon marché. Dans cette perspective, le système social n'offre plus qu'une protection minimale, que les ménages sont incités à compléter par des systèmes volontaires. Le modèle social s'oriente alors vers l'État-providence libéral, dont les États-Unis constituent l'archétype (G. Esping-Andersen, *Les trois mondes de l'État-providence*). Certes, cette évolution n'est pas généralisée. Les pays scandinaves (Suède, Finlande, Danemark) ont conservé un haut niveau de protection financé par l'impôt, en considérant que le social contribuait à la croissance intensive et à la compétitivité qualité des firmes. Les pays de tradition bismarckienne (Allemagne, France) tentent de sauvegarder un système général d'assurances sociales, mais sont confrontés à une triple crise (Rosanvallon, *La crise de l'État-providence*) ; ils pourraient évoluer vers le modèle libéral. Pour des raisons structurelles, les dépenses augmentent plus vite que les recettes, ce qui engendre une crise financière qui incite à restreindre les dépenses, notamment en les recentrant sur les ménages les plus en difficulté. De nouvelles inégalités, devant l'emploi et l'exclusion en particulier, n'ont pu être réduites, ce qui révèle une crise d'efficacité. Enfin, une partie des cotisants semble remettre en cause le principe de socialisation des risques pour préférer des systèmes plus individualisés, ce qui manifeste une crise de légitimité.

Dans ce contexte, lors du Conseil européen de Lisbonne (2000), les pays membres ont décidé de s'engager dans la voie de l'harmonisation et de rendre plus visible leur politique sociale ; ils recherchent de nouvelles modalités de réduction des tensions entre efficacité économique et justice sociale. La priorité a été donnée à l'emploi, l'objectif retenu étant d'élever le taux d'emploi à 70% de la population active disponible. Les décisions prises permettent de préciser les grandes orientations actuelles du modèle européen. Il conserve les objectifs historiquement définis depuis le XIXe siècle en les actualisant : priorité à la lutte contre le chômage de longue durée et les exclusions. Cependant, les solutions préconisées rompent avec les politiques économiques et sociales interventionnistes caractéristiques des Trente Glorieuses. Le plein emploi est recherché par l'intermédiaire de politiques structurelles : la politique active de formation initiale et continue doit favoriser l'adaptation des actifs aux mutations et se combiner avec la politique de soutien à l'innovation et à la recherche. Finalement, la politique sociale semble s'effacer devant la politique économique puisque la réalisation de ses objectifs dépend, en dernière analyse, du taux de croissance. La modernisation des systèmes sociaux nationaux s'inscrit dans cette perspective. C'est ainsi que les comptes sociaux doivent être équilibrés pour éviter les effets d'éviction et la hausse des taux d'intérêt nuisibles à l'investissement et à la croissance ; de même, le mode de financement ne doit pas grever les coûts des entreprises, ce qui réduirait leur compétitivité. Les arguments libéraux et les difficultés financières ont donc réduit les spécificités du modèle européen ; l'Union européenne n'a pas refusé l'héritage social des pays membres, mais ne le fait pas fructifier.

Sous l'impulsion libérale, l'harmonisation des systèmes sociaux nationaux pourrait se faire « par le bas », c'est-à-dire en alignant la protection commune sur les niveaux les plus faibles. Le système européen se rapprocherait alors du système américain. *In fine*, la préservation d'un véritable modèle social européen dépend à la fois de la volonté des citoyens et du retour de la croissance nécessaire à son financement.

LE MODÈLE SOCIAL EUROPÉEN est encore en gestation. Il se décline à deux niveaux. D'une part, la Communauté définit les grands axes du contrat social européen : la définition des objectifs sociaux et l'harmonisation des politiques s'inscrivent dans la dynamique de l'intégration régionale. D'autre part, l'autonomie des systèmes nationaux est préservée, chacun des pays membres adaptant la politique commune en fonction des spécificités nationales. Les résultats obtenus restent ambigus : la socialisation des risques sociaux permet une protection généralement supérieure à celle offerte aux États-Unis et les inégalités sont également plus faibles ; mais, alors que la croissance économique européenne était largement supérieure à la croissance américaine dans les années 1960, elle est aujourd'hui moins forte et s'accompagne d'un chômage plus élevé. L'Europe ne peut se poser en modèle social exemplaire.

L'intégration européenne résulte d'une succession de « petits pas » (J. Monnet). La réussite des convergences économique et monétaire appelle désormais une convergence sociale autour d'un modèle dont les contours restent encore imprécis. Celui-ci doit reprendre l'héritage social des pays membres en adaptant le système à son nouvel environnement démographique et concurrentiel. En garantissant un niveau élevé de protection sociale, conformément aux termes des traités européens, il renforcerait la confiance des citoyens dans les institutions européennes.

IV Commentaires

1 Critique de la dissertation

Le sujet ne doit pas désorienter le candidat ; il n'est pas attendu une dissertation de spécialiste des questions sociales. Il faut donc construire une argumentation utilisant les connaissances attendues d'un étudiant en classe préparatoire ECE. La problématique choisie permet d'introduire une perspective historique (I) et d'aborder les problèmes actuels (II). Les références aux traités et les exemples précis évitent une argumentation trop générale.

2 Sujets connexes

Les sujets sur ce thème sont nombreux. Le sujet ESSEC (1994), très général, se rapproche du sujet traité : *L'Europe sociale existe-t-elle ?*. Le sujet ECRICOME (2003) *Le modèle social européen est-il compatible avec la mondialisation ?* propose une problématique différente. Il postule l'existence du modèle social européen, qu'il conviendrait cependant de définir. On pourrait montrer que la protection sociale a un coût : elle peut ainsi nuire à la compétitivité prix des produits, qui dépend également de la productivité et de la politique commerciale. La protection sociale peut aussi contribuer à l'élévation de la productivité et à la compétitivité qualité des firmes et du territoire, des pays avancés comme des pays en retard. Enfin, l'introduction de clauses sociales dans les accords internationaux permettrait de concilier ouverture aux échanges et modèle social.

3 Bibliographie

MONTOUSSÉ, Marc, dir., *50 Fiches pour comprendre les débats économiques actuels*, Paris, Bréal, 2003. Se reporter à la fiche 29, « L'Europe sociale », p. 132–133.

FLEURY, Marie-José, « Bilan et perspectives de l'Europe sociale », *Les cahiers français*, septembre 2000, n° 298, p. 68, in cédérom *L'actualité en revues*, Documentation Française et CRDP du Languedoc-Roussillon, 2002.

LE CACHEUX, Jacques, « Les dangers de la concurrence fiscale et sociale en Europe », in *Questions européennes, Rapport du Conseil d'Analyse Économique*, Paris, La Documentation française, n° 27, 2000, p. 41–52. Consultable en ligne sur le site `www.cae.gouv.fr`.

Index des notions

Accélérateur, 45
Accord général sur le commerce des services, 131
Accords
de Bretton Woods (1944), 83, 85
de la Jamaïque (1976), 84, 161
du Louvre (1987), 86
d'Ottawa (1932), 127
du Plaza (1985), 86
Accumulation, 37
du capital, 23–31
Régime d'accumulation, 29
Acte unique européen (1986), 148, 149, 231
AMI, 165
Analyse
régulationniste, 113, 185
schumpeterienne, 97
Anticipations adaptatives, 172
Appareil productif, 115–123
Appariements sélectifs, 100
Attractivité, 161
Avantages comparatifs, 127

Banking school, 56
Banque centrale, 66, 68–70, 85, 165, 175
européenne, 153, 173
Bulle spéculative, 61, 139

Cadres, 118
Canal
de la finance, 69
du taux de change, 70
traditionnel de la monnaie, 66
Capital, 23–31
humain, 26, 27, 100, 211
Capitalisme, 105–114
actionnarial, 110
concurrentiel, 49, 108
industriel, 109
managérial, 105, 110
monopoliste, 108
patrimonial, 106, 110
Carré magique de Kaldor, 176
Cercle vicieux
des monnaies faibles, 77–78, 88
du sous-développement, 137, 160
Charte des droits sociaux fondamentaux (1989), 230
Choc, 35, 184
pétrolier, 36
Chômage, 96, 119, 150, 163, 171, 178–189
classique, 184
conjoncturel, 186
d'équilibre, 184
d'inadéquation, 98
durable, 221
frictionnel, 181
keynésien, 185
naturel, 182
structurel, 183
volontaire, 180
Commerce inter-branche, 128
Compensation, 96
Compétitivité, 96, 159
Concentration, 108
Concurrence, 124–133
imparfaite, 124, 128
Conditions de Marshall et Lerner, 75
Conférence
de Doha (2002), 131, 142
de Gênes (1922), 170
de Mexico (1984), 213
Consensus de Washington, 140, 165
Contrainte
extérieure, 45, 75

financière, 46
monétaire, 85, 87
Convergence
Critères de convergence, 152, 200
nominale, 145, 152–153
réelle, 145, 147–150
Corporate governance, 111
Courbe
de Beveridge, 98
de Kuznets, 164, 218
de Laffer, 199, 221
de Phillips, 171, 182, 199
Crédit, 53–62
Crise, 32–41
asiatique, 141
conjoncturelle, 35–36
de 1929, 35
de change, 46, 78, 89–90, 141, 162
de la dette, 140
de liquidité, 140
financière, 38, 139–140
grandes crises, 49
structurelle, 36–38
systémique, 47
Croissance, 23–31, 42–52, 63–71, 145–155, 190–214
appauvrissante, 138, 160
durable, 42
endogène, 26, 28, 48
équilibrée, 46
extensive, 27, 142
intensive, 27, 102
molle, 35, 70, 200
zéro, 43
Currency
board, 88
principle, 56
Cycle, 32, 46, 57, 70
d'Akamatsu, 164
de vie du produit, 128, 159
Juglar, 174
Kondratiev, 37, 48, 97

Déflation, 169–177, 193
financière, 174
réelle, 174
Dégradation des termes de l'échange, 128, 159
Délocalisations, 163
Désinflation compétitive, 172
Dette, 200
Dévaluation, 75, 77
Développement durable, 42, 43, 50, 212
Déversement, 98–99, 118
Division internationale
du processus de production, 129
du travail, 127, 136, 138, 159
du travail (nouvelle), 128
Dualisme, 139

Écart critique, 66
Échanges internationaux, 134–144
Économie
d'endettement, 58, 66–68
de marché, 32–41
de marché financier, 60–61, 68–70
internationale d'endettement, 67
Économies d'échelle, 128, 137, 159
Effet
Balassa-Samuelson, 139
de cliquet, 195
de concurrence, 137, 149
de dimension, 137, 149
de diversification, 149
d'éviction, 59, 69, 193, 196
de levier de l'endettement, 59
Emploi, 93–104
Durée du travail, 97
Équilibre de sous-emploi, 186
Marché du travail, 178–189
Entreprise, 105–114, 129–130, 185
moderne, 108
Environnement, 50
Épargne, 53–63, 69, 111, 137

Équivalence ricardienne, 60
État, 29, 38–40, 48, 50, 66, 110, 112, 130, 141, 166, 190–203
    État-providence, 49, 196, 215–235
État stationnaire, 48
Exception culturelle, 131, 165
Exclusion sociale, 119, 186, 222
Exode rural, 118, 211
Externalités, 28

Facteurs primaires, 31
Filière inversée, 109
Finance directe, 60
Financement, 53–62
    Autofinancement, 56, 59
Firme
    globale, 112
    multinationale, 129
    transnationale, 112, 138
Flexibilité, 111–112
Fluidité sociale, 121
Fonction de production, 25
Fordisme, 49, 101, 109, 183, 219

GATT, 127, 165
Goulet d'étranglement, 44
Gouvernance mondiale, 165, 166
Gouvernement d'entreprise, 111

Illusion monétaire, 172, 182, 199
Inégalités, 156–168, 215–225
Inflation, 67, 169–177
    de croissance, 174
Innovation, 36, 37, 93–104, 129
    de procédés, 93, 96, 101
    de produits, 93, 97
Insiders et *outsiders*, 119, 183
Intégration
    économique, 145–155
    monétaire, 145–155
    régionale, 145–155
Investissement, 26, 27, 108, 112
    IDE, 30, 137, 160
    Investisseurs institutionnels, 111

Jeu à somme positive, 128, 156–168
Justice commutative, 218

Libre-échange, 126, 158
Loi
    du prix unique, 127
    des rendements décroissants, 47, 48, 142, 210
    de Wagner, 195
    Lois de Engels, 98, 117
    Lois du marché, 124–133

Manipulateurs de symboles, 100, 163, 186
Marché
    commun, 148
    unique, 148
Mobilité sociale, 115–123
Modèle, 226
    asiatique, 141
    beveridgien, 196, 219, 229
    bismarckien, 218, 229
    de Barro, 202
    d'insertion par promotion des exportations, 138
    IS-LM-BP, 65, 153, 196
    social, 226–235
    WS-PS, 184
Mondialisation, 112–113, 131, 132, 156–168
Monnaie, 72–81
    Dollar américain, 67, 76, 86, 89, 139, 162, 166, 199
    Euro, 151–154, 162
    faible, 72–81, 86
    forte, 72–81
    Franc français, 35, 77–78, 85
    Livre sterling, 76, 153, 187
    Mark allemand, 35, 75, 77, 85, 153
    Yen, 75, 139
    Yuan chinois, 75, 139, 162

Multiplicateur, 58

NPI, 159

OMC, 127, 131, 165
Ouverture
    commerciale, 134–144
    financière, 134–144

Pacte de stabilité et de croissance (1997), 69, 153, 187, 200
Paradigme OLI, 129
Paradoxe
    d'Anderson, 120
    de la tranquillité, 47
    de Solow, 99, 185
    de Triffin, 89
Parité de pouvoir d'achat, 74
Pays émergents, 134–144
Plan
    Brady (1987), 89
    Chirac (1974, 1975), 198
    Freycinet (1879), 194
    Monnet (1947), 196
    Pinay (1952), 197
    Pinay-Rueff (1958), 197
Planification, 29
Pôles de développement, 102
Policy mix divergent, 39, 46, 198
Politique
    budgétaire, 190–203
    commerciale, 130
    d'ajustement structurel, 140
    d'ancrage, 78–79, 88, 139
    de désinflation, 172
    de *go*, 197
    de règle, 68, 173
    de relance, 45
    de *stop*, 45, 67, 85, 197
    économique, 169–177
    industrielle, 166
    monétaire, 173
    structurelle, 39, 98
Principe
    de proximité, 120
    de subsidiarité, 230
Privatisation, 112
Progrès technique, 93–104
    biaisé, 100
Protectionnisme, 127, 130
    éducateur, 130, 141, 166
Protocole de Kyoto (1997), 50

Qualifications, 99, 118

Rapport
    Beveridge (1942, 1944), 215
    Brundtland (1987), 43, 50, 212
    Delors (1989), 151
    Malinvaud (1998), 181
    Meadows (1972), 43, 50
    Pisani-Ferry (2000), 184
    Vimont (), 162
    Werner (1970), 151
Ratio d'endettement, 47
Redistribution, 197, 218, 229
Règle de Taylor, 175, 201
Régulation, 32–41
    marchande, 40, 126, 140–141
Relance Kennedy-Johnson, 39, 45, 195, 219
Relations commerciales internationales, 124–133
Réunification allemande, 35, 78, 153, 185
Risque systémique, 38, 140

Salaire, 206, 220
    d'efficience, 183
    d'équilibre, 184
    minimum, 101
Secteur
    primaire, 98
    quaternaire, 99
    secondaire, 98
    tertiaire, 99
Serpent monétaire européen, 151
Stabilité
    des prix, 169–177
    monétaire, 169

Stratégie
de développement, 140–142
de remontée des filières, 141, 160
Substitution capital-travail, 101
Système
de change, 82–92
de change fixe, 84–85
de change flottant, 85–87, 151, 161, 175
financier, 53–62
monétaire européen, 151
monétaire international, 84

Tableau des entrées/sorties, 44
Tarif
extérieur commun, 148
Hawley-Smoot (1931), 127
Taux
de change, 72–92, 161–162, 199
de change d'équilibre fondamental, 80, 86
d'emploi, 96
d'intérêt, 57–60, 63–71, 173
d'intérêt naturel, 46
d'ouverture, 134
Tax cut, 45
Taylorisme, 100
Technostructure, 109
Théorème
des élasticités critiques, 75
d'équivalence de Ricardo-Barro, 199
de Haavelmö, 195
Théorie
de la croissance endogène, 100, 101, 130, 201, 211
du *job search*, 181
Toyotisme, 100, 111, 118
Traité
d'Amsterdam (1997), 230
de Maastricht (1992), 151, 152, 173, 230
de Rome (1957), 148, 150, 230
Travailleurs routiniers, 100, 163
Triangle des incompatibilités, 67, 85, 88
Trois « Dé », 160
Troisième révolution industrielle, 99

Union
douanière, 131, 148
économique et monétaire, 151

Zone
euro, 153
monétaire optimale, 90, 151, 232

Achevé d'imprimer par Dupli-Print
Dépôt légal : Décembre 2006
1707301/04
Imprimé en France
www.dupli-print.fr